培智学校
正向行为支持体系的构建与运营

郗玲亚 编著

南京师范大学出版社

图书在版编目(CIP)数据

培智学校正向行为支持体系的构建与运营 / 郤玲亚编著. --南京：南京师范大学出版社，2019.5
 ISBN 978-7-5651-4151-5

Ⅰ.①培… Ⅱ.①郤… Ⅲ.①特殊教育－学校管理－研究－中国 Ⅳ.①G769.2

中国版本图书馆 CIP 数据核字(2019)第 018841 号

书　　名	培智学校正向行为支持体系的构建与运营
编　　著	郤玲亚
责任编辑	周　茜
出版发行	南京师范大学出版社
地　　址	江苏省南京市玄武区后宰门西村9号(邮编：210016)
电　　话	(025)83598919(总编办)　83598412(营销部)　83373872(邮购部)
网　　址	http://press.njnu.edu.cn
电子信箱	nspzbb@njnu.edu.cn
照　　排	南京理工大学资产经营有限公司
印　　刷	江苏中山印务有限公司
开　　本	710 毫米×1000 毫米　1/16
印　　张	15.5
字　　数	226 千
版　　次	2019 年 5 月第 1 版　2019 年 5 月第 1 次印刷
书　　号	ISBN 978-7-5651-4151-5
定　　价	49.80 元
出 版 人	彭志斌

南京师大版图书若有印装问题请与销售商调换

版权所有　侵犯必究

序
Preface

春节期间,中国教育科学研究院陈云英教授邀请我一起撰写《特殊教育改革与发展1978—2018》,还一起回顾了这近40年在一起奋斗的岁月,不禁感叹,时光如白驹过隙,四十年荏苒岁月,弹指一挥间!

1978年,我有幸录取到位于杭州市延安路的浙江医科大学医学专业,立志成为一名医生,但在毕业时,又觉得生理要与心理还有社会学等学科结合在一起,如此形成的医学体系才称得上完善。于是,就报考了湖南长沙的湖南医科大学(原湘雅医学院,现中南大学),师从心理测量大师龚耀先先生。1986年毕业时,应杭州大学的名誉校长、心理学大师陈立先生邀请,到全国知名的杭州大学心理学系工作。没有想到,报到后的当天下午就要赶赴将要全面启动的全国残疾人第一次抽样调查培训基地报到,开始为期三个多月的专业调查人员培训和调查实施。就这样,我与特殊儿童发展和教育研究结下了终身缘分。当时在陈立先生的争取下,杭州大学承担了联合国儿童基金会有关儿童发展的国际合作项目,由于项目需要,我经常到北京出差。1989年,第一次残疾人抽样调查数据发布,为了使近千万残疾儿童能上学,接受义务教育,我有幸参加了由原国家教委牵头,国务院办公厅转发的《关于发展特殊教育的若干意见》这一重要文件的起草工作。1990年开始,与汪文鋆先生等出版了一套"特殊教育丛书",其中,吕静先生的《儿童行为矫正》一书目前还在印刷发行。《弱智儿童教育经验精选》《弱智儿童教育研究》以及"特殊教育丛书"等著作和一些智力评估、社会适应性评定量表等,产生了一定的学术和社会影响,获得了国家教委颁发的科技进步奖。1993年初,有幸与朴永馨、陈云英教授一起参加了联合国教科文组织在哈尔滨召开的亚太地区特殊教育研讨会,亲自参与了《哈尔滨宣言》的发布,首次在全球提出了"全纳教育"的思想。那个时期,还参与了国家残疾人事业发展"八五"和"九五"计划的制订,参与了《幼儿园工作规程》等重要法规的起草。1998年,我去了美国留学深造。一个特殊的机会,有幸与美国前总统克林顿、前副总统戈尔先生等一起讨论家庭问题,还加入了戈尔先生的家庭政策"智库"。同时,还参与了联合国和经济合作与发展组织(OECD)关于特殊儿童权利保护文件的起草和多个重要学术活动。2006年,我返回国内。由于内心深处的"特殊儿童情结",我又向联合国儿童基金会、美国福特基金会申请了经费,联合教育部、卫生部,在广西、甘肃、宁夏、贵州部分地区开展了"儿童早期综合发展"(IECD)项目,希望通过此项目提升家长的育儿知识,促进儿童健康发展。2012年,国家哲学社会科学规划办公室发布了有关孤独症研究的重大项目招标公告。这时,为创建和发展浙江工业大学心理学科,我已来到浙江工业大学工作。在同事们的支持和鼓励下,我牵头组织团队撰写了标书,并有幸中标。于是,"攻坚战"又一次打响。可以说,特殊儿童心理与教育的研究陪伴我终身。

2007年,党的十七大报告修改讨论会在杭州新侨饭店召开,我有幸参加讨论,并提出修改有关特殊教育表述的建议,受到与会领导、专家的肯定,并予以采纳。今年,党的十九大报告要求"办好特殊教育"。习近平总书记指出:"残疾人是一个特殊困难的群体,需要格外关心,格外关注";"让广大残疾人安居乐业、衣食无忧,过上幸福美好的生活,是我们党全心全意为人民服务宗旨的主要体现,是我国社会主义制度的必然要求"。我还在北京人民大会堂亲耳听到李克强总理要求,"全面建成小康社会,不能让残疾人掉队。要让残疾人的生活更加殷实、更有尊严"。可以说,办好特殊教育,就是党和政府为全面建成小康社会,改善残疾人民生而做出的重大战略抉择和重要部署,是新时代中国特色社会主义以人民为中心的本质要求和具体体现。办好特殊教育,就是让每一个残疾孩子都能接受公平而有质量的教育。特殊教育可以促进残疾人全面发展,为残疾人追求幸福生活赋权增能,从而确保他们能与全国人民一起平等共享全面小康和现代化的美好生活。要改善残疾人的民生,办好特殊教育是排在民生工程之首的重要内容,办好特殊教育也是改变残疾人命运的重要手段和根本途径。办好特殊教育的重点在于"好"字,要注重特殊教育的内涵建设,提高特殊教育治理机制的现代化水平,提高教师专业化水平,提高特殊教育质量,根据"发展素质教育"的要求和残疾儿童身心特点,深化课程与教学改革,促进残疾学生全面发展。回顾我国近40年特殊教育的发展历程,完全有理由相信经过我国的一线教师们艰苦奋斗,善于思考、正向探索、大胆实践,中国特色的特殊教育理论和实践体系一定能实现。于是,就想编写一套来自一线特殊学校的发展特色的总结性丛书,这个想法获得了南京师范大学出版社徐蕾总编辑、彭茜老师的支持与肯定。与杭州市湖墅学校邵玲亚校长沟通后,不谋而合,他们就想对自己学校的特色化发展进行回顾与总结。邵玲亚校长在她的教师生涯中,一直在智力障碍儿童教育领域进行探索和积累。她在研习正向行为支持这个学校心理学新学派的体系和理论后,就在自己的学校和老师们一起实践与探索,并积累了不少经验。她和相关老师精心撰写,历经半年多时间,现今终于付梓成书。

"东风夜放花千树,更吹落,星如雨。宝马雕车香满路,凤箫声动,玉壶光转,一夜鱼龙舞。"中国特色社会主义已经进入新时代,我们的特殊教育在祖国大地同样进入了春天,百花齐放,五彩缤纷。中国的特殊教育同样要从"站起来、富起来到强起来"。中国的特殊教育同样是中国特色社会主义道路、理论、制度、文化走向现代化并给人类提供"中国智慧、中国方案"的必不可少的内容，是全面建成小康社会、全面建设社会主义现代化强国、实现中华民族伟大复兴的中国梦这一共同理想的组成部分。期盼全体同仁们为这个目标不懈奋斗，共同努力，共创繁荣！

徐 云

2018年元宵节

于杭州枫华府第

前 言
Foreword

自 1990 年从南京特殊教育师范学校弱智教育专业毕业至今,我在杭州市湖墅学校已工作 28 年。28 年来,承担过语文、体育、常识、音乐、美工、劳动、生活适应学科的教学工作,却从未离开过湖墅学校。其间,从 1997 年起便担任湖墅学校校长,至今 21 年,将一所只有 2 个班级、26 名学生、8 位老师的湖墅小学发展成一所有 13 个班级、140 名特殊学生、58 名教职工,集学前教育、义务教育和职高教育于一体的规范化培智学校,一所以个别化和生活化教育为特色的康复、教育、就业一体化特殊教育示范学校。可以说,我几乎历经了我校乃至我国培智儿童教育的发展过程,而且可以肯定地说,这就是我的一生,简单而又复杂的一生。

说简单,因为一生只做了特殊教育一件事,一生也只待过一个单位。每次填写工作简历,就只有一项:1990 年至今,在杭州市湖墅学校工作。经历看似苍白其实也不简单,因为"特殊教育"虽说只有四个字,在外人看来也就是一个专业,如大学里开设的特殊教育专业,如今职称评审中也有"特殊教育"这个职称名称,但身在特殊教育领域中的人都明白,特殊教育其实是一个极其广博的领域。最简单地按障碍形态分类,就包括盲儿童教育、聋儿童教育、培智儿童教育。细分就多了:按学科分,每个类型下面都有各个学科的教育,如盲语文、聋语文、培智语文;按教育阶段分,有学前康复段、义务教育段、职业教育段、高等教育段;按障碍类型分,除了盲、聋、智障,还有言语障碍、学习障碍、情绪障碍、注意缺陷多动障碍、孤独症、精神障碍、脑瘫等至少十类以上;按方法分就更多了,源自于教育学、心理学、医学各个流派的各种理论和方法,如结构化教学法、回合教学法、绘本教学法、嵌入式教学法、应用行为分析教学法、小组协同教学法、语言治疗法、物理治疗法、作业治疗法、水疗法、动物疗法等。其中有太多的问题和方法值得我们研究。尤其是培智儿童教育,因为智力障碍儿童的病因往往不同,有产前因素、产程因素、产后因素及社会文化背景因素。产前因素包括染色体异常、生化代谢疾病、母亲孕期营养不良、风疹、内分泌功能紊乱及其他物理化学因素,还有近亲结婚或高龄产妇等;产后因素包括癫痫、血糖过低、感染、营养不良等,会引发对大脑的伤害。很多智力障碍孩子都同时伴有其他各种障碍,不少孩子病因终身不明。每一个孩子对我来说就像一本无字的书,至今有很多我还没看懂的书。我经常对新任的同行校长们说:"你们是幸福的,一进入特殊教育领域就迎来了特殊教育的春天,我可是从特殊教育的冬天走过来的。"

1997年我上任校长,似乎有点火线受命的感觉。那时我校和南塘小学、江南电讯三个单位同在浙江省公安厅幼儿园留下的不到2 000平方米的校舍中办公,相互间的拥挤、摩擦肯定是避免不了的。1997年9月,南塘小学搬离,留下了一个废墟、一个我总想着早点辞职的学校。但不知道是教育局长水平高,还是我太善良,或者我命中注定这辈子无法与残障孩子分开,局长几番波折把休假中的我从遥远的小山村找了回来,三个小时的恳切谈话让我没法推辞,于是一个只当过一年大队辅导员的小老师用含糊其辞的一句"好吧,那试试吧"答应了局长的任命。初当校长的艰辛自不堪言,经费不足、业务不熟、教师不服,这些我都能接受,因为我知道随着我的资历增长,这些问题慢慢都能得到解决。但学生层出不穷的行为问题却使我焦头烂额,从不曾放松过。2000年至2012年间,学校每年有30多名住校生,每天下班后手机铃声响起肯定是学校里发生突发事件了,所以手机铃一响我就紧张,心跳骤然加快,至今给我留下了一个来电提醒不用铃声只用振动的后遗症。

我无法统计出担任校长这20多年中亲自处理过多少个因学生的严重行为问题而引起的事件,但很多情节我至今记忆犹新。

培智学校的学生会有很多行为问题,尤其是2000年以来,培智学校面临极大的挑战:中重度智障儿童、孤独症儿童,以及存在各种情绪与行为问题的儿童成为学生主体。就我校而言,仅走失这一问题就发生过很多次。近的在社区的超市里、小区楼道顶上、小区游乐场里、文一路口,远的在运河广场、祥符派出所、学校火车城站派出所甚至上海火车站派出所;快的一小时、两小时,慢的十天、半个月。很多次都是动用公交公司、电台、派出所、学校全体老师甚至我先生手下全体员工的力量,按照应急预案,有的走路、有的骑自行车、有的开车,打着电筒,拿着照片,一家一家地敲门核对,几乎翻遍杭州的大街小巷才把孩子找回来。每一次我都一边找一边焦急地流泪,想着找到孩子后,回校马上给领导写辞职报告不干了。印象最深的是一年级的小杰同学走丢的那一次,走丢一小时后是我骑着自行车在文一路口找到的。看到他时他已经不是那个戴着贝雷帽的可爱呆萌的小杰,才一个小时啊,他已经变成一个路边流浪儿,满脸脏兮兮的,泪痕上粘着粉红色花生衣,身上的外套也不见了,俩膝盖上尽是泥。惊恐的小杰一看到我就抓着我哇哇地大哭喊爸爸,因为那时他只会发"爸爸"这个音。我把他抱上自行车的后座,一手紧紧地抓住他抱着我腰的小手,一手扶着车把,我的泪水在风中怎么也停不下来。小杰是放学的时候在校门口走丢的,当时他的班主任老师正和另一个家长处理另一个孩子的问题,他从老师的手上滑脱的一瞬间就消失在小区的绿荫中。那一次回到学校后我立刻写了辞职报告,因为我没法想象孩子万一找不回来那会是什么结果。幸运的是,孩子每一次都找回来了。

记得有一位校长做报告时说过一句话:哪位校长的手上没经历过几条人命。当时听着有点刺耳。静心一想,我不也是吗?病弱的一年级女生小蝶同学因吞咽困难,每次吃午饭都是老师小心翼翼地一小点一小点地喂食。周末的一天,小蝶的爷爷突然来电说小蝶周一不来上学了,因为爷爷在家喂饭时小蝶噎住当即去世了。大家都很悲痛,我也是,但同时也倒吸了一口凉气:如果这事发生在学校呢?!虽然小蝶的爷爷在报到时确实说过,万一小蝶发生什么意外不会怪老师的,但我相信再通情达理的家长在失去孩子的刹那间都不一定能接受这个"万一"。2016年某个清晨,一位老师用微信发给我一个新闻链接,上面说附近某小区一孩子从高楼坠下不幸身亡。不过,怎么看着像是班里的孩子小宝呢?仔细一打听,果然是他。因为小宝是个重度脑瘫的孩子,不太会走路,最近很喜欢攀爬,那天放学回家后奶奶在做饭,小宝爬上窗台不小心掉了下来。如果这事也发生在学校里呢?就算结果认定是意外事故,即使家长不追究学校责任,我相信当值老师和我都会内疚一辈子。导致孩子走失、意外死亡的原因纵然与老师或家长看管不严有关,但更重要的原因还是孩子本身所患的障碍。如小凡同学是重度智障,三年级才学会用吸管喝牛奶,毕业了还没学会用筷子吃饭,更不会写字。他称呼老师为"师",会说"不要",不认路却一直喜欢在前面跑,让老师在后面追。一有机会就跑的他,在老师和家长的手上跑丢不下5次。小梅是女生,对陌生人没有防范意识,晚饭后和爷爷奶奶在运河广场上跳舞,跳着跳着就被一个社会男青年带走了,两个月后被派出所找回来时已不成人样。小燕是中度智障,18岁时长得白净清秀,对诱惑不会拒绝,给块饼干就任人摆布了,因而单亲父亲对她看管得很严,上学时每天接送。毕业那年8月小燕被不良青年盯上了,10月份爸爸带小燕回校看老师,她已然是鲁迅笔下的杨二嫂,瘦骨嶙峋,爸爸悔恨交加地哭着说自己要上班没管住孩子。小熊在校外结识了社会痞子,暑假被"大哥"带到上海火车站意欲带去香港从事偷盗活动,幸亏被上海火车站的民警解救了出来。

乐乐是个多动并伴有情绪障碍的孩子,是一个长得很帅的小伙子,他很单纯、热情、直接,曾经热情地帮路人给三轮车轮胎打气直至打爆,见老人就骂人家"老不死的"而被路人打,在课堂上学电视里的情景向即将退休的老教师求婚,拿着扫把追打班主任许老师,放学时凭借自己身强体壮嬉笑着把柔弱的许老师一直从校门口拖拽到公交车上才放手。那时隔三岔五就有老师或家长来向我告他的状,班主任许老师也苦不堪言,衣服被他扯破了、项链被他扯断了都是小事,手背上至今还有乐乐情绪爆发时留下的抓痕。但乐乐上课积极主动,很乐意帮老师做事情,逢年过节会打电话问候,老师们也经常能收到他送的糖果、贺卡,甚至鲜花和巧克力,给老师们留下了很多有趣而心酸的故事。乐乐跟我关系很好,我穿得精神一点他就会夸"真漂亮,我爱死你了",有时后面会加一句"嫁给我吧",而我穿得逊色一点他就会说"难看死了,回去换掉"。2011年9月开学,九年级的乐乐一直请假没来上学,国庆节后他来上学了,但瘦了很多。我问他:"乐乐,这一个月怎么没来上学啊?"孩子断断续续地说:"病了,在医院,妈妈喝可乐,不好喝,吐了。"我从孩子的话中没有直接听出原因,但总感觉有不对劲的地方,于是私下找乐乐的小姨沟通。小姨痛苦地说出了原委,原来乐乐的妈妈实在承受不了乐乐带给她的这种压力,把乐乐带回老家,把农药掺进了可乐里……幸亏小姨心细,及时发现了,把乐乐送去医院,事后乐乐的妈妈悔恨不已。

我现在的手机号码与我的一个学生小强有关系。他是个轻度孤独症患者,有目光对视,有共同注意,喜欢沿直线走路,总是笑眯眯的,没有情绪问题,视觉记忆力超强。快毕业时,小强迷恋上了打电话。那年放假前,老师跟他开玩笑,把学校老师的暑假值班表在他眼前晃了晃。值班表中我的信息在第一行,他瞬时记住了我的手机号码。从此,每天放学后他就不停地给我打电话,开始他还和我说几句话,后来没话可讲了干脆拎起电话不讲话,就听我说话。没事时我还可以跟他聊聊,但有事忙时,他照样会不停地打进来,我接起来他又不说话,我挂了他又打进来,而且还换不同的电话给我打,我不知道哪个号码是他的,哪个号码是真的有事找我,严重扰乱了我的工作和生活。他父母因此把家里的电话、厂里(爸爸有私营企业)的电话全部拆掉,家里、爸爸厂里没有了电话机他就去马路上抢别人的电话给我打。有段时间他又迷恋上了电梯,结果经常有杭州大厦、银泰百货、雷迪森广场等大商厦的工作人员半夜三更来电话问我是不是丢了儿子,因为他每次不告诉别人他父母的电话号码,就喜欢说我的手机号码。有一天晚上临睡前接完他的电话后,我躺在床上数了数,发现那天他给我打了27个电话——这还不是最多的一天。

智力落后儿童普遍存在严重的行为问题,其行为问题的发生率是一般儿童的3—4倍,这是由生理器官异常、脑损伤、语言问题、教育难度大和家庭环境不良等几个危险因素的聚敛造成的。学生层出不穷的行为问题不仅给我带来了困扰,更给一线的老师们带来了巨大的困惑。小俊等很多孩子都会经常半夜三更给班主任老师打电话,严重影响老师的生活。每当老师遇到困难时,我总是和大家共勉:一个孩子如果很容易教会就不会来我们学校了,要懂得孩子的每个棘手的问题都是一把难开的锁,只要心中有爱,肯定能在大把钥匙中找到那把独特的钥匙;要如孟瑛如老师所说,普通学校老师的快乐是"得天下英才而教之",我们的快乐是别人教不会的我们教得会。我们把学生"赠送"的伤疤誉为特教老师的功勋章,彼此安慰、鼓励,传递力量。针对教育教学中学生普遍的行为不足,我们以学生成人后"有尊严、有品质"的双有生活为最终目标,大力推进学生生活适应能力的培养;通过沟通与交往、知觉与动作、情绪与行为、感觉统合等四个康复小组为有需要的学生全面提供康复支持,构建适应性行为;义务教育段以"好照顾、好家人、好帮手、好公民"为四级分层培养目标,全面实施以生活适应为核心的单元主题教学,以学生当前及未来生活中的各种常识、技能、经验为课程内容,培养学生具有生活自理能力、简单家务劳动能力、自我保护能力和社会适应能力;职业教育段开展以社会适应为核心的"微笑1+6门市职业群"的教育,使之尽可能成为一个独立的公民,以与四级分层培养目标相应的四级安置模式妥善安置每一个毕业生。简言之,我校创建了"康复为基础、适应为核心、安置为导向"的培智儿童教育模式。

2012年,有幸读到了钮文英老师的《身心障碍者的正向行为支持》一书,书中系统地阐述了行为改变技术的发展、正向行为支持的理论、正向行为支持的五大策略以及学校正向行为支持三级预防的概念,让我对培智学校的德育教育有了重新的认识。培智学校的教育对象均系中重度以下智障学生,有的还伴有脑瘫、孤独症、情绪障碍、注意缺陷多动障碍、言语障碍等其他各种障碍。我们知道,轻度智障学生为可教育对象,中重度智障学生为可训练对象,极重度智障学生为需要监护的对象。而培智学校学生所有的行为问题其实都是学生本人最纯真、最合适的表达。

平时我们在教育教学过程中应该都发现了,学生虽然能知道并做到升国旗时敬礼,但对什么是国家、党的内涵与本质是什么也许永远无法理解。很多孩子会跟妈妈等亲人拥抱示好,但如有亲人去世他们肯定不会悲痛,因为他们不能真正理解死亡的含义。很多孩子上厕所时还没进厕所就脱裤子,因为羞耻感是一种高级情感,有的孩子永远发展不到这个水平。再如,通过训练,他们能按规定进行垃圾分类,但他们不能深刻认识到垃圾对人类、对地球长远的影响。通过训练,他们能健康饮食,但他们不会知道水、蛋白质、脂肪、微量元素等跟健康有什么关系。智障学生受其智力或非智力因素影响,学习能力有限,适应能力差,道德情感和价值观很难养成。尤其是中重度智障学生,因智力受限,心理发展的起点低、速度慢、达成的水平低,在德育的影响活动中存在认知不足、体验不深、践行不力的状况。

所以,培智学校学生的德育教育不能只从普通宣导的高度来理解和设计教育框架,而应降低重心,降低要求,从学生的能力起点出发,分别明确要求,在对全体学生有目的、有计划、有系统地进行思想、道德等方面的正向教育的同时,强调密切联系学生的生活,将德育工作落实到以个别化为经、生活化为轴的单元主题教学中。对于障碍严重的学生,更应从医学、心理学的角度去了解,在教育、训练中重点开展正向的适应性行为的构建。培智学校的学生往往年龄跨度很大,如我校学前班最小的孩子才3周岁,高三班的学生却已经20多周岁了,学校在制订面向全体学生的教育框架时要考虑到不同年龄段以及障碍程度严重的个体,所以,可以在对全体学生进行正向的德育影响的前提下,以不同年级、班级学生的特点为基础,对某一群体的学生进行针对性的教导和干预,对出现严重行为问题的个案分析其行为背后的功能和原因,并联动整个环境进行干预,以达到增加全体学生正向行为、降低行为问题发生率的目的。培智学校正向行为支持三级预防体系的构建应成为培智学校独特的德育模式,因为培智学校学生的行为问题会随着其年龄的增长、诉求的增加、环境的变化而层出不穷,这些问题需要全校师生员工、家长一起合作才能得到有效的干预。因此在培智学校，正向行为支持是一个全员、持久、系统的工程，需要我们夯实全体教职员工的行为干预能力，完善全校上下、家校联动机制，为每一个学生的健康成长护航。俗话说"进攻是最好的防守"，与其总是担心学生发生行为问题，总是解决发生了的行为问题，不如想办法预防行为问题的发生，防患于未然。所以我反复研读了《身心障碍者的正向行为支持》这本书，对正向行为支持理论有了一个更为系统的学习和梳理，并与全体老师进行了分享，号召全体老师从理论出发开展富有实效的教育教学。

在此基础上，我校于2012年9月组织骨干教师开展基于功能性评估的孤独症个案研究，并于2013年承办了浙江省基于个别化教育的正向行为支持个案研讨会。在个案研究的基础上，于2015年申报了浙江省教育厅教研室课题"培智学校正向行为支持三级预防体系的构建"，具体在陈冠杏博士、连福鑫博士的指导下开展课题研究，并得到了徐云教授的悉心指导和大力支持，课题于2017年结题。为了全面系统地介绍这个体系的构建，此番组织学校董玮倩、何萍、樊江琴等骨干教师一起撰文，希望用我们的理论与实践，结合真实的案例分析，能说清我们对正向行为支持理论和策略的理解和运用，也希望通过整理，这个体系的脉络能更加清晰，进而完善正向行为支持策略的运用，提升学校的管理水平，对同类学校尤其是新建培智学校有一定的启示作用。文中出现的学生均为我校在校的或已毕业的真实学生，为保护他们的隐私，皆采用了化名或小名，但我清楚地知道是哪年哪个班的哪个学生。

生命总是以各种各样的方式存在，无论我们的孩子长得有多怪异、卫生习惯有多糟糕、残障有多严重、问题有多复杂、教养有多艰难，那都是一个个独特的生命。我们特教老师的使命就是热爱每一个特殊的生命，照顾、陪伴、引领、支持他们健康成长，满足他们的特殊需求，实现他们的梦想。一群人，一辈子，一个单位，一件事，在特殊教育发展的滔滔大河中，我们作为一滴水，将尽己所能，完成历史赋予我们的使命。

郐玲亚

2018年2月

目 录
Contents

序 …………………………………………………………………… (001)

前 言 ………………………………………………………………… (001)

第一章　正向行为支持的理论基础……………………………… (001)

　　第一节　正向行为支持的产生及发展 ………………………… (001)

　　第二节　正向行为支持的内涵及核心观点 …………………… (004)

　　第三节　正向行为支持的过程及内容 ………………………… (010)

　　第四节　学校中的正向行为支持（RTI模型）………………… (014)

第二章　培智学校学生行为问题………………………………… (019)

　　第一节　培智学校学生行为问题的表现及影响 ……………… (019)

　　第二节　培智学校学生行为问题的产生原因 ………………… (027)

　　第三节　培智学校学生行为问题的干预策略及存在的问题 ……… (032)

第三章　正向行为支持三级体系建设的整体设计与构想……… (034)

　　第一节　研究背景与缘由 ……………………………………… (034)

　　第二节　研究目的 ……………………………………………… (037)

　　第三节　研究框架 ……………………………………………… (038)

第四章　正向行为支持一级系统建设…………………………… (043)

　　第一节　正向行为支持校园环境建设 ………………………… (043)

　　第二节　正向行为支持校园制度建设 ………………………… (052)

第三节　基于正向行为支持的课程规划与实施……………………（057）

第五章　正向行为支持二级系统建设……………………………（071）

第一节　班级范围内正向行为支持……………………………（072）

第二节　正向行为小组干预课程………………………………（105）

第三节　辅助人员支持系统……………………………………（124）

第六章　正向行为支持三级系统建设……………………………（135）

第一节　学生严重行为问题个别干预工作机制………………（135）

第二节　学生严重行为问题个别干预主要策略………………（147）

第七章　正向行为支持三级体系建设成效及启示………………（152）

第一节　正向行为支持三级体系建设成效……………………（152）

第二节　正向行为支持三级体系建设启示……………………（159）

附录一　学生严重行为问题个别化干预案例……………………（164）

附录二　杭州市湖墅学校告志愿者书……………………………（222）

参考文献…………………………………………………………（224）

第一章 正向行为支持的理论基础

从20世纪80年代末90年代初基于行为功能评估的正向行为支持理论提出以来,关于如何改变个体行为问题的理念与具体的实操方法,发生了巨大的变化。本章从正向行为支持的产生及发展、内涵及核心观点、过程及内容、学校范围内的正向行为支持四个方面对正向行为支持的基础理论进行阐述。

第一节 正向行为支持的产生及发展

一、正向行为支持的产生

正向行为支持产生于20世纪80年代,它的产生一方面受到了学校学生的行为问题增多、融合教育发展等现实需求因素的影响,另一方面也受到了应用行为分析、以人为本的价值观、社会生态学等理论的影响。

(一)正向行为支持的产生是教育发展的需求

Sugai和Horner指出,正向行为支持的发展起源于校园暴力、药物滥用等行为问题的增加(Sugai et al.,2002)。20世纪60年代以前,行为问题的处理以消退、抵制行为问题的矫正策略为主,常使用厌恶疗法。这种负向的处理方式表面上立竿见影,实际上却引发了更持久、更频繁、更多样的行为问题。这引发了教育者们对处理行为问题的不断反思,随后,教育型的处理方法逐渐兴起,主张对行为问题采取正向和预防的处理方式,这成为正向行为支持兴起的开端(Cheesman et al.,1985:164)。

同一时期,在"回归主流"及"一体化教育"运动的作用下,大量的障碍儿童回到普通学校就读。到了20世纪80年代，越来越多的学者提倡融合教育不应该只强调安置，更应该关注融合环境下的支持方式（昝飞，2013：12）。也就是说，如果学生的行为问题严重到让他无法参与到融合环境中，那么行为问题的处理目标需要定在如何提供正向的行为支持以促进其融合上，而在行为问题的处理中，环境的调整尤为重要。

正向行为支持的产生是在教育发展的推动下，对以往的行为处理策略不断反思，对更加正向的行为介入策略不断探索的结果。其正向、预防、环境支持的处理原则符合当时教育变革的需求。

（二）正向行为支持的产生受到多种理论的影响

尽管正向行为支持于20世纪80年代末才兴起，但这并不是一门新的行为干预学科。从历史发展来看，正向行为支持是应用行为分析领域的一个分支（昝飞，2013：10）。正向行为支持主要继承了应用行为分析中的三个重要观点：一是行为三因素和行为改变的观点，即前事、行为、结果三者之间存在关系，行为是前事发生的条件下出现的反应，同时会受到结果的强化；二是行为功能分析的原则和方法，即通过对前事、行为及结果的观察和分析，判断行为的目的和功能；三是一些有效的行为干预策略，如塑造、链锁、代币、提示等（钮文英，2012：14）。可以说，应用行为分析是正向行为支持的核心理论和技术基础。

在应用行为分析的基础上，正向行为支持还吸收了以人为本的价值观理念。人本主义学习理论强调，每个人都有自我实现的潜能，教育需要尊重学习者的价值，研究如何为学习者创造一个良好的环境，以帮助其达成自我发展和自我实现（刘宣文，2002）。在以人为本的价值观影响下，正向行为支持认为，行为处理需要深入了解个体的特质、成长、所处环境等因素，强调以人为中心，以提升个体的生活质量为目标，为其提供团队合作式的支持服务。同时，正向行为支持还强调自我决策，如让个体亲身参与正向行为支持计划的制订，以及教导个体自我决策的技能等。

社会生态学理论也被认为对正向行为支持产生了重要的影响(钮文英,2012:14)。社会生态学理论对正向行为支持的启示主要有以下几点:首先,个体生活在一系列情境之中,个体的行为是内在因素与外在环境相互作用的结果,因此,行为处理不仅要注重发展个体的能力,更要注意改变行为问题发生的情境。其次,个体的外在环境是由一系列相互影响的系统组成的,系统之间会相互作用,因此,行为处理的关键是重新调整系统、分配资源。对系统的介入应从小至大,即从个体、家庭到学校、社区等。

在多种理论的影响下,正向行为支持的理论和实践不断发展。1990年,Horner、Dunlap、Koegel等学者首次提出了正向行为支持的概念,认为正向行为支持是一种对有不良行为的个体提供行为支持的、具有独特技术和价值观的方法(Horner et al.,1990)。总而言之,正向行为支持是教育发展的必然结果,是在多种理论影响下产生的一种行为干预理论和技术。

二、正向行为支持的发展

从产生过程来看,早期的正向行为支持适用的对象,多为学校、家庭中具有严重行为问题或者身心障碍的个体。20世纪90年代之后,大量对正向行为支持的实践研究,不断推动行为干预学科的发展。

1997年,美国的《残障者教育法修正案》(Individuals with Disabilities Education Act Amendments of 1997,简称IDEA)规定,在教育系统内要对所有有情绪行为问题的儿童和残障儿童实施正向行为支持和功能性行为分析,并建议学校开展正向行为支持。立法的推动使得正向行为支持的研究内容逐渐扩大,之后,美国各州便根据实际情况不同程度地开展正向行为支持,研究范围不再仅仅局限于个案,有一些甚至从州的层面设计了正向行为支持的行动方案。再往后,美国又在《不让一个孩子掉队法案》(No Child Left Behind Act of 2001)及《残障者教育促进法案》(Individuals with Disabilities Education Improvement Act of 2004)中强调建立全校性的正向行为支持系统,使其在全美范围内得到更广泛的传播。

1996年,Walker等人提出学校范围内的正向行为支持的分层系统,主要有三个层级:第一层级为对多数学生(80%—90%)实施全校性的预防性的行为支持;第二层级主要是针对一些已经出现轻微行为问题的学生(5%—15%),实施团体性的行为介入;第三层级为个别化的介入,是对有严重行为问题的学生(1%—7%)实施高强度的行为干预(Walker et al., 1996)。也有其他学者提出正向行为支持的三种模式为:学校范围的正向行为支持、教室范围的正向行为支持、个别化的正向行为支持(Hieneman et al., 2005)。

不论是哪一种分层形式,学校范围内的正向行为支持都体现出将学校整体作为干预对象的思想。分层实施正向行为支持,需要在不同的干预范围内对不同的对象实施有所侧重的行为干预。到20世纪末21世纪初,学校已经成为正向行为支持的主要研究和应用领域,学校范围内的正向行为支持也正式成为正向行为支持的发展重心(刘宇洁,韦小满,梁松梅,2012)。目前,正向行为支持还综合了不同学科的方法,在家庭、学校和社区情境中进行深入研究,而它在学校的应用已形成了系统化干预的问题解决模型(刘宇洁,韦小满,梁松梅,2012)。

第二节 正向行为支持的内涵及核心观点

一、正向行为支持的内涵

"正向行为支持"(Positive Behavior Support,简称PBS)这一名词是过去二十几年实践研究积累的成果,虽然历史短暂,但这一名词背后有着丰富的内涵。从其发展历史的角度而言,正向行为支持是应用行为分析领域的分支之一,是将行为分析的方法应用于由自我伤害、攻击、反抗等行为产生的社会问题,是指为个体在社会方面获得重要的行为改变而进行的正向行为干预技术及其系统的应用(Horner et al.，2000a）。

从本质上看,正向行为支持是一种对个体行为实施干预的系统化方法,它是以循证的方式,通过教育的手段发展个体的正向行为,用系统改变的方法调整环境,以达到预防和减少个体行为问题、改变个体生活方式的目的,最终实现提高其生活质量的目标。具体来说,正向行为支持的内涵有以下几个要点。

第一,"循证的方式"是指在对个体的行为表现过程进行评估与监测的基础上,依据数据来决定、设计和调整干预策略,进而开展行为干预。

第二,"发展个体的正向行为"意味着不把惩罚作为应对个体行为问题的首要措施,而是正向主动地向个体教授与其行为问题具有相同功能的替代性行为。传统上采用结果性惩罚策略来处理行为问题,不但会给个体造成不良行为的示范,还可能造成行为问题暂时被抑制,再次出现时变得更加频繁或更加严重的负面效果。因此,需要采用正向的行为教学,培养个体的适应性行为,即正向行为。

第三,"用系统改变的方法调整环境"可以从两个方面来实现:一方面是通过系统分析行为问题的功能,调整环境中的不良因素;另一方面则是注重为个体提供支持的组织和文化系统,如班级和校园的环境及文化,通过建立连续的三级预防,重新设计和改变有问题的系统环境因素,使环境对个体的行为发展起到支持作用。

第四,"预防和减少个体行为问题"是指通过主动的行为教学和环境调整这两种途径,增加个体的正向行为,从而降低行为问题的发生频率或减轻行为问题的严重程度,实现行为问题的风险防范和早期干预。

第五,"提高生活质量"是指通过主动开展行为教学,向个体教授适应性行为,使个体养成良好的行为习惯和生活方式。这样做是为了增加个体在未来生活中的满意度和成就感,为个体充分融入社会打好基础。可见,正向行为支持是把"正向行为"与"生活质量"相联系,并将提高生活质量作为正向行为支持的最终目标,这使正向行为支持站在了更高的角度看待行为和生活的关系。

综上所述,在"正向行为支持"这一概念中,所谓的"正向行为"指的是可以增加个人满意度和成就感的行为,包括学业成绩、工作、社会交往、休闲娱乐、社区以及家庭环境等各方面;所谓"支持"是指所有可以用来帮助学生增加、扩展正向行为的教育手段。作为应用行为分析领域的分支,正向行为支持具有鲜明的自身特色,其价值观在于强调帮助个体过上有质量的生活(Horner et al. ,2000a;刘宇洁,韦小满,梁松梅,2012)。

二、正向行为支持的核心观点

正向行为支持来源于应用行为分析,采择生态系统理论、正常化原则与融合思想以及以人为中心的价值观等观点,经过二十几年的发展和实践,逐步形成一些特征鲜明的核心观点,包括强调行为问题具有功能性和目的性,秉持以尊重的态度看待有行为问题的个体,将提升个体生活品质作为行为干预的目标,强调依据行为的功能开展多元、正向的干预,且行为干预要考虑社会效度和文化因素,着眼于干预的长期效果,提倡干预的预防原则,重视生态环境系统的改变以及团队合作等。具体分析如下。

1. 行为是个体和环境相互作用的结果,行为问题具有功能性和目的性

正向行为支持采纳应用行为分析的观点,认为行为是个体和环境互动的结果,因此,在分析行为问题的原因时,不局限于考虑个体本身,还会评估个体所处的生态环境。与此同时,和过去对待行为问题的消极观点不同,正向行为支持认为行为问题具有沟通意义和价值,是表达个体需求的一种语言,是具有功能性和目的性的。

2. 尊重有行为问题的个体,以提升个体的生活品质为干预目标,并着眼于干预的长期效果

正向行为支持理论秉持以尊重的态度看待有行为问题的个体,即使是极重度障碍者,也有自尊,需要得到尊重。这主要体现在两个方面:第一,强调看到障碍者身上的优势和能力;第二,强调干预策略的使用要以注重提升个体的生活品质为目

标,而非补偿缺陷。

也就是说,正向行为支持以提升个体的生活品质为主要目标,而不是强调消除其行为问题。至于它所强调的生活品质,需具备以下五个主要特征:第一,特殊教育需要者的生活品质构成要素与普通人一致;第二,生活品质包含一个人生活的各个方面;第三,生活品质的内涵涵盖收入、生活环境、身体健康、人际关系、个人发展、社会融合、幸福感、自我决策等客观和主观层面;第四,个体的生活品质与个体本身的特质及其生活环境息息相关,因此评估生活品质的维度是持续变动的,会随着个体特质和所处环境的改变而发生改变;第五,生活品质的评量需要将个体差异考虑在内,采用多种评估技术。

过去的行为问题干预只着眼于短期的成效,期待可以在短时间内抑制行为问题的发生。然而,正向行为支持主张:全面生活形态的改变,不会仅仅发生在某段特定时间内,而是需要长时间的努力。因此,正向行为支持聚焦于长期效果,将行为干预看作一个持续给个体提供支持的长期过程。行为问题的干预目标不在于快速压制行为问题,而在于教导个体,当他面对可能出现行为问题的情境时,应该如何做出适当的行为以达到其目的和功能。

3. 行为干预要考虑社会效度和文化因素

过去的行为问题干预通常只关注个体的行为问题本身,注重分析行为问题发生时的小环境,通过找出前事刺激,对行为问题进行介入干预。而正向行为支持则摒弃了以往干预只重视个体的行为改变这一做法,提出行为干预还要评估其社会效度,即通过问卷、访谈等形式,了解个体及日常生活中与其有重要关系的他人对干预的观点,由此了解正向行为支持计划的目标和程序是否适宜,能否提升个体的生活品质。这一干预技术还重视对诸如睡眠、饮食、生活压力事件等更广泛的环境因素进行分析,从而找出这些环境因素是否参与引发个体的行为问题。同时,正向行为支持主张干预要关注文化因素,尤其是文化对个体价值观、沟通观等的影响,强调要制订出能反应个体所处文化背景的正向行为支持计划。

简言之,正向行为支持不仅重视个体行为问题本身的客观变化,同时也关注个体所处的环境之中,那些与个体有紧密联系的人员的主观看法和感受。在具体的实践中,正向行为支持计划的实施者,通常是在日常生活中与个体有重要关系的人员,例如父母、其他家庭成员、老师、学校其他工作人员等。在制订正向行为支持计划时,这些人员的意见将被统一纳入评估,比如他们是否同意实施这些策略,这些策略是否具有实施的价值等。在评估干预的有效性之际,这些人员的主观感受和态度也是重要的评估指标,例如这些人员是否感受到干预给个体带来了有意义的改变,改善了他们的生活、工作、学习、社会交往等。

4. 依据行为的功能开展多元、正向的干预

正向行为支持主张基于行为背后的功能,而非行为外显的形态来开展干预。行为问题即便有着相同的外显行为表现,但其功能可能不尽相同。这就要求专业人员通过观察、访谈、记录行为检核表等方法,收集相关资料,用以分析个体行为问题背后的功能。

在正向行为支持的发展过程中,其他理论也在不断融入,形成了多元理论体系。例如,受生态系统理论(ecological systems theory)影响,正向行为支持并不仅仅关注行为问题的前因事件与即时后果,个体所处的社会环境(如人际关系、家庭或学校的一般氛围、生活环境中各类资源的配置)、干预活动所能够得到的经费支持与行政支持等,都被看作影响个体行为改善的重要因素。近年来,正向行为支持开始逐步强调文化因素的意义,极力主张在实践工作的各个环节,都应当将文化因素(包括种族、民族、语言、生活区域等)纳入综合考虑(Lo et al., 2014;Sugai et al., 2011),进一步体现了正向行为支持的生态学取向。从具体的干预策略上来看,正向行为支持也并不仅仅局限于传统的行为主义手段,各种认知干预在正向行为支持中历来有非常重要的位置,音乐疗法、游戏疗法等近年来也有一定程度的应用(O'Dell et al., 2011)。

正向行为支持理论吸收了多个学派的理论观点,这些理论观点帮助干预人员

从个体和环境两个维度思考行为问题的起因和干预策略。Bambara等学者指出,多元的干预策略促使行为介入更加全面而有效(Bambara et al.,2012)。因此,在实际的干预过程中,基于行为问题的功能开展的干预通常包含多种要素,其中比较常见的行为干预方法包括:预防行为问题的发生,控制前事和调整生态环境,安排有效的行为后果。此外,也强调关注干预对象的背景因素,例如教导个体正向行为,或者教导老师和父母与个体进行沟通的技巧等。

在正向行为支持的实践中综合使用多元干预策略,能更好地促进个体行为的改变,同时,对个体所处环境系统的改变以及大环境的调整也有助于个体获得更高的生活品质。

5. 行为问题的干预强调预防原则

以往的行为改变技术着重于控制行为的后果,属于被动反应的处理态度,而正向行为支持倡导主动正向的处理态度。Bambara等人主张找到引发行为问题的前事刺激,借由前事刺激的调整和教导正向的适宜行为,来防范行为问题的出现(Bambara et al.,2012),也就是通常所说的"防患于未然"。

强调预防原则,一方面体现在把训练个体学习新的适宜行为看作一种重要的干预方法,另一方面也体现在通过调整前事刺激这一技术降低发生行为问题的可能性,这既符合教育的理念,也符合学习的原理。

此外,正向行为支持强调预防原则,从中也可以看出在正向行为支持的实际操作过程中,极少采用惩罚、厌恶刺激来对个体的行为问题进行干预,相较于传统的行为干预技术,正向行为支持可以带给个体更为正向、正面的影响。

6. 重视生态环境系统的改变以及团队合作

正向行为支持认为,成功的行为问题干预不能只关注个体的行为改变,也要重视个体所处的生态环境的全方位系统的改善。正向行为支持理论认为,个体所处的环境中的不良因素对个体行为问题的出现负有直接或间接的责任,应通过正向的干预技术来减少或者调整这些不良的因素,从而使个体和环境的关系更趋和谐,最终使行为问题发生的可能性降到最低。具体而言,正向行为支持在实施过程中非常关注个体所处的环境,通过改变教室、学校、家庭、社区乃至更大的社会环境,以及改变环境中与个体有重要关系的他人对个体的态度与期待等,来为个体创造接纳、融合的生活形态,从而达到改善个体行为的目的。同时,正向行为支持主张个体所处生态环境中的相关人员要进行团队合作,合作不应限于学校内教师之间的合作,还强调个体、家人、同学、社区人员等的参与。具体来说,在开展干预的过程中,首先要建立一个以个体为中心的行为干预小组。以特殊儿童为例,其家人、同学、老师、学校行政人员、社区生活中的其他人员等都是行为干预小组的成员。在干预的实际操作过程中,这些团队成员不仅要为个体行为问题的评估提供信息,而且也要参与行为干预计划的制订和实施。正向行为支持非常重视这些团队成员的价值和作用,认为他们可以为行为问题的评估提供有价值的意见和信息,也是决定实施何种干预策略的重要成员,他们是干预计划的实施者,同时也是其社会效度的重要评价者(Albin et al.,1996)。

第三节 正向行为支持的过程及内容

一、正向行为支持的过程

正向行为支持的过程,包括选择并描述目标行为、观察并记录目标行为、诊断目标行为、制订正向行为支持计划、实施正向行为支持计划、评估正向行为支持计划的实施成效和分享这七个步骤(钮文英,2009:115)。

具体流程如图1-1所示,在初期,干预人员需要选定干预的目标行为(即所要干预的行为问题),同时对该目标行为进行描述和界定,并在观察和记录目标行为的基础上(该步骤贯穿整个正向行为支持的过程),对目标行为进行分析和诊断,以找出行为背后的功能,从而制订、实施正向行为支持计划。需要注意的是,实施计划的同时要评估实施的成效,以便不断调整正向行为支持计划。具体而言,如果发现已经达到干预目标,则针对这一目标行为的干预就应停止;如果迟迟无法达到预期的干预目标,则需要回到先前的步骤,检查每一个步骤中可能造成干预效果不理想的原因,及时做出调整和改进,直至达到预定的干预效果。

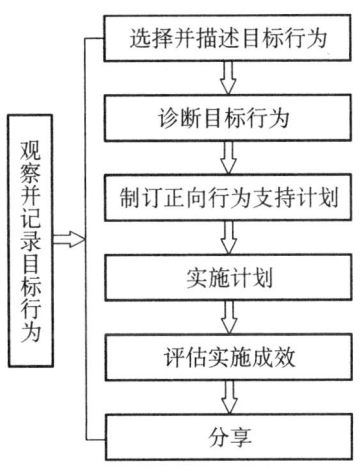

图1-1 正向行为支持的实施流程

二、正向行为支持的内容

正向行为支持的内容涵盖三个部分,包括:制订干预目标,设计正向行为支持策略,维持与泛化干预效果。

(一) 制订干预目标

干预目标指的是个体接受干预后所要达成的目标。干预目标的制订须包含三大要素:一是具体的行为表现;二是行为发生或不发生的情境;三是目标达成的标准,即在一段时间期限内,行为发生的频率、持续时间或强度在什么样的范围内算是干预成功。行为干预目标可以纳入学生的个别化教育计划之中,但将正向行为支持融入个别化教育计划时应当注意一点,那就是正向行为支持不只关注减少学生行为问题的发生,更关注增加学生的正向行为。例如,表1-1展示了某个学生个别化教育计划中的学年及学期教育目标。

表 1-1 学生个别化教育计划中的学年及学期教育目标示例

学年教育目标	学期教育目标	落实的课程或场所
能减少用衣服蒙头的行为。	① 在学校1节课(35分钟)过程中,能减少用衣服蒙头的行为,频率不超过5次,每次蒙头的时间不超过1分钟。 ② 在学校1节课(35分钟)过程中,能减少用衣服蒙头行为,频率不超过3次,每次蒙头的时间不超过30秒钟。	所有课程领域,下课、午休和回家时
能用替代的沟通方式表达自己的需求。	① 在直接言语提示下,能仿说"请给我"获得想要的东西,5次中有4次能做到。 ② 在间接言语提示下,能说"请给我"获得想要的东西,5次中有4次能做到。 ③ 能在手势提示下,说出"请给我"获得想要的东西,5次中有4次能做到。 ④ 能独立说出"请给我"获得想要的东西,5次中有4次能做到。	

（二）设计正向行为支持策略

正向行为支持的理论来源于应用行为分析,强调依据功能性评估的结果制订正向行为支持策略。同时,受到生态模式和系统理论的影响,正向行为支持策略重视对环境的调整以预防行为问题的发生。Janney 等学者提出,正向行为支持策略主要包括预防性策略、教导策略和反应策略三种(Janney et al.,2008:34)。

其中,预防性策略又包括控制前事刺激策略,以及生态环境的调整策略。控制前事刺激策略可以从两方面着手,一是预防导致行为问题发生的前事刺激和背景因素,二是增加激发正向行为的特定前事刺激和背景因素;生态环境的调整策略旨在通过改变个体所处的生态环境,来改善其行为问题,提升其生活品质。教导策略是指教导个体与其行为问题具有相同功能的正向行为,如替代性行为和一般的适应性技能,以增强个体应对问题情境的能力。反应策略是指在行为问题出现之后,立即给予恰当的后果,使行为问题不能达到其功能。

（三）维持与泛化干预效果

运用正向行为支持策略干预行为问题,待干预效果呈现稳定之后,需要考虑如何维持和泛化干预成效。换言之,干预人员须继续追踪目标达成之后的行为发展趋势,观察在干预策略撤除后,干预成效能否继续维持,能否泛化到不同的情境中。维持和泛化是非常重要的内容,个体可以通过内在和外在两种媒介来实现。个体本身属于内在媒介,可以通过自我管理促使自身维持与泛化行为干预的成效;老师、家长等与个体有重要关系的人员属于外在媒介,能协助个体维持与泛化干预成效。

促进行为维持和泛化的策略主要有:① 安排前事刺激(如安排共同刺激、安排足够的教学范例、采用通用课程设计);② 自然情境教学;③ 弹性教学;④ 自我管理策略;⑤ 使用自然强化物。表1-2详细叙述了这几种促进行为维持和泛化的策略。

表1-2 几种促进行为维持和泛化的策略

安排共同刺激	在教学前,尽可能安排在教学中和今后所要泛化的情境中都会出现的共同刺激,以便于之后的刺激泛化。例如,在资源教室教导学生适当的学习行为后,为方便该学习行为在普通班级泛化,事先安排共同的刺激,比如使用相同的学习材料。
安排足够的教学范例	安排足够的刺激范例,例如变化的教学情境、人、时间、地点、物品等;安排足够的反应范例,例如教导学生打招呼时,可在教的过程中变化可接受的反应,像是"你好""大家好""嗨"等,以便于反应的泛化。
采用通用教学设计	分析刺激与反应中的学生的共同特征和变化情形,以界定教学范围、确定明确的教学目标、采用灵活多样的教学方法和策略、进行持续而有效的过程性评价。通用教学设计采用更适合学生的教学过程,从而促进学生对知识的理解与迁移。
自然情境教学	尽可能在行为发生的自然情境中教导正向行为。
弹性教学	弹性地变化教学情境及给予个体的指令和提示,以免学生的反应僵化。
自我管理策略	个体用以改变或者维持自身行为的方法,包括自订契约、自我规划、自我教导、自我决定、自我监控等。
使用自然强化物	使用与个体行为功能直接相关的自然强化物,帮助个体建立"行为—后果"的联结,以便于技能的泛化。

第四节 学校中的正向行为支持(RTI 模型)

为了满足学校应对学生行为问题的迫切需求,正向行为支持于 20 世纪 90 年代逐渐被应用至学校范围。学校范围的正向行为支持(School-Wide Positive Behaviour Support,简称 SW-PBS),是正向行为支持在学校环境中的运用。其基本目标是通过创设正向良好的校园环境,预防和减少学生行为问题的发生,从而促进全校学生学业和社会性的发展(刘艳,蒋索,2016)。

一般而言,学校范围的正向行为支持由三个连续的干预层级构成,分别是一级干预、二级干预和三级干预,以预防学生发生行为问题。一级干预是指在整个学校范围内实施的干预策略,主要面向全校学生,核心目标是通过直接教授学生所期望的适当行为,并用一致性策略在全校范围内对恰当行为进行强化、对不适当行为进行处理,以此来促进学生习得正向行为。如果一级干预策略不奏效,则转入二级和三级干预。二级干预是指由专门小组实施的干预,接受二级干预的学生除了要参与二级干预活动外,也需要参与第一层级的干预。三级干预是指专门的个别化的行为干预,主要针对那些对一级和二级干预无反应的学生个体,通常是存在严重行为问题的学生(Warren et al.,2006)。

干预回应模式(Response to Intervention,简称 RTI)作为学校范围的正向行为支持中一种常用的模式,是一种通过连续评估学生的学业和行为以指导教学的系统化三级模型,强调基于学生的反应不断做出教学调整(刘宇洁,韦小满,2012;肖尔等,2016)。近年来 RTI 模式在美国发展迅速,并被写入美国《残障者教育法修正案》(2004),此后美国各州开始广泛使用 RTI 模式,RTI 模式也引起了其他各国教育部门以及教育学、心理学研究者的普遍重视(何立航,张丽敏,2014)。

一、RTI 三级干预模式

面对越来越频发的校园暴力现象,学校亟需一套实用的、具有预防性作用的正向行为管理方案,为促进全校学生的适宜行为提供支持(肖尔等,2016)。RTI模式便是正向行为支持的一个具体应用范式。它是一种基于实证研究的,致力于解决发生在学校情境中各种学习和行为问题的教学干预模式。这种模式强调在普通学校之中,由教师或研究者对学习障碍学生实施多个层级的评估和干预,以帮助学习障碍学生在学习成绩和学习技能上获得提升,进而适应其所在学校中的学习。

RTI是一种可逆的多层级模式,该模式根据学生的不同需要逐层开展教学和干预,当学生进入更高的层级后,他们会得到更长的教学时间和更具针对性的干预。在这种模式下,教师可以根据学生接受干预后的学习进度,及时调整其所在的干预层级,甚至让学生重新回到正常的学习中。

通常来说,RTI主要采用三级干预。在第一层级的干预中,普通教育教师会对校内所有学生提供核心课程的教学指导,监测学生对核心课程基本内容的掌握情况,并重点关注那些对干预无反应的学生。通常而言,80%左右的学生可以掌握基本的课程,无须更进一步的支持;剩下20%左右的学生进入第二层级的干预,即目标小组干预,这一层级通常被认为是干预的一个关键阶段。由于在第一层级的教学和干预中,教师通过观察、测验等方法收集了学生的数据,找出了学生的需求所在,故在第二层级中需要加入集中式的小组干预,让有特殊需求的学生通过小组情境教学等形式,得到包括普通教育教师、特殊教育教师、心理师、学校管理者等各领域专家的支持。如果学生对小组形式的集中干预无法产生回应,则需要第三层级的干预介入,这意味着学生需要接受特殊教育服务。第三层级中的干预人员由跨学科的RTI小组主导,采用的评估主要是认知和神经心理学等方面的评估,用以分析学生为什么没有对第一层级和第二层级的干预做出反应。RTI小组每周会根据设定的目标技能,采用专业的评估工具对学生进行监测,有时也会依照美国《残障者教育法修正案》收集有关学生的多元化信息,以综合考查该学生是否有进一步接受特殊教育服务的需要。最终评估的结果将成为特殊教育部门做出决策的依据:若在第三层级的干预中学生有明显进步,则学生可以重新回到普通班级中接受教育;若学生在这一层级的干预中仍旧没有做出充分的反应,则学生正式转介至特殊教育安置。特殊教育教师在第一和第二层级可以为学生实施干预,然而真正提供指导,则是在学生进入第三层级后。进入这一层级,意味着学生已被认定需要接受特殊教育,教师通常要为该学生提供个别化教育计划(IEP)以及其他相关服务。RTI 三级干预模式,见图 1-2。

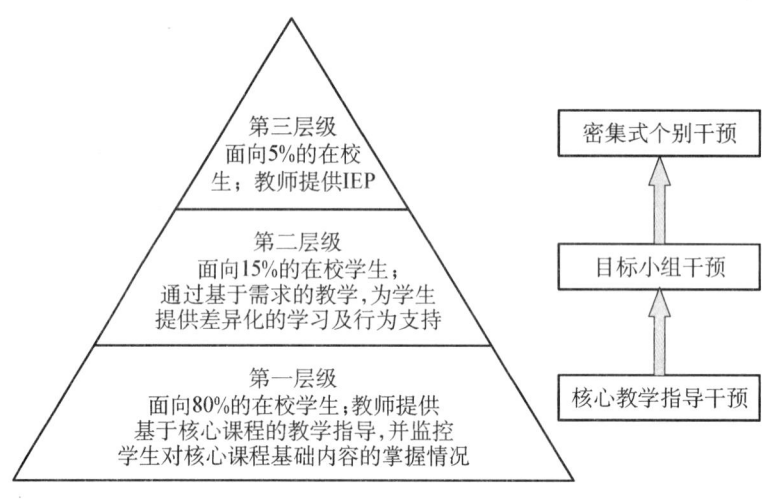

图 1-2　RTI 三级干预模式

二、RTI 模式的特征

RTI 模式大致有以下几个核心特征:

第一,采用多层级和可逆结构。RTI 模式通常有三个层级,随着层级增加、学生的问题程度加重,干预力度也逐渐增强。第一、第二层级都是在普通班级里进行,由普通教师开展初步筛查,并监控学生的测试情况,同时负责把相关信息传递给家长。在第二、第三层级中,特殊教育专家加入到对学生的干预中,他们运用更加专业化的工具,协助普通教师开展评估工作,并向教师提供咨询服务。但在第二层级,特殊教育专家还不是主导力量,他们需要保证学生有融入普通教育的机会。

RTI 模式的层级之间也是可逆的。如果教师在第一层级教学上的调整没能使成绩落后的学生在标准化测试中取得进步,但是在第二层级的调整却使学生取得了明显的进步,那么学生可以重新回到第一层级。第三层级也是如此,虽然第三层级的干预完全由特殊教育专家进行,干预力度是最强的,但也可依据学生取得进步的大小,回到第二甚至第一层级。

第二,提供高质量的教学。在 RTI 模式中,教师需要具有更高的素质和能力,并根据一定的教学标准为班级中的学生提供高质量的课堂教学。在美国多元文化和民族背景下,RTI 要求老师的教学能够满足班级中持有各种语言和文化背景学生的需要,以使得他们的学习潜能得到应有的开发。

第三,基于研究的教学和干预。为确保教学得到令人满意的结果,RTI 模式提倡教师所采用的教学或干预技术应基于科学研究的成果。

第四,全体筛查。通过对所有学生进行评估,教师可以了解现下的教学是否能够满足学生的需要,今后的教学是否要做出相应的调整,从而给予学生及时的教学反应。

第五,监控学生的学习进度。学习进度监控是指在 RTI 模式中,需不断地测试学生的学习情况并收集测试成绩或数据,以实时监控学生的学习进度。除了在第一层级中教师常常采用全体筛查的方式来监控学生外,RTI 模式还强调这种实时监控是不间断的,即在每一个层级的任何时刻教师都可以利用测试来监控学生的学习情况。通过监控学习进度,教师能不断地改进教学和干预以适应学生的需求,这使得教学更加灵活且更具效率。

第六,对教师干预的准确性进行测量。准确性测量是指测量教师实施的教学和干预是否达到所要求的效果。为了确保教师所提供的教学和干预是有效的,RTI 模式要求教师能够提供相应的证据来证明自己所采用的方法或技术是有效用的,以此作为监控和管理教学结果的依据。

第七,跨学科人员之间团结协作。RTI 模式不应由干预者或者教师单独负责,而需要整个学校系统的人员以及学生家长参与合作。学校系统中的人员都是专业的教职员工,他们有能力互相合作并为提高学校的教育质量做出相应的贡献。事实上,RTI模式的实施无法由干预者或教师个人完全承担,否则他们可能会因为过重的工作压力负担而弄巧成拙,使得教学效果适得其反。此外,家长的参与也必不可少。2011年,Byrd指出需要家长参与RTI的原因在于:家长能够在参与中更好地理解和接受RTI模式,同时家长的参与会为家庭带来更正向的影响(Byrd, 2011)。

纵观当今特殊教育发展的实际,一个毋庸置疑的事实是,我国普通学校中出现越来越多的有学习障碍、情绪障碍、行为障碍等有特殊需要的学生,而在特殊教育学校中也面临着学生障碍情况更加复杂、障碍程度更加严重这些棘手的问题。目前,在国家大力支持开展随班就读和融合教育的大背景下,从某种程度上说,特殊教育应该是在所有学校里为有特殊学习需要的儿童提供形式多样、设置灵活的教育服务方式,目的是帮助儿童获得最大的进步。那么,一个不可逃避的现实问题是:如何才能帮助儿童获得最大的进步?我们认为应致力于为儿童制订各种适宜其教育需求的方案。RTI模式强调基于学生的学习情况不断调整教学和干预策略,不仅可以及时适应学生的需求,也是一种科学、有效地配置与整合教育资源的途径及教育服务传递系统,其中倡导的思想和采取的操作方法,值得我们学习和思考。

第二章 培智学校学生行为问题

第一节 培智学校学生行为问题的表现及影响

随着国家对特殊教育的重视,培智学校的教育对象由原来的轻中度智障儿童逐渐转向中重度甚至极重度智障学生,不但整体障碍程度加重了,障碍类型也变得更为复杂,患有孤独症、脑瘫、情绪障碍、精神障碍、多重障碍等障碍的学生,尤其是孤独症儿童逐渐增多。2016年,我们曾对江、浙、广一带的15所培智学校做过一个不完全统计,发现在校学生总计1895名,孤独症儿童共572名,占学生总人数的30.18%;其中杭州市江干区艮山路实验学校在校生总数43名,孤独症儿童16名,占学生总数的37.2%。而且目前孤独症儿童集中在低中年龄段,也就是说,培智学校的孤独症儿童有持续增长的趋势。而学生行为问题的产生往往跟障碍类型有着密切关系。

一、培智学校学生的行为问题及分类

行为是个体与环境互动的结果,即个体所说或所做的任何事情,包括活动、行动、表现、主动和被动的反应(钮文英,2012:4)。譬如,"吃的饭"不是行为,但"吃饭"就是行为;"看的书"不是行为,"看书"则是行为。行为本身没有对错,但行为不足、行为过度或行为不当会影响个体自身的发展,也会给个体及周边人的生活带来影响。当个体的行为不足、行为过度或者行为不当影响了个体自身的发展,危及个体及他人的健康安全,或者给他人带来困扰时,就要予以干预了。

行为问题有很多时候也被称为"问题行为",但我们还是倾向于用"行为问题"

这个术语,因为"行为问题"是一个有社会标记的表述,表明某个个体和他的行为虽然是有问题的,但首先肯定这是一种行为。我们每个人每天有许多行为,一般行为本身并没有好坏与对错之分,只有当行为发生在不恰当的时间、地点、情境或人物身上才会成为问题。也就是说,行为是否存在问题,是受时间、地点、情境和人物影响的。比如说,孩子们一起嬉笑打闹、互相追跑、大声尖叫,如果发生在一个空旷的自然环境中,你也许不仅能接受,还会受到他们的感染而心情愉悦,因为那是放松心性的好情境;但如果这一切发生在咖啡馆里,你就不能接受,会觉得这些孩子缺乏教养。比如说,女性穿短裙配丝袜,这在现代都市中很平常,能充分展示女性的时尚与妩媚,但在几十年前尤其是农村地区,这样打扮是伤风败俗的事。再比如,和自己的爱人亲吻没问题,但无论和谁见面都亲吻就有问题了;即使是和自己的爱人亲吻,在自己家中肯定没问题,但若在公共场所随意搂抱亲吻,那就会有人摇头了。此外,即便行为发生的时间、地点、人物、情境都很恰当,行为发生的频次过多或过少,发生的强度不当也会成为问题。例如,如果培智学校的学生经过九年的教育学习还是不会打电话,那肯定是有问题的,这属于行为不足。再如,本书前言中的小强如果偶尔给笔者打个电话聊聊天,那自然是没问题的,是正常的,但他一天给笔者打二十几个电话就成为问题了,会给接电话的人造成很大的困扰。还有,我们每个人都会有意无意地摸一摸、挠一挠身上的小疙瘩、小伤痕等异样之处,这很正常,但很多孤独症儿童每次都要摸到、挠到见血才罢手,这就成为问题了。有的行为是否成为问题还与个体的年龄和性别有关。如成年男性内急在路边小便,大家看到了多半扭过头,默认了这种行为。但如果是成年女性在路边蹲着小便,肯定会有很多人跳出来惊呼"天哪!",甚至骂她"神经病!""疯子!""脑子有问题的!"等。同样是小便,小孩内急在公交车上用个塑料袋就解决了,大人内急可能宁可解在裤子上也不会选择用塑料袋解决。所以个体的行为是否有问题,要综合考量个体状况及其所处的生态环境。具体来说,首先看行为本身是否符合个体的年龄、性别和发展程度,其次要看行为发生的时间、地点和情境,再次要看个体所属的文化背景和重要他人对其行为的看法,最后要看行为发生的频次和强度是否给个体造成了伤害,是否影响和伤害了个体周围的人(钮文英,2012:132)。

关于行为问题的分类,在不同学科和领域历来有很多不同的分法,即使在同一领域也有很多分法。有的学者从行为的形态分类,有的从行为的功能分类,也有的从病原分类。正向行为支持主张从正向的角度来看待行为问题,认为所有的行为都具有功能,并且相同的行为发生在不同的人身上功能是不一样的。培智学校的学生因为智力受限,不存在恶意地做出反人类、反社会行为的情况,他们所有的行为不管周围人是否认同,其实都是孩子最纯真、最适意的表达。所以我们主张采用Martin和Pear的分法,按照行为问题的性质分类,将行为问题广义地分为行为不足、行为过度和行为不当三类(钮文英,2012:132)。在培智学校,因为智力受限,所有的学生都存在适应性行为不足的问题,对此只要不断地通过系统的课程教学、教导训练让学生习得适应性行为即可。相比之下,行为过度和行为不当对个体和周围人的影响更大,所以狭义的行为问题指的主要是这两类问题。Evans和Meyer便是在此基础之上,结合行为的功能、形态和病因,将培智学校学生的行为过度或不当进一步分成刻板行为、自伤行为、攻击行为、不适当的社会行为、特殊情绪困扰和身体调节异常六类(钮文英,2012:135;Evens et al.,1986)。

二、培智学校学生行为问题的一般表现及其影响

(一)行为不足的表现及其影响

行为不足是指个体缺乏与其年龄相匹配的行为能力,或者人们所期望的行为很少发生或不发生。一般来说,培智学校的学生大都是智障学生,即使有孤独症学生,也都是低功能的,目前都不适合在普校随班就读。培智学校学生因为身体和精神发育迟滞,普遍存在大量的行为不足,如不会说话或表达不清楚,不会下蹲、跳跃,不会穿衣、穿鞋,不会问好,不会计算,不认识钱币,不会购物,不会做饭,不会交往,不会保护自己的物品,受了欺负不会保护自己,等等。行为不足直接造成个体

的生活能力低下、生活质量低下,同时也给教养人带来很大的负担。很多家长都自嘲说"家有犬子不远游",因为智障孩子的生活能力低下,离不开父母的照顾。小青的爸爸曾经是企业高管,但为了照顾儿子,选择了不用出差的后勤岗位;毕业了的小腾26岁了,即使他能走、能跑、能骑自行车,但因为不会应对突发事件,所以上班了还需要母亲如他上学时一样每天接送。个体的行为不足极易发生严重的突发事件,如前言中所述,小蝶因为吞咽能力差导致吃饭时窒息死亡;小轩因为患有手足徐动型脑瘫,不会适当地控制自己的动作导致不幸从高楼坠亡;小琪因为不会应对家中突发的火灾而坠楼身亡;小熊因为不懂得分辨好人坏人而被坏人带到上海火车站,差点被人贩子卖去香港;小梅因为不懂得保护自己而多次被不良青年性侵。这一切都是行为不足造成的。

(二)行为过度或不当的表现及其影响

1. 刻板行为

刻板行为是指个体长时间内一再重复某一特定的行为。该行为具有少许不明显的社会意义,经常会影响个体的学习和生活。刻板行为在重度智障、孤独症和感官障碍学生身上很常见,但完美主义者、性格固执者、强迫症患者这些特定的成人身上也会有刻板行为(钮文英,2012:136)。培智学校学生常见的刻板行为一般有以下四类。

一是动作类的刻板行为,如含手,拍手,摇晃手、大腿等身体某部位,啃指甲等。小金只要指甲长出一点就啃一点,两手的指甲永远是平整、干净的,每次少先队检查个人卫生,他在手指甲检查项目上都得满分,小金的家长曾经跟我们开玩笑说,这辈子因祸得福省去了买指甲钳的钱。

二是口语的重复刻板,如很多学生会尖叫、发出怪声,会重复问问题,重复说广告语等。小留在2012到2014年间,每次见到笔者总会问同一个问题:"邬老师,树叶是不是春天是嫩绿的,夏天是深绿的,到了秋天就变成枯黄的了?"小留有段时间还每天挖鼻屎让老师、同学吃,这让他的班主任老师很苦恼;小民每次见到女性都会说"老师,你该减肥了",这让很多女性客人很尴尬;小阳有段时间每次见到班主任巫老师都会唱"生产队里养了一群小鸭子……",让巫老师深感困惑。

三是喜好特殊物品的行为。有些学生会不断地收集某种物品,如地图、汽车玩具、动漫书籍、挂历等,还有很多学生会恋上某一特定的物品。如小浩才三岁,他不爱同龄小朋友喜欢的歌曲、玩具等物品,反而喜欢听太奶奶常听的革命歌曲,且每次都要求反复听。除此之外,他喜欢的就只有动画片《熊出没》的主题曲《我还有点小糊涂》,每当他发脾气的时候只要一放这首歌他就安静了。有段时间他还喜欢吃生的红辣椒、生姜片,让家长百思不得其解。再如,小佳很喜欢听国歌,所以一下课就抱着班级里的收录机,把耳朵贴在喇叭上听《中华人民共和国国歌》。小腾只吃外婆买的大白兔奶糖,其他人买的一律不吃,除了大白兔奶糖,其他糖也一概不吃。小益就喜欢听厕所里马桶冲水的声音,还喜欢男女厕所的标志牌。

四是以固定形式拒绝改变的行为。如小强走路只走直线,每次走到校长室门口都要沿着磨石子地面的金属嵌线九十度转弯,转弯后还要两脚脚尖对整齐再迈步,顺势把头从门里探进来偷偷瞄笔者一眼;小民有段时间每天到校后就满校园跑,原来他是要找到所有老师一个一个问早安后再到大厅集合排队,值日老师怕他乱跑惹祸,每天都像玩"捉迷藏"似的跟着他跑。这些刻板行为让老师和家长深感苦恼。

2. 自伤行为

很多学生无聊时会抠眼睛、抠伤疤、拔眉毛、拔头发等,有的学生发脾气时会撞头,或用手打自己的头。如小飞喜欢抠身上的伤疤,被蚊子叮过的小包,会抠成三个月不见好的大伤疤;冬天长了冻疮,一痒就抓,甚至抓到看见里面的白骨还要继续抠,每年冬天怎么保护小飞的双手便成为老师和他妈妈苦恼的问题。小腾妈妈也说家里常年备着创可贴,因为小腾很喜欢撕手指甲边缘的倒刺,所以即使毕业了,每次见到小腾,他的双手都缠满了创可贴。

3. 攻击行为

攻击行为在培智学校中发生得不是非常多,但是一旦发生,往往会对学生或老师造成伤害。学生拿着扫把满校园追打老师,也许只有在培智学校才会发生,而且每个培智学校肯定都发生过。老师的项链被扯断、衣服被扯破都是常态。我们日常尽量穿方便运动的衣服和鞋子,不只是因为每天要带学生运动,更是为了随时准备好处理突发事件,毕竟只有跑得比学生快,才能制止学生发生状况。很多学生会在老师的手背上留下永久抓痕,我们自诩为这是特殊教育教师的"功勋章"。2008年有段时间,笔者在办公室里经常会听到"哐"的一声玻璃破碎的声音,那肯定是小熊心情不好对着消防橱窗重重地打了一拳,去问他为什么打玻璃,他看了看手上包着的纱布,耸了耸肩笑了笑,一身轻松地说:"今天不爽!下次不打了,校长对不起。"态度之诚恳让笔者说不出任何谴责他的话来,可到了第二天依然会听到"哐"的一声。所以那段时间老师们每天都心惊胆战的,因为如果他的面前没有玻璃可打,便会对准同学的脸部就是一拳,很多同学都无辜地被他突袭过。小刚在校上学十三年,他的妈妈在校陪读了十三年,老师们也担惊受怕了十三年,因为他见人就抓,有很多老师都被他抓过或打过巴掌。他见到东西就往窗外扔,包括同学的书本、水杯,甚至桌子、板凳,班级在一楼时还好,调整到二楼以后,一楼班级的学生和老师好几次差点被砸中头部。就在毕业前,小刚还把雨伞从四楼扔下,砸坏了停在一楼的车辆。

4. 不适当的社会行为

不适当的社会行为是指违反社会规范或不被人们接受的行为。小鹿是个"唐宝宝",她经常把大便拉到大型玩具下面的草地上,然后双手捧着大便去告诉老师这是她的。她还喜欢躲起来让大家去找她,像是学校的橱柜里、楼顶上、食堂的冰箱里,甚至操场的排水沟里,她都躲藏过,每一次都让老师们找得筋疲力尽,而她在被找到后却只是告诉老师:橱柜里很黑,冰箱里很冷,她在楼顶看到风筝了,排水沟里有蚂蚁等。2007年有段时间,学校里的收录机等小电器一个个都不见了,后来家访时才发现是小敏偷偷带回了家,藏在自己的橱柜里,而他这么做并没有什么特别的原因,只是因为他喜欢而已。还有17岁的女生小怡在公园门口当众脱裤子小便,18岁的男生小青在课堂上当众把生殖器掏出来玩耍,都是不适当的社会行为。再如,笔者当校长的20年间没有因为学校管理不善而被投诉,最近却因为我们的一个孤独症学生小民而被市长热线投诉,原因是小民在公交车上屡次追问每天同坐这辆公交车的一个女生"姐姐,你几岁了",那个女生不理他,他就故意对着她打喷嚏,还摸她的头发、撩她的裙子。我们知道小民这么做只是因为他喜欢那个女生,想跟那个女生说说话而已,但别人并不清楚,所以也不懂得怎么回应他,甚至会害怕他。

5. 特殊情绪困扰

有些学生同时患有忧郁症、焦虑症、选择性缄默症、人格异常、精神分裂症等,这些病症也会给学生带来行为问题。如小童每天早上到校后第一个看见谁就抱着谁不放,要是把她推开她就哭;轮到笔者值周时,哪怕笔者去洗手、上厕所她也要从后面抱着笔者,怎么推也推不开。再如,有一次学校组织去动物园春游,小琴刚进门一见到动物就跳到笔者身上,紧紧抱着笔者。只见她脸色发青,头上出汗,怎么安慰也不肯下地自己走,结果那次春游老师们就只能轮流背着她走,而且只能远远地看着动物而不能靠近。后来我们才知道小琴患有动物恐惧症。

6. 身体调节异常

有些学生发生行为问题是他们的身体在调节日常所需摄取的食物或调节代谢上运作异常的缘故。常见的身体调节异常包括饮食异常、排泄异常和睡眠异常等。走进学校食堂不难发现,有的学生吃饭特别慢,一直反复咀嚼;有的学生贪吃,只要老师不控制,就不停地吃,即使饱得吐出来也要继续吃;有的学生挑食严重,如只吃面包、饼干、包子等面食而不吃米饭,只吃肉类不吃蔬菜,只吃菜不吃饭或只吃饭不吃菜;有的学生不能吃奶制品或面粉类食物;也有学生存在吃纸屑等异食癖现象。在排泄方面,有的学生经常会大小便失禁。而在睡眠方面,有的学生从来不午睡,晚上睡得也不多。

笔者从事培智儿童教育27年,从班主任做到校长,经历、处理过的学生行为过度或不当问题几天都说不完。这些问题给老师和家长带来了很大的苦恼和困惑，尤其是孤独症学生，他们的行为问题可谓一个一个接踵而至，往往一个问题才干预好，新的问题又出现了，让老师和家长应接不暇。还有学生同时存在几个行为问题，也会让老师和家长无所适从。"油菜花儿开了，要提高警惕了！"——我相信这是所有培智学校老师的共识。每年天气变幻剧烈之时，学生的行为问题尤为突出，尤其是同时患有注意缺陷多动障碍、精神障碍、情绪障碍或孤独症的学生，由于生理和认知能力的限制，加上环境不够配合，当他们的基本生理和心理需求无法被满足时很容易产生行为问题。

三、行为问题的干预选择

面对行为不足问题，我们都知道要通过教导训练来让学生获得适应生活、适应社会的能力，所有老师们也都一直努力着。狭义的行为问题给老师和家长带来的困扰要大得多，但即便如此，也不是所有行为问题都需要干预。判断是否要干预，通常要考虑行为问题的严重性。而判断行为问题是否严重，往往要因人、因时、因地和因不同情境而言。一般我们将学生的行为问题按照优先处理的顺序分为以下三类（钮文英，2012：162）。

1. 紧急行为

紧急行为就是指危及生命安全或生命健康的行为，需要老师或家长立即处理。紧急行为包括：撞头、撞墙、抠眼球、割腕等自伤行为，打人、抓人等攻击行为，要跳楼、逃跑、破坏物品等严重的情绪行为，还有癫痫发作、食物过敏、休克等因疾病或特异体质而引起的紧急行为，等等。

2. 严重行为

经过仔细的综合评估，只要符合以下四种情况中的任何一种情况，都算作严重行为。一是干扰了教学，如果不处理，老师和其他同学就不能正常地开展教学活动，如课堂中出现较为频繁的哭闹、尖叫、离座、干扰、外逃等行为。二是如果不加以处理，行为就会越来越严重，如手淫。一次手淫也许没什么，但一旦养成了习惯，在大庭广众之下也手淫就麻烦了。再如，青春期男生有意摸女同学的隐私部位，如果一次不重视，可能就会有接二连三的性骚扰事件发生。三是行为已经影响到他人了，如见人吐口水、撩女生裙子、每次玩光洗手液等。四是个体的主要照料人很关切的行为，如干扰行为。

3. 过度行为

过度行为指达到偏差标准的不当行为。其实这些行为一般人也有，只是在培智学校学生身上出现得比较频繁，不过对个体的发展没有造成很大的影响，对个体及他人的生活和学习也没有造成太大的影响，也就说其严重性还不足以需要马上处理。如个体摇手、摇腿、摇晃身体，总是把书放在特定的地方，每天到校后先到体重秤上量一量体重，每天午饭后都要去看特定的垃圾桶，总是去关门等，这些刻板行为并没有影响到个体的安全和健康，也没有给个体及他人的生活或学习带来大的困扰，所以不一定要去干预。比如，个体喜好特殊物品的行为，非但不用干预，这些物品有时还是教学中很好用的强化物，如小腾爱吃的大白兔奶糖，小佳爱听的国歌，小林喜欢的汽车玩具，等等。那时，笔者就常把儿子不再玩的汽车玩具拿来作为对小林学习进步的奖励。

第二节　培智学校学生行为问题的产生原因

一、学生自身的障碍是主因

首先培智学校的学生以智力障碍学生为主。智力障碍表现为认知缺陷或异常，相对于同文化、同年龄的人，智障学生在沟通、自我照顾、家居生活、社交、使用社区资源、认路、学习、工作、休闲、健康及安全等方面发展得迟缓且有适应困难，普遍地存在行为不足的问题。同时，很多智障学生伴有严重的注意缺陷多动障碍，就会存在行为过度的问题。脑瘫学生的肌肉控制能力弱,可能会妨碍其他同学的行动,不小心也会伤害到其他同学;有情绪障碍的学生不能正确表达或控制自己的情绪,会给周围人带来很大的困扰甚至伤害;孤独症学生的刻板行为、特别的兴趣和爱好以及社会交往障碍,也会给他人带来很大的影响和困扰。其他还有一些因忧郁症、焦虑症、选择性缄默症、人格异常、精神分裂症等特殊的疾病,以及饮食异常、排泄异常、睡眠异常等身体调节异常而带来的行为问题。有的行为问题会随着个体病情的加重而加重。比如小姚从入学到三年级的表现一直都很好,但暑假回来升上四年级后,她开始早上赖床不起来,不听老师的指令,稍有不如意就抓人、打人等,同寝室、同班级的同学和老师没有一个幸免。在她六年级休学前,因为见人就抓,见人就打,已经没人敢和她共处一室了。再如,小晨儿时患过癫痫一直服药,入学初期他活蹦乱跳,很爱学习,癫痫也不曾发作。三、四年级时开始偶尔发作,随之癫痫发作逐渐频繁,持续时间也越来越长。到他七年级休学前,他变得眼神呆滞,反应迟钝,一天要发三四次癫痫。

二、任何一个环境因素都有可能成为诱因

我们知道,行为是个体与环境相互作用的结果。引发学生行为问题的,除了学生内在的障碍因素外,还有可能是外在的环境因素。小到某个人、某个物、某个事件,大到学校、家庭、超市的某个环境,都有可能是学生行为问题形成的前提事件。有时是过高的环境温度和湿度或是异常的声音让学生感觉到身体不适,而他又不会表达或表达不清楚,就出现了行为问题;有时是课堂中老师的关注不够,或者是学习内容太简单或太难、太多或太少,以致学生产生行为问题;有时则是由于学生喜欢某个东西而得不到,家长或同学的言行不当,或者患癫痫的孩子在某节课中运动过度等。很多时候,学生到校有情绪问题就是出门前或路上被家人批评,或者家人没有满足他的要求导致的。有一次,班主任吴老师因为前一天晚上接到紧急任务所以第二天一早就去参加培训了,结果他班里的小轩同学哭了一整天。培智学

校的学生也会"欺生":在班主任的课堂上没有行为问题,但在其他任课老师的课堂上就会有行为问题。比如小青不会在班主任的课上手淫,但在其他学科老师的课上就会;小阳在班主任的课上会安静听讲,但在其他学科老师的课上就不停地离座;小乔在班主任的课上积极发言,但在很多其他老师的课上却干扰同学学习。无论出于哪种动因,都是客观存在,因此,作为学校管理者和老师应思考和反省自己的管理和教育行为,第一时间准确了解学生行为的前因,以专业的方法实施干预,预防或减少学生行为问题的发生。

三、学校常规的管理体系有缺陷

学校管理是一个系统工程,由于学校教师各自有既定的工作安排,很多时候管班或上课的老师对所在班级的学生缺乏全面的了解。因此,培智学校的常规管理体系在满足对学生行为问题的有效干预上还存在一些问题。

第一,培智学校对学生的期待行为要求不统一或不够系统,造成日常管理缺乏预见性,丧失了提前预防的时机。普通中小学有行为规范和行为守则,但这些对培智学校的学生来说,适应性不强,要求过高,导致培智学校教师在对学生的行为要求上随意性很大。此外,一般学校在教师的工作安排上都会尽量本着跟班原则,即让一个老师将一个班从一年级带到该班毕业,这也是大部分家长的意愿,但事实上,因为教师新进、生育、调动、晋升、退休等原因,教师的工作每年都有可能发生变动。一旦变动,老师对新的年级、班级、学生及其行为要求就要重新认识和定位,否则极易因疏忽而引发问题。如国家规定,年满12周岁才能驾驶自行车,学校据此规定12周岁以上的学生可以骑自行车上下学,但必须由家长递交书面申请给班主任,经学校德育处同意后才可以进行。一位新入职的老师不清楚这一点,在替四年级的老师管班时,没有对班上一个叫晓晓的孩子骑车来上学一事予以关注,直到晓晓被交警拦下才发现他年龄未到12周岁,更未向学校递交过骑车申请。再如青春期教育的问题,如果学校没有在课程架构中纳入青春期教育课程,很多老师一般都要在学生产生青春期问题后才意识到学生有青春期教育的需要。而青春期教育应该是一个系统的教育活动,从孩子一年级开始就要引导其正确认识自我,认识男女的差异。所以,只有当老师心中非常清楚学校对学生行为规范的要求,了解学生在各个年龄段应掌握的知识、应具备的行为,知道学生在下一阶段可能会出现的行为问题,才能提前预防行为问题的发生。

第二,培智学校对学生有明确的期待行为,但环境设置没有跟进支持,也会导致行为问题的产生或加重。学校环境的设置不仅要美观,更重要的是发挥与课程相匹配的教育功能。例如,一年级学生的排队练习,光有队列训练是不够的,如果地上有记号,能让人人对应,那学生学习排队就能更快。再如靠右走训练,如果地上有脚印提示,墙面也有符号提示,就能让学生很快养成靠右走的习惯。我们知道正确的洗手方法有多个版本,如果洗手池旁边提示的方法与教学中要求的洗手方法不一致,就会干扰学生的学习。同样,盥洗间抹布、拖把的颜色标识也应与教学要求保持一致,这样学生才能有正确的表现。

第三,老师们对自己班级的学生往往很了解,而不太关心或了解其他班级学生的情况,导致在其他班级上课或管班时无法有效干预学生的行为问题。事实上,老师经常会因为外出开会、培训或生病、有急事等请假而需要相互代课、管班。由于对其他班的学生不了解,老师在其他班级上课或管班时常常会对这个班里学生的行为问题束手无策,无论是忽视还是不恰当的干预都会加重学生的行为问题。有时即使老师有干预的意识和能力,也会因不敢随意干预而导致错失干预时机。如果老师能经常共享学生的信息,同时告知相关老师或所有老师该生的干预方案,相信对学生行为问题的干预将会取得事半功倍的效果。

第四,老师和家长信息互通不够,导致对孩子的期待不够统一,对孩子所患障碍的认识不够统一,对孩子的要求不够统一,进而导致孩子行为问题的发生或恶化。如小珅偷了邻居的手表并将它带到学校,老师上门反映情况,家长怕老师不喜欢自己的孩子,就说可能是大伯出国回来买给孩子的。家长并未意识到自己的包庇行为对小珅的影响,没有与学校达成一致的教养观念。

第五,某个老师对某个孩子行为问题的预防或干预有很好的计划,但没有得到相关人员的支持,往往事倍功半。如周老师想要干预小民见到女生用"老师,你要减肥了!"这句话来跟对方打招呼的行为问题,如果干预目标只是做到与周老师或班级其他女老师见面说"老师好",那肯定是不够的,因为小民还是会用以前的话跟学校其他女老师和外来女性打招呼,所以周老师为小民制订了周密的干预方案。可是,其他老师并不了解周老师的训练计划和方案,当他们听到小民对自己说"老师,你要减肥了",往往会尴尬地大笑、大叫甚至大声呵斥,这些都对小民行为问题的干预不利。如果大家能和周老师的要求一致,做好配合和支持工作,相信该行为问题不久便可得到有效干预。

四、老师的行为干预的专业知识和技能水平不足

特教学校的老师随时要面对各种行为问题的发生,如果不懂行为干预是很危险的;如果对学生的行为问题干预得不够专业,则会导致干预不及时或干预不当的后果,甚至会强化行为问题,导致行为问题持续发生。如小雨经常在上课期间要走出教室去玩,老师制止他,他就躺在地上大哭,老师越拉他,他就哭得越大声。结果哭声招来很多人来关心他、询问他,以为他受委屈了。老师想尽快结束混乱的局面,就蹲下跟他讲条件:"你起来,老师就同意你去一次。"于是,每次他遇到别人劝阻,做不成他想做的事时,他就躺在地上大哭,越拉越不起来。再如,小洁上三年级时经常一做作业就肚子疼,每次遇到这种情况,老师都让她放下作业,喝点热水在座位上休息。于是,小洁的"胃病"发作了六年,这六年间只要是她不想做的作业她都没有做过,当然毕业了她的"胃病"也就好了。

在培智学校里,行为问题发生的动因不仅仅与学生的疾病或障碍有关,还涉及学校的管理体系、环境的设置、老师和家长的专业程度等方面,所以对学生行为问

题的干预也不能仅仅停留在由某个老师对某个学生进行个别干预的层面上,而应该从班级环境和学校环境,以及家庭和个体的生活范围等层面积极思考,建立一个有机、互通、全方位的系统,以达成预防学生发生行为问题的最佳效果。

第三节 培智学校学生行为问题的干预策略及存在的问题

对于培智学校学生的行为问题的干预策略,钮文英等众多学者都在其专著和论文中详细介绍了正向行为支持理论,他们一致认为:

第一,正向行为支持应该是目前最先进的行为干预理论和方法,适用于学校管理、孤独症干预、心理干预、青少年行为问题干预、儿童早期干预等各个领域。

第二,正向行为支持最适用于学校教育,而且构建校园正向行为支持体系不但适用于普通学校,也适用于行为问题频发的特殊教育学校。

较早引入正向行为支持理念的是台湾高雄师范大学特殊教育系的钮文英教授,她在研究欧美先进国家有关行为介入的最新文献资料后,于2001年出版了《身心障碍者的正向行为支持》一书的前身,并于2009年出版该书,于2016年出版该书第2版。目前,我国大陆地区大部分培智学校的教师对学生行为问题都有了一定认识,也开展了大量基于功能性行为分析的个案研究,但对于全校性正向行为支持的研究尚处于起步阶段。越来越多的研究开始介绍欧美等国的全校性正向行为支持体系特点及其对我国各类教育的启示,如周玉衡的《美国全校范围积极行为支持模式及其启示》(2013),刘宇洁、韦小满、梁松梅的《积极行为支持模式的发展及特点》(2012),韦小满、杨希洁的《功能性行为评估的特点及应用价值分析》(2011),刘宇洁、韦小满的《心理健康教育的新趋势:学校范围积极行为支持》(2014),以及黄伟合、贺荟中的《功能性行为评估与干预:如何应对特殊需要学生的行为问题》(2013)等。

据检索,国内对培智学校学生行为问题的干预研究基本上都是个案研究,如刘昊的《正向行为支持法干预孤独症儿童行为问题的个案研究》(2007),林云强、张福娟的《学生课堂自伤行为的分析及干预策略探讨》(2009),何萍的《孤独症儿童课堂不专注行为的个案研究》(2014)等,还有有关绘本教学、沙盘游戏、视觉提示、代币制等干预策略的研究,有基于功能性评估的特殊儿童行为问题的个案研究,有正向行为支持干预儿童行为问题的个案研究,有关于培智学校生活语文、生活数学、音乐教育等课堂适应性行为的研究。学校层面的研究主要是对培智学校学生行为问题的调查,尚未见到从全校正向行为支持的角度来思考对学生行为问题的预防和干预的文献。

培智学校学生的行为问题研究存在的问题主要有:首先,除了少量基于功能性评估或正向行为支持策略的个案研究外,很多研究是从德育案例角度来开展经验总结,不仅缺少科学的评估,而且对行为问题的界定不够准确,前后干预阶段也不够清晰,过程中缺少系统化的干预设计。其次,基于功能性评估的研究多是对某位学生在某个阶段的某个问题所做的有效研究,未能从全人发展的角度去思考问题。最后,对培智学校学生的行为问题开展个案研究固然重要,因为这是点对点解决问题的好办法,但很多行为问题的产生不只是个体自身障碍的问题,而是学校管理体制不够支持、环境不够支持或者家庭不够支持造成的。这就需要从全人发展的观念、全生态的角度、全员参与的角度去思考学生行为问题产生的原因,去构建正向行为支持的管理机制和支持环境,让全体教职人员都获得科学的干预方法,同时提升家庭干预的专业度和家庭对学校干预的支持度,从而让学生习得更多正向行为,预防和减少行为问题的发生,为学生的稳定发展保驾护航。

第三章 正向行为支持三级体系建设的整体设计与构想

第一节 研究背景与缘由

一、正向行为支持的发展背景及研究现状

（一）正向行为支持的发展背景

20世纪80年代末90年代初，在人本主义价值观、正常化运动和融合思想普及的背景下，随着应用行为分析技术的发展，正向行为支持的概念被首次提出（Horner, et al., 1990）。最初，正向行为支持主要应用于对心智残障人士严重行为问题的干预，且多应用于家庭和社区情境下的干预。随着融合教育的发展，正向行为支持逐渐在学校中得以实施，其效果在不同的干预群体中得到验证。1996年，Walker提出了正向行为支持三级预防干预策略，将学生和学校作为整体进行干预，正向行为支持技术中系统干预的模式得以强调（Walker et al., 1996）。

由于立法的推动，在美国，学校逐渐成为正向行为支持实施的主要阵地，正向行为支持被广泛应用于特殊教育、学前教学、中小学教育以及家庭和社区环境中（刘艳，蒋索，2016）。截至2016年6月，美国已经有21 559所学校实行了学校层面的正向行为支持，此外在加拿大、澳大利亚等国的中小学也得到广泛应用（杨福义，李方璐，2016；袁箐，2016）。学校层面的正向行为支持已经发展成为一种系统的、完整的模式。

正向行为支持强调行为具有功能性,将提升个体生活品质作为行为干预的目标,强调依据行为的功能开展多元、正向的干预。在行为干预中强调考虑社会效度和文化因素,重视生态环境系统的改变,重视团队合作,以取得干预的长期效果,提倡干预的预防原则。目前,学校层面的正向行为支持系统通常由三个连续的干预层级构成。一级干预是在整个学校范围内实施的面向全校学生的干预,这类学生主要为正常的没有典型行为问题的学生,其核心目标是通过直接教授学生所期望的适当行为,并且用一致的策略强化适当行为和处理不适当的行为,来促进学生习得正向行为。若经过一级干预学生无法形成适当行为,则转入二级和三级干预。二级干预是针对存在潜在行为问题的学生提供群体性的支持,其行为支持的强度相应加强。三级干预是专门的、基于功能性评估的个别化行为干预,针对的是那些对一级和二级干预无反应的学生个体,即存在严重行为问题的学生。一般来说,一级干预对班中约80%—90%的学生起作用,二级干预对约5%—15%的学生产生作用,而三级干预则会对约1%—7%的学生发挥作用(Sugai, et al., 2000)。

(二)正向行为支持的研究现状

目前,国外有专门研究正向行为支持的学术机构和专业杂志。从研究成果上看,国外的正向行为支持研究主要集中在教育、社区、家庭三个领域,既有个别层次的正向行为支持,也有系统性的正向行为支持。总体而言,接受干预的儿童,其行为问题均有明显改善。个案研究的研究对象包含孤独症儿童、智力障碍儿童、多动症儿童、普通班儿童等,研究主要基于儿童行为问题的功能分析,采用前事干预、行为教导、后果处理策略,对各种类型的行为问题进行干预。而学校层面的正向行为支持研究,多围绕三级干预模式展开。研究者们较为关注在三级干预体系中,采用何种具体的、系统性的措施有效,采用何种指标和评价维度对实施效果进行评价,以及如何对干预体系中的工作人员进行培训。

国外的大量实证研究表明,学校层面的正向行为支持在促进全校学生社会行为的发展上具有积极的作用,其干预的科学性、系统性、教育性都是在国内开展正向行为支持时可借鉴的。不过,国内外中小学在校园文化、学生组成、师资配备上有显著的差异,特殊学校的差异性更加明显,所以需要对适合我国中小学学校的行为干预模式作进一步探索。

在国内,正向行为支持也被译为"积极行为支持"。2007年,杜玉虎等学者开始探索运用正向行为支持对随班就读儿童的行为问题进行干预(杜玉虎,刘春玲,2007)。目前,国内已经有部分学者开始关注正向行为支持。在理论研究上,多为介绍国外正向行为支持的理论和实施,既有个案研究的介绍,也有学校层面三级干预体系的回顾和总结,以期对国内实践有所启发。在实践研究上,多采用基于功能性评估的个案行为问题干预研究,目的在于探索正向行为支持方案的有效性。从研究领域上看,正向行为支持的实施主要在学校和家庭中,实施者有教师、研究者、家长等,从学校层面进行系统干预的实践还未有展开。

二、我校的特点与研究背景

杭州市湖墅学校是一所典型的培智学校,专门招收中重度智障少年儿童入学。全部学生都存在智力障碍,大部分学生还同时伴有语言障碍、情绪障碍、心理障碍、动作障碍等,典型的有智障患儿、孤独症患儿、脑瘫患儿、多动症患儿、多重障碍患儿和精神病患儿。学校建于1989年,现有13个年级,涵盖学前教育、义务教育、职业教育,每个年级设一个班级,也就是有13个班级。学生的年龄跨度很大,从3周岁到22周岁不等。以2016年1月在校学生为例,有幼儿、儿童、少年、青年共计136名,其中男生92名,女生44名;重度以下智障学生71名,孤独症学生21名,脑瘫学生20名。有53名学生存在特异体质,其中不宜剧烈运动的有32人,正在服用维思通、德巴金、利必通、开浦兰、优甲乐等药物的有19人,患有癫痫的有17人,患有哮喘的有7人,做过心脏心室修复手术的有6人,对牛奶、海鲜、鸡蛋、菌类、芒果等过敏的有12人,饮食习惯异常如吃饭必须有汤、只吃饭不吃菜、只吃菜不吃饭、只吃肉不吃蔬菜、只吃面食不吃饭等有11人。对这些特殊情况,如果不是所有老师都清楚的话,那么在其他老师代课或管班的时间里很容易发生行为问题。在"培智学校正向行为支持三级预防体系的构建"课题开展前,我校学生的行为问题频发:在2013年和2014年,由值周领导处理过的突发事件有11人次,学生发生攻击性行为74人次、自伤行为20人次、不适当的社会行为229人次。因为智力受限,我校所有学生都存在行为不足问题,所以我们的研究将面向全校所有学生。

第二节 研究目的

我们设想通过课题研究达到以下目的。

(1) 降低学生行为问题的发生。

通过建立学校三级预防的正向行为支持体系,采用正向行为支持的各种策略预防和缓解学生行为问题的发生,让每一个学生都能平安、健康、平稳地成长。

(2) 促进学生正向社会行为的产生。

需要明确的一点是,降低学生的行为问题并不是我们的最终目的,我们的最终目的是通过促进学生沟通、社交、语言等技能的发展,培养其正确地表达情绪等正向的社会行为,让学生具有更全面的生活适应能力,最终提升学生的生活品质。

(3) 提升教师的专业素养。

本课题是由我校全体老师参与执行的,在课题实施前期就组织全体教师开展正向行为支持的理论学习活动,不断外派骨干教师参加正向行为支持、个别化教育、应用行为分析、结构化教学、孤独症临床干预等相关专题的培训。课题研究中的实践操作有助于促使老师进一步熟悉正向行为支持理论,掌握正向行为支持的策略和方法,科学应对教育教学过程中学生的各种行为问题。

(4) 提升学校的管理水平。

借助课题研究,建立学校、班级、个体三个层面的团队合作,构建系统的、科学的、有效的、基于培智学校特点的正向行为支持体系,这将有助于增强学校教师和管理团队的沟通合作和问题解决能力,可以有力地提升我校的管理水平。同时希望课题研究成果对同类学校有一定的借鉴意义。

总的来说,希望通过本课题的研究,在学校层面建立更加精细、融通的管理机制;教师的行为干预能力能有较大提升,能熟悉学校的每一位学生,在任何场合发现非本班学生出现行为问题都能予以正确处理;校园环境更加适合特殊学生学习和生活,学生不但行为问题得以减少,而且整体精神面貌变得更加积极向上,身心愉悦,适应能力不断增强。简言之,师生平安、和谐,学校稳步发展。

第三节　研究框架

一、确定研究目标

本研究旨在构建一套适合培智学校的正向行为支持三级体系,以减少学生各种行为问题的发生,增进学生的正向行为,提升学生的生活适应能力和学业水平,提高教师的专业素养,提升学校的教育教学管理水平。

二、确定研究内容和研究方法

依据研究目标构建一套适合培智学校的正向行为支持三级体系,是本课题的核心内容。三级体系包括:面向全体学生的一级预防干预系统、班集体本位的二级预防干预系统和个案本位的三级预防干预系统。具体研究内容如下。

（1）面向全体学生的一级预防干预机制实践研究。

面向全体师生的预防干预系统是其他两级系统的必要基础，需要全体老师参与执行以改进学校支持系统。这级系统的主要功能是提供系统的、一致的行为规范和营造正向的校园环境，从而对学生产生正向的影响或起到支持的作用。因此，这部分的研究内容主要包括：探讨学生适应生活所需具备的核心行为，从环境调整、制度建设、行为教导等方面探索培养生活适应行为的途径，如建设正向行为支持的校园环境、校级层面的学生信息互通平台、突发事件的预警系统等。实施者为以德育主任为核心、包括校长在内的校务会成员。

（2）面向班集体的二级预防干预系统实践研究。

班集体本位的二级系统主要的研究内容包括：探讨班集体成员共同期待行为的内容及表现形式，探索该年龄段学生可能出现的行为问题的预防措施，如布置适宜全班学生的结构化教室环境，建立班级家长沟通平台，开设康复训练小组课程，组织家长培训等。实施者为以大队辅导员为核心的班主任团队，以及各班的相关老师、家长、学段段长等。

（3）面向个案的三级预防干预系统实践研究。

个案本位的三级系统，是在一级预防干预和二级预防干预无效的情况下，为有严重行为问题的学生建立的预防干预系统。因此，这部分的研究内容主要有：学生严重行为问题个别干预工作机制，学生严重行为问题个别干预有效策略。实施者为以康复资源部主任为核心的行为干预团队，包括各相关老师、专家、医生、家长、学校领导、社区成员。

如图3-1所示，培智学校正向行为支持三级体系从一级预防干预到三级预防干预是一个从宏观到微观的过程，每一个层级之间不是割裂的，也不是单向的，这是一个相互融会贯通的系统。一级系统面向全体学生开展行为教导，同时学校整体结构化的环境和全员参与的工作机制也为二级、三级预防提供了支持；二级、三级系统贯彻了一级系统中的行为教导,并在一级系统的支持下为班集体学生和具有严重行为问题的个案提供支持;二级系统中教室结构化环境的建设等也为三级预防提供了支持与保障,二级、三级预防的成效反过来又提升了一级系统的建设成效。学校正向行为支持体系的构建必须是全体老师参与实施的过程,要让每一个老师都熟悉和掌握正向行为支持理论与实务,了解本课题的研究目标、内容和方法,动员全体老师积极参与。本课题主要采用行动研究法,对有严重行为问题的个案采用个案研究法,在不同研究阶段结合使用调查研究法。调查研究法主要用于调查老师对正向行为支持理论的掌握和实际操作情况,并且调查统计正向行为支持体系的实施成效,以便确认该体系的有效性。

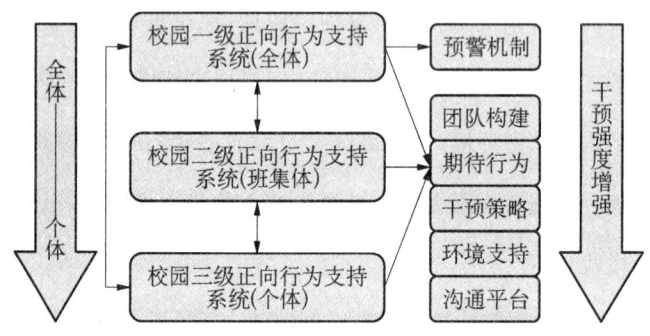

图3-1 培智学校正向行为支持三级体系

三、建立研究团队

课题研究之初,就成立了以校长为组长,以副校长、德育主任为副组长,以教导主任、康复资源部主任和各学段段长为成员的工作领导小组,整体规划学校功能布局和学校发展方向,督促各项工作的落实。具体分工如下:德育主任和教导主任负责全校学生行为规范和执行机制的制定,领导生活适应、音乐、美术、体育、信息技术教研组长落实全校校园结构化环境的具体布置、校园视觉提示的创建、家长联络平台的架构和预警机制的建设,并领导家委会组建家庭支持委员会,开设家长课堂,提升家长群体的专业素养;以大队辅导员为核心的班主任团队负责班集体建设;以班主任为核心的个案团队负责个案行为问题的干预;以康复资源部主任为核心组建知觉与动作、情绪与行为、沟通与交往、感觉统合等康复小组,聘请专家为导师,每月至少开展一次小组活动。

表3-1 培智学校正向行为支持团队及职责

团队岗位		责任人	职责
组长		校长	全面策划并领导三级体系的建设
副组长		副校长	全面落实各部门正向行为支持
一组	组长	德育主任	一级系统的建设
	组员	体育教研组长	学校活动场地的结构化设计及落实
		美术教研组长	学校功能区的情景化设计
		各学段段长	各学段范围整体环境结构化布置
二组	组长	教导主任	二级系统的建设,生活适应课程及教学安排
	组员	音乐教研组长	一天作息活动的结构化音乐选择
		信息技术老师	一天作息活动的广播设置
		生活适应教研组长	各学段生活适应行为的规划
		班主任	个别化计划中正向行为支持策略的落实
三组	组长	康复资源部主任	三级系统的建设
	组员	情绪与行为小组成员	个案行为问题的干预
		沟通与交往小组成员	个案行为问题的干预
		知觉与动作小组成员	晨间活动的组织,个案行为问题的干预
		感觉统合小组成员	个案行为问题的干预

四、营造构建正向行为支持体系的良好氛围

近年来,我校组织全体教师研读钮文英老师的《身心障碍者的正向行为支持》一书,组织老师开展读书汇报、读书交流等活动,开展相关的专题培训。同时,不断外派骨干教师参加应用行为分析、知觉与动作训练、结构化教学、正向行为支持的

研讨会等。这些教师外出学习回校后,须再以PPT等形式给其他老师做半小时以上的二级培训,这样不但可以让骨干教师对所学知识有一个内化的过程,而且也可以实现学习成果的最大化、培训成效的最大化。此外,学校积极开展骨干教师的认定工作。被认定为校级骨干教师的老师,每年至少一次向全体老师进行专业汇报。在骨干教师的引领下,全体老师积极参与学校正向行为支持环境的创建和正向行为支持策略在教学中的落实。

第四章 正向行为支持一级系统建设

一级预防是面向学校全体学生的预防,前文也说过预防的最终目标不是减少行为问题的发生,而是发展学生的正向行为,提升学生学习和生活的品质。我们认为培智儿童教育的核心是生活适应教育,所以培智学校正向行为支持一级预防的目标就是:面向全体学生,根据各年龄段学生的身心发展特点和共性需求,从环境调整、制度建设、行为教导入手,重点发展学生的生活适应行为,培养学生的良好行为习惯。我校的一级预防是从学校整体团队建设开始,通过生活适应课程的建设与教学、个别化教育(IEP)的实施、"吉祥七宝"好学生评选机制的改进、学校整体结构化环境和作为一种隐形课程的校园支持性环境的创设等措施,来发展学生的正向行为,促进学生养成良好的行为习惯,同时建立信息互通机制和突发事件预警机制,以便对突发事件进行紧急处理,避免重大后果的发生。

第一节 正向行为支持校园环境建设

我校校舍原为小区配套小学用房,占地面积 8 273 平方米,建筑面积 6 845 平方米,有 150 米(四道)跑道操场一个,按建筑单体分,有连体楼四幢。校舍于 2004 年建造完成,但建好后并未设置小学,而被一民办中学使用,至 2012 年杭州市拱墅区教育局置换给我校使用。自 2012 年搬入以来,我校利用五年的暑假时间,在尊重原有房屋结构的前提下,对校舍进行了一次性设计与分次装修,旨在根据学生的身心发展特点,创建全校性的结构化环境。

一、全校 VI 系统的确定

视觉识别(Visual Identity,简称 VI)是企业形象识别(Corporate Identity,简称

CI)的组成部分之一。企业形象识别系统(Corporate Identity System,简称CIS),包括理念识别(MI)、行为识别(BI)、视觉识别(VI)三个部分。我校在装修前首先确定了学校CI系统,即学校整体形象识别系统,然后在理念的领导下建设学校制度系统和学校视觉识别系统。

VI是以标志、标准字、标准色为核心展开的完整、系统的视觉表达体系。我校确定用"爱心、融通、笑脸"三个关键词来诠释办学理念:用我们的爱心构筑一个个融通的平台,托起一张张幸福的笑脸。在融合教育的大背景下,学校LOGO由两张笑脸组成(见图4-1),一大一小两张笑脸,代表着老师和学生、家长和孩子、健全人和残障人。LOGO采用黄色、玫红色两种颜色:黄色代表学生,表示阳光、活泼、欣欣向荣;玫红色代表老师,取玫瑰的颜色,而玫瑰则象征着爱。"爱心、融通、笑脸"三个关键词凝炼为一句话,即"微~笑在湖墅",意味着"照顾、陪伴、引领、支持,关爱在每一个细微处;自信、自强、自理、自立,快乐在每一张笑脸中"。学校标准色为米色,米色是不冷不热的中性色,代表着温暖。我们选取这个颜色,不仅希望整个校园是温暖的,能给老师、学生提供一个四季皆宜的舒适环境,更意在打造温暖的湖墅,让世界因我们而温暖。此外,由于米色为中性色,适合于幼儿园、小学、初中、高中各个阶段,也可与各种色彩搭配使用,不仅不会干扰主题,还能助力凸显各个主题。

图4-1 杭州市湖墅学校LOGO

二、校舍楼宇的功能规划

明确全校各个区域、角落的功能,实行大区域的结构化布置。我校将校舍大楼按功能确定为启康楼、启艺楼、启智楼、启业楼、启远楼,在每一幢楼楼下显眼处标识该楼的功能及概况,如分别用于康复训练、社团综合活动、年级教室、职业实训和教师办公。学校每幢楼的每一个房间都有编号,如"5203"表示5号楼(启康楼)2楼东起第3个房间,是"个训室3";"2405"表示2号楼(启远楼)4楼东起第5个房间,是阅览室。不但每个房间有编号,每一个楼梯也有编号。除了文字标识外,功能室还贴上了视觉提示标识。一般我们将功能室分为四类,并按表4-1所示进行标识。

表4-1 各功能室视觉提示布置表

功能室类别	标识图	举例	说明
教室	年级名称+中队名称+图标	三年级(文字)蜜蜂中队(文字)+小蜜蜂(图)	中队名称必须是学生喜闻乐见的具象事物,并伴随学生整个学习生涯,直至高三毕业;每年随着班级的更换而变动
办公室	功能室名称+人员姓名、照片	教导处(文字)+××老师(姓名、照片)	每年随着室内人员的变动而变动
其他功能室	功能室名称+形象符号	舞蹈室(文字)+跳舞的小姑娘(图);阅览室(文字)+一本打开的书(图)	在门上方悬挂标牌,图文提示尽量贴在门的中下位置,方便低段学生学习辨识
个训室	老师(姓名、照片)+学生(姓名、照片、个训时间)	老师何××(姓名、照片)+学生王××(姓名、照片、个训时间)	此为老师的个人工作室,来此上课的学生可能不止一个,所以需要标明时间

三、校园景观环境的功能规划

校园的每一个角落都被赋予不同的功能。比如,从大门进去的水景区为拍照留念处,不但景观优美,而且对面墙上高处有校名,方便校名入镜;水景区后面为轮滑区和植物迷宫,其中植物迷宫靠近楼体,站在三楼走廊往下看,植物迷宫一览无余,方便老师及时找到迷宫里的学生;启康楼的后面是种植区和养殖区,四年级以上每个班级在种植区都有一块菜地,在养殖区可以养殖水生动植物;启艺楼后面有玩沙区、攀爬区;启智楼后面为阅读区;操场周围有专门为低幼学生设置的童玩区、为中高段学生设置的大型玩具区和为职高段学生设置的休闲区;传达室后面为停车区。每个活动区域都用脚印提示活动方向,每个区域也都贴有视觉提示,这些区域为学生在实践中获得认知、体验和发展提供了具体场景。

四、操场的功能规划

我校操场规划了四条跑道(见图4-2),每条跑道都有一种颜色,自内而外分别为红色、绿色、黄色、蓝色。彩色的跑道能帮助智障学生辨别自己跑哪条道。每天晨间大活动时,不同颜色的跑道具有不同的功能。

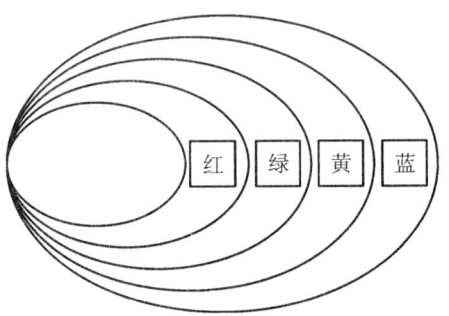

图4-2 操场跑道颜色分配

表4-2 彩色跑道在晨间大活动时的功能

颜色		晨间活动时的功能
红	慢走	供一年级学生、脑瘫学生和行动缓慢的学生使用
绿	走跑交替	主要供二、三年级的学生使用,需要时时调整队形
黄	慢跑	主要供中段学生使用,能基本保持队形慢跑
蓝	快跑	供职高段学生使用,具备快速奔跑能力,能紧跟前面的同学

红色跑道为慢走的道,使用这条道的多半是一年级学生、脑瘫学生和行动缓慢的学生,因为他们的队列意识不强,活动能力不佳;绿色跑道为走跑交替的道,使用这条道的多半是二年级和三年级的学生,他们无法保持完整队形,经常跑跑停停,需要带队教师时时调整队形;黄色跑道为慢跑的道,主要供中段学生使用,因为他

们能保持队形慢跑;最外一圈的蓝色跑道为快跑的道,主要是职高段学生使用,因为他们步伐大、步频快,具备快速奔跑能力。一个班级的学生基本按走跑能力分成两批,分别由正、副班主任带领,在相应的跑道上活动。若有特殊需要也会有变动,如女生来例假或某个学生当天的状态不好,可以选择在红色跑道上行走,当然这需要班主任协商对接。

彩色跑道在跑步、跳远等体育教学活动中也能起到很好的辅助作用。比如在短跑和中长跑教学活动中,教师在起点安排时可以让每位学生站在相应颜色的跑道上等候,提醒学生记住自己要跑哪个颜色的跑道;途中跑时,智障生时常会出现跑到他人跑道上的情况,彩色跑道有助于上课老师提醒智障生及时更换跑道,跑在自己的跑道内。再如练习跳远时,让学生在直道区域以红色跑道的内线为起跳线向绿、黄、蓝三色跑道起跳。四种颜色代表四个成绩区段,不仅便于老师记住每一个学生的跳跃水平,学生参与挑战的积极性也更强。

操场周边的富余空间安置了八个存放球类、投掷类、呼啦圈类、垫子类、竞技比赛类等体育器具的不锈钢防雨棚。所有的体育活动器具都分类放置在相应的棚内,每个棚内还依据该类活动器具的大小、形状定做了不锈钢架子。老师、学生可以随时取用所有的活动器具,用完须放回原处,棚面上贴有视觉提示标识和使用要求,方便老师、学生快速找到想要的活动用品,也培养了学生按要求使用的规则意识。

五、楼层走廊的功能规划

按功能划分的五幢楼连在一起,层层相通,四个楼层正好对应四个学段,即低年级段(学前到三年级)、中年级段(四到六年级)、高年级段(七到九年级)、职高段(职一到职三年级)。每个楼层的装修在使用学校标准色米色的基础上,确定一个区别色,应用于楼层走廊饰面板、教室的桌子、软包的厕所门板和地面表示定点的瓷砖等。例如一楼用草绿色,象征着低段的学生如鲜嫩的小草,鲜活可爱;二楼用淡红色,表示中段的学生蓬勃生长,充满生机与活力;三楼为深绿色,表示高段的学生茁壮成长,一片欣欣向荣;四楼为蓝色,表示职高段的学生应走向沉稳、成熟。无论走到哪里,只要一看区别色就能知道自己在几楼。此外,在一楼走廊的墙壁上配合低段学生的视线高度放置了42个游戏玩具,形成了一条玩具走廊。每个玩具旁都附上了使用方法,学生下课时可以按使用方法做游戏,避免低段学生尤其是孤独症学生因无聊或多动而产生行为问题。二楼到四楼的走廊地面不仅设置了"我是交通员""大满贯"等符合相应学段学生年龄特点的可供走走跳跳的游戏图,而且设置了可供休息和观赏的绿色植物区,在楼梯转角处还设有放松椅、阅读角等。这些设置给学生的课间活动提供了更多选择,活动方式可静可动,减少了学生行为问题的发生。

六、作息时间音乐形态的结构化

学校在作息时间所播放的音乐(可参见表4-3),是根据一天的活动来配置的,并且实行时段的结构化。比如,在学生早上进校门的时段播放《上学歌》《校园的早晨》《春满校园》《湖墅校歌》,用轻松明快的歌曲唤起学生愉悦的情绪。每天早晨,早来的学生可以坐在大厅的沙发上或取出塑料小凳子坐在大厅里等候。8点25分,广播里响起歌声,歌声就是指令,学生会自觉起身,放好小凳子到排队区排队,等候进教室;8点30分,进班铃声响起,同学们伴随着《拉德斯基进行曲》排着队有序进入教室。播放这些积极向上的音乐是为了让师生有一个愉悦的心情,以期这一天有一个良好的开端。晨间大活动期间也会配合相应的活动环节穿插不同的音乐:《运动员进行曲》响起时,各班排队从教室进入操场;《洋娃娃和小熊跳舞》响起时,陆续到场的各班进入自己的跑道行走热身;《阳光少年》响起时,师生在热情激昂的歌声中开始跑步;放松舒缓的钢琴曲《约定》响起时,意味着跑步结束,各班开始整理队伍,到指定区域排成早操队形;节奏感显明的《古诗韵律操》响起时,师生一起在朗朗上口的古诗歌曲中跳起了花环操;《进行曲》响起时,学生踏着进行曲的节奏分组进入知动训练场;《队形音乐》响起时,根据能力评估分组的五大组学生在老师的带领下开始知动活动;最后以《奇异恩典》舒缓的旋律结束早上的晨间大活动。上课铃声是上阶音搭配女生语音"同学们,上课了",下课铃声则是下阶音搭配男生语音"老师,下课了",让上课铃和下课铃有明显的区别,是为了更好地发挥提示作用。课间休息时播放《那不勒斯舞曲》《阳光·舞·甜橙》《琉璃湖畔》,富有跳跃感并充满阳光味道的音乐给课间注入了活泼欢乐的气息。午饭时播放《蔬果圆舞曲》《四季·船歌》《莫扎特钢琴奏鸣曲》《夜的钢琴曲》《降G大调即兴曲》《天空之城》,让学生伴随着《蔬果圆舞曲》的歌声进入食堂吃饭,感受歌词中所表达的蔬果带给我们美味和营养的含义,接着在柔和优美的钢琴曲中愉悦地享受午餐。午休时播放有催眠效果的《沉思曲》《梦幻曲》等,低沉的大提琴奏出柔美的旋律,能让人很快沉静下来,帮助学生入睡;午休结束时播放《致爱丽丝》、《彩云追月》、《欢沁》、《狮子王》主题曲,先以轻柔的鸟叫声及舒缓的钢琴曲呼唤学生从睡梦中醒来,再以几首或优美或轻快的乐曲让学生调整好自己的状态。伴随着《快乐崇拜》的歌声,活泼、快乐的课间操可以让学生重新汇聚起能量,投入下午的学习中。当《朋友再见》响起时,提示学生一天的学习结束了,该整理书包放学了。借助不同风格的音乐,对相应的活动环节进行提示,让学生一听到某一特定音乐就知道应该做什么。当然,学校播放的乐曲不是固定不变的,音乐老师每学年在调整作息时间时也会相应地对乐曲做一些调整。需要注意的是,所选乐曲的特性和功能一定要与相应时段的活动的性质和学生的需求相契合,在此基础上尽量选择适合学生的或者师生喜闻乐"听"的乐曲。

表4-3 2017学年第一学期学校一天作息时间音乐结构化安排表

时间点	音乐名称	意义
8:25—8:30 (班主任进班、学生排队)	《春满校园》《湖墅校歌》	用情绪饱满、积极向上的校园歌曲开启美好的一天
8:30—8:35 (学生进教室)	《拉德斯基进行曲》	伴随着激昂的进行曲,学生以饱满的情绪进入教室

(续表)

时间点	音乐名称	意义
8:35—9:15 (晨间大活动)	《运动员进行曲》	踏着进行曲的节奏步入操场
	《洋娃娃和小熊跳舞》	在轻松欢快的旋律中行走热身
	《阳光少年》《春晓》	激情洋溢的歌声可以激发学生带着更加热情亢奋的情绪跑步
	《约定》	舒缓柔和的音乐有助于学生放松身体,整理队伍
	《古诗韵律操》	利用花环、队形组合变换,培养学生的空间感知及相互配合的能力
	《进行曲》	踏着进行曲的节奏分组进入知动训练场
	《队形音乐》《节奏体操》	在老师的带领下进行知动训练
	《奇异恩典》	以舒缓的旋律结束整个晨间训练活动
10:50—11:00 (课间休息)	《那不勒斯舞曲》《阳光·舞·甜橙》《琉璃湖畔》	带有跳跃感并充满了阳光味道的音乐给课间注入活泼欢乐的气息
11:35—12:15 (午餐)	《蔬果圆舞曲》《四季·船歌》《莫扎特钢琴奏鸣曲》《夜的钢琴曲》《降G大调即兴曲》《天空之城》	学生伴随着《蔬果圆舞曲》的歌声进入食堂吃饭,感受歌词中所表达的蔬果带给我们美味和营养的含义,随后在柔和优美的钢琴曲中静静享受午餐
12:15 (午休开始)	《沉思曲》	低沉的大提琴奏出柔美的旋律,能让人很快沉静下来,帮助学生入睡
13:25—13:40 (午休结束)	《致爱丽丝》、《彩云追月》、《欢沁》、《狮子王》主题曲	先以轻柔的鸟叫声及舒缓的钢琴曲呼唤学生从睡梦中醒来,再以几首优美或轻快的乐曲让学生调整好自己的状态
13:40—13:45 (午间操)	《快乐崇拜》	活泼、快乐的课间操有助于激发出学生饱满的热情,投入下午的学习中
15:15 (放学)	《朋友再见》	提示学生排队放学,结束一天的校园生活

七、视觉提示的广泛运用

我们把校园视觉提示分为两大块。一为单纯的视觉提示。比如,在学校的每一个教室、功能室、个训室门口都配有该室使用人的姓名和照片;在大厅里放塑料小凳子的地方,张贴"一摞叠放 10 个"的提示;在厕所隔间的门上分别用图表示蹲坑间、坐坑间、冲淋间和工具间;厕所门前的地面用有色砖表示等候区;厕所门上也有提示,表示这是隐私区只能一个人进去。再如表 4-4 所示,学校规定不同功用的抹布和拖把要用不同的颜色以示区分。不管是老师还是学生都可以根据颜色提示选用抹布和拖把,避免出现混用的情况,以确保师生的健康和安全。二为课程类的视觉提示。比如,考虑到孤独症学生视觉能力强的特点,将生活适应课的教学内容提炼为一道道工序,并张贴在对应的区域里。如一楼的盥洗间里有洗手、刷牙、洗脸等活动的工序提示;餐厅有洗碗、擦桌面、扫地、倒残食的工序提示;电梯门口有使用电梯的工序提示;等等。这类提示在每个楼层的位置不一样,提示的内容和方式也不一样。如一楼走廊的地面针对低段学生设置了靠右走的定向脚印,以培养学生靠右走的习惯,二楼、三楼则改为在墙上用语言文字提示。再如,在二楼、三楼的走廊里绘制了该学段学生所要学习的生活适应技能如系鞋带、穿衣服、洗手帕等的工序图,在四楼的走廊里绘制了烘焙、烹饪、保洁等职教课的工序图,帮助学生学习、复习和巩固生活适应技能。这些工序图是教导学生尤其是孤独症孩子的正向行为范本,构成行为教导隐形课程的内容。

表 4-4 不同功用的抹布和拖把对应的颜色

颜色		蓝色	粉色	绿色	黄色	红色
功用	抹布	擦栏杆	擦厕所门	擦洗手台	擦办公室	—
	拖把	拖厕所	—	拖办公室	拖小便池	拖走廊

第二节 正向行为支持校园制度建设

一、建设培养学生正向行为的制度

一级预防系统要求在全校范围内针对全体学生界定、传授、监督和鼓励一部分正向行为,强调要传授相关社会技能,要对正向行为进行正强化,并要塑造有利于学生做出适当行为的教学环境。另外,一级预防还要求教职工对学生的正向行为提供不间断的支持,并且要持续测量学校中的社会行为,以便依据搜集的资料做出正确的决策。我校建有《湖墅学校办学章程》,明确老师要以爱心为基础,照顾、陪伴、引领、支持每一个特殊学生,让他们具备良好的思想品德和爱家乡、爱人民、爱劳动、爱科学的情感态度;掌握基本的生活自理能力,学会正常的社会交流本领,养成文明礼貌、遵纪守法的日常行为习惯;掌握基础的文化科学知识和基本技能,初步具有运用所学知识分析问题、解决问题的能力;掌握锻炼身体的基本方法,树立保护自己的意识,拥有良好的精神面貌;毕业后能自理或自立,成为适应时代发展的人,能过上"有尊严、有品质"的生活。学校以此为中心,建立了校级层面的联络平台,实现全校学生信息的互通。

我校建立了多个QQ群、微信群,学校领导、教师、家长、员工等人人可参与,如学校班子群、校务会群、全体教师群、班主任群、学段群、学科教研组群、党员群、班级家长群、后勤员工群、课题组群等。无论是发布通知、组织讨论、开展调研统计,还是发布学生特殊状态通告、推送信息,甚至进行表扬和批评等,无须见面就可以在相应的群里实现无障碍的沟通。比如,学校每学期都会通过调查,制作一张全校学生特殊体质汇总表(见表4-5),供全校教职员工下载并阅读。我校要求每一个工作人员都知晓每一个拥有特殊体质的孩子的详细情况,包括他们能吃什么不能吃什么,能不能剧烈运动,对什么过敏等。正因为如此,我校一直以来没有发生过一起因工作人员不了解学生的特异体质情况而耽误处理或处理不当的事件。

表 4-5　2016 学年第一学期学生特殊体质汇总表（部分）

年级	学生	特异体质状况	已经或正在采取的措施,正在服用的药物等	需要注意的地方或需要提供的特殊支持
一年级	×××	癫痫	利必通、开浦兰	忌剧烈运动
	×××	癫痫	德巴金	发作时让其侧躺,防止其咬舌,注意休息
	×××	疑似黏多糖病	无	奶奶陪读
	×××	肠梗阻	无	忌生冷食物
二年级	×××	癫痫	开浦兰	忌羊肉、碳酸饮料
	×××	心脏手术后	无	忌剧烈运动
	×××	肌张力低	药物治疗,丙戊酸钠	忌剧烈运动
	×××	过敏体质	无	忌贝壳类食物、豆浆、纯奶
三年级	×××	四岁时做过心脏瓣膜缺损修复手术	无	不宜参加过于激烈的或者时间过长的运动
四年级	×××	血压高	无	忌剧烈运动
	×××	脑瘫	无	忌牛奶
	×××	哮喘	发作时吃特布他林	忌海鲜
	×××	癫痫	德巴金、奥卡西平	忌咖啡、浓茶、可乐

沟通平台的建立也方便教师们及时互通信息,请求支持和帮助。尤其当某个教师对某个孩子进行行为干预时,可以通过沟通平台发布信息,要求所有教师、员工在面对孩子的不当行为时统一按照正在执行的干预策略予以回应,正如下面两个例子所示。

例1：小民患有中度孤独症,这学期遇见谁都会说"老师,你要减肥了",还会撩女老师的衣服。遇见的老师大都表情愕然,或者大笑,或者大声呵斥等,做出了高强度的回应。作为行为干预者的周老师,通过调查发现小民这个行为问题的功能只是想跟人打招呼。于是,周老师在群里发布消息:"如果遇见小民说'老师,你要减肥了',不要惊慌或过度反应,平静地要求他与自己保持1米的距离,并要求他对自己说'某某老师好',再给予他'你好'的回应即可。"

例2:小乐有一段时间喜欢满校园乱跑,有时会躲在某个角落里长久不出来,他总是趁老师看顾不过来时一有机会就溜走。每次发生这样的状况,老师便在群里发布:"哪位老师看到小乐了请告知我,如果可以,请告诉他回教室,或者帮忙把他带到二楼舞蹈室,谢谢!"老师往往很快便能得到确切的信息:小乐正在何处做什么。

二、建立突发行为问题预警机制,提高应变突发事件的能力

我校在学生能到的每个地方都安装了监控设备,一共安装了171个监控设备,分布在教室里、走廊上、楼梯口、功能室、个训室、操场、围墙边,确保每个学生在校期间的活动都在老师的视线范围内。值周领导除了每天实地巡查校园一次,还要每天调看视频一次,以便全方位了解老师、学生的整体状况。如果哪个学生发生了问题,老师或家长可以申请调看视频记录。有视频材料也方便老师开展个案研究,了解个案在其他时段或活动中的表现。此外,学校在每个教室、走廊、活动区都安装了呼叫设备,方便老师或学生遇到紧急问题时呼救,呼叫器连着保安室和值周领导。学生突发行为问题的干预流程见图4-3,当学生突发严重行为问题时,由第一目击者第一时间通过呼叫器通知班主任和值周领导,并及时报告校长。班主任和值周领导、校长等相关人员到达现场后,发现如果是小问题,即由班主任处理,如果班主任处理不了,即由问题应急领导小组讨论和判断问题性质,并决定是否需要介入干预或转衔。如若个体无法自控,随时可能危害自己或他人的健康和安全,则

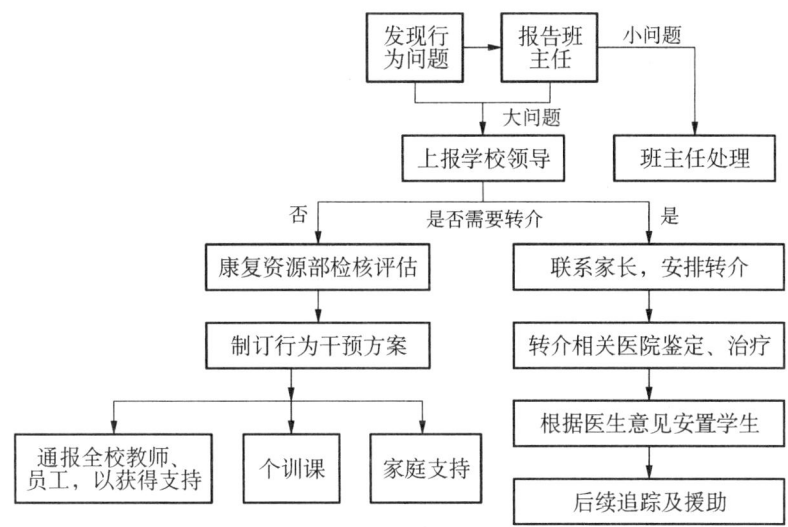

图 4-3 学生突发行为问题的干预流程

转衔到相关医院,进行介入和药物治疗;如若不需要转衔,就交由康复资源部,由相关专业老师检核评估,调查学生行为问题的功能,与班主任老师一起制订行为干预方案,组织相关老师实施干预。同时,通报全校教师、员工,以便统一干预策略,同步进行干预。在下面潘同学和何同学的例子中,若非及时处理就会影响孩子的健康,甚至带来生命危险。

例1:2017年4月12日中午,在我校二楼午休室,潘同学突然癫痫大发作。由于长期服药,潘同学已经有较长时间没有发作过癫痫了,所以新来的管班阿姨一下子懵掉了,好在她及时按下了墙上的呼叫器。值周领导和班主任第一时间赶到了午休室,三个人一起扶180斤重的潘同学躺平再让其侧卧,随即想办法用毛巾垫入其齿间,并及时清理掉口腔痰液,避免被吸入器官,又按住合谷穴,有效地完成了急救措施。待潘同学休息半小时后,三人又处理了他失禁的大小便。潘同学在此次突发事件中得到了及时正确的处理,避免了恶性后果的发生。

例2：何同学患者有情绪障碍，抗挫能力弱，不仅与同学关系不和，而且经常为了达到目的要挟家长。从五年级开始，何同学的情绪变得很不稳定，他晚上不睡觉，早上赖床不起来，还有臆想，有时会幻听，不愿意来上学。有一次早上，家长送他来到学校，还没进校门他就发病了，撕扯树枝抽打行人。保安从校门监控里发现情况后，立即报告何同学的班主任、值周领导和校长。班主任和值周领导、校长第一时间赶到学校门口，一边安抚学生的情绪，一边引导学生进校门，同时和家长沟通，确定所要采取的措施。经过近一小时的工作，明确处理措施无效后，学校领导和家长一起联系了派出所和120救护车，又和家长一起将学生送到医院就诊。最后，在医生的介入下用药物对何同学进行了干预与治疗。

三、正向表述学生行为规范

2016年，我校基于三个要求重新修订了《杭州市湖墅学校学生行为规范》：一是要遵循正向行为支持理论，二是要对照《中小学生守则（2015年修订）》，三是要结合我校学生的实际能力和今后的发展需求。从内容上说，与旧版只规定了学校生活的行为规范相比，新版新增了学生家庭生活、社会生活的基本行为规范；从执行度上说，新版学生行为规范的要求更加细化和具体，操作性也更强，如要求学生"每周一穿校服，平时穿大方、舒适的衣服和运动鞋"等；从表达上说，因为智障学生对否定句式的表述往往只记得关键词而忽略了前面的"不"字，所以新版学生行为规范将原本禁止性的行为描述全部改为了正向的行为描述，如将"课间不得追逐打闹"改为"课间轻说话、慢走路"等；从时效性上说，新版学生行为规范还增加了社会发展过程中出现的新要求，如垃圾分类等。经过向专家、领导、全校师生、家长等多方征求意见，《杭州市湖墅学校学生行为规范》最终定稿并公布，见表4-6。各班级通过班队课、晨点课等展开对新版学生行为规范的教学，并强调在自然情境中实施嵌入式教学,相关细则也分别贴在教室、食堂、楼梯等各处,以提醒学生在不同的情境中表现适当的行为。

表 4-6 杭州市湖墅学校学生行为规范

1. 热爱祖国、尊敬国旗,升国旗时立正,少先队员行队礼,其他人行注目礼。
2. 遵守学校作息时间,按时上课,按时下课,按时上学,按时回家。
3. 衣着整洁得体,每周一穿校服,平时穿大方、舒适的衣服和运动鞋。
4. 上课认真听讲,认真思考,积极提问,平时爱看书、爱动脑、爱运动,图书、玩具、运动器材用后放回原处。
5. 课间轻说话、慢走路,上下楼梯靠右边走,进入餐厅、报告厅等公共场所参加集体活动时做到安静等待、进出有序。
6. 讲究个人卫生,早晚刷牙,饭前洗手,饭后漱口,勤洗澡、勤理发、勤剪指甲,会正确使用各种清洁用品。
7. 尊敬老师,早上进校主动问早,放学后跟老师说再见,遇见老师主动问好,遵从老师教导,按时完成老师布置的作业。
8. 对人热情有礼貌,能主动问候别人,会使用礼貌用语;能认真倾听别人说话,动他人的东西前需要得到他人允许。
9. 孝敬父母,尊敬长辈,自己的事情自己做,做父母的好帮手。
10. 节约用水,节约用电,爱护珍惜学校里的每一件物品、每一棵花草树木,正确使用学校里的每一件物品,看见有损坏的行为会制止。
11. 说到做到,诚实守信,有错就改,借东西及时归还。
12. 维护学校整洁的环境,严格遵守垃圾分类,将不同的垃圾投放到规定的地方。
13. 严格遵守交通规则,红灯停、绿灯行;放学路上注意安全,发生事情及时告知父母和老师。
14. 爱集体、爱同学,与同学友好相处,共同分享快乐,愿意帮助有困难的同学。

第三节 基于正向行为支持的课程规划与实施

在正向行为支持一级干预系统中,环境调整与制度建设为学生正向行为的发展创造了适宜的平台,在此基础上实施的行为教导则更为直接与重要。于是,我们对学校的课程建设和教学实施进行了思考。我们认为理想的培智学校课程设计既能贯彻、执行国家课程纲要,又能体现出地方特点;既能满足学生的普适性需求,又能照顾到学生的个性差异和个别化需求;既能满足学校统一管理的需要,又能照顾到低、中、高、职高各段学生的发展特点和需求;既能发展学生的认知,又能培养学生的正向行为。如果课程的设置合适,能够满足各段各班各生的特点和需求,那么学生的行为问题也会大减。

一、构建微笑校本课程体系

我校在认真贯彻国家课程方案和课程标准的前提下,实施国家课程的校本化,开展了"微笑""两化"的课程顶层设置。"微笑"是我校办学理念的核心所在,意在通过课程的实施,培育学生自信、自强、自理、自立的品质,并培养学生适应社会的能力,让学生的"微笑"留在校园、家庭、社会中。而"两化"指个别化与生活化,如表4-7,我校课程设置以个别化为经,生活化为纬,建构出四大块课程体系。生活化课程主要采取集体授课的形式,以学生现在或将来可能的生活内容为目标,依据每个学段学生的知识、能力、兴趣、特征及其生活内容的繁简、难易程度,结合家长的意见,创建单元主题,开展以生活适应为核心的单元主题教学,在发展学生一般能力的同时重点培养学生的生活适应能力;活动类课程和康复类课程同步开展,采取小组教学的形式,每周安排两个下午,在评估学生活动能力的基础上,结合学生的兴趣,以补偿缺陷、开发潜能、发展优势能力为目标,将学生分入相应的社团或者康复组;职教类课程是针对完成义务教育段的学生开设的"微笑1+6门市职业群"课程,以公共区域保洁为基础课程,另设烘焙、超市工作、烹饪、洗车、捏塑、奶茶制作等专业课程,重在培养学生的社会适应能力、公共区域保洁能力和专业技能,又通过创建生活广场,建立校内实训基点,以学生的最终安置目标为方向,分层设岗,培养学生的职业适应能力。

表4-7 学校课程体系

课程类型	康复类课程	生活化课程	活动类课程	职教类课程
具体科目	沟通与交往	生活语文	篮球	公共区域保洁
	知觉动作	生活数学	羽毛球	超市工作
	情绪与行为	生活适应	乒乓球	奶茶制作

(续表)

课程类型	康复类课程	生活化课程	活动类课程	职教类课程
具体科目	心理沙盘	运动保健	手工	烘焙
	感觉统合	绘画手工	舞蹈	"乐漫土"捏塑
	作业治疗	唱游律动	旱地冰球	烹饪
		劳动技能		洗车
		信息技术		

鉴于培智学校学生的年龄跨度较大,所以提倡学校教育教学的工作重点下移到各段中,由段长主持开展教学活动。但与此同时,大家都在一个校舍里工作、学习,同处于一个管理体系之中。因此,一日课程活动的安排既要考虑各段各班各生的个性特点,也要方便学校统一管理,如表4-8所示。我校作息时间的设置根据学前教育、义务教育、职业教育的课程设置有所不同,在时间安排上既要考虑统一性也要考虑差异性,既有三个教育阶段相同的活动,也有在同一个时段不同的活动。也就是说,同一个铃声对不同教育阶段的学生所发出的指令可能是不一样的。例如当10:45的铃声响起时,学前班可以吃点心了,义务教育段的学生要准备做眼操了,而职高段的学生可以略过这个铃声。

表4-8 学校微笑课程一日安排

时间	节次	课程与活动安排
8:30—8:40	晨点课	学前班、义务教育段、职高段都为晨点课
8:40—9:15	晨间活动	学前班、义务教育段每天按时活动,职高段机动活动,如当职教课有安排时可以不活动
9:30—10:00	第一节	学前按健康、语言、社会、科学、艺术五大领域设置课程,义务教育段依据国家课程标准设置课程,职高段为职业教育课程。义务教育段的眼保健操时间为学前班的点心时间,职高段既无眼保健操也无点心时间,该时间段涵盖在职业教育课程的时间内。职高段三节课连上,不按铃声上下课
10:10—10:45	第二节	
10:45—11:00	眼保健操	
11:00—11:35	第三节	
11:35—12:15	午餐	共同为午餐时间

（续表）

时间	节次	课程与活动安排
12:15—13:25	午休	学前班、义务教育段为午休时间，其中，中、高学段下午如有社会实践课可以不安排午休，职高段因课程需要可以不安排午休
13:40—13:45	午间操	义务教育段为午间操时间，学前班继续为午休时间，职高班为下午职教课的准备时间
13:50—14:25	第四节	职高段为职业教育课
14:35—15:10	第五节	
15:15		统一放学

二、开发培智教育生活适应课程，全面构建正向行为体系

如上所述，在"微笑""两化"四大块课程设置中，生活适应是义务教育阶段的核心课程，旨在让学生习得各种正向行为，并养成良好的生活习惯，最终让学生成人后能适应生活并享有"有尊严、有品质"的生活。生活适应的核心是个体有效地适应自己所处的自然环境和社会环境。具体来说，就是以学生目前或将来可能的生活为内容，培养能让学生适应自我、适应学校、适应家庭、适应社会的正向行为，提高其生活适应性，促使智障儿童从自然人向社会人转化。

我校自2010年起依据《培智学校义务教育课程设置实验方案》和《培智学校义务教育课程标准》(实验版)，从智能发展、社会适应和生活实践三大领域(一级码)、9个次领域(二级码)、39个项目(三级码)中分离出生活适应部分的188个教学目标(四级码)，据此编制出我校生活适应课程的518个具体目标(五级码)。归类到生活自理、简单家务劳动、自我保护、社会适应和趣味生活五大板块，最终编写出涵盖低、中、高三个学段由82个主题单元、289篇课文组成的18册生活适应教材。教材编写过程中，首先明确各学段的生活适应培养目标，见表4-9；其次每个学段依据每个版块的具体目标，由低到高、由近及远、由浅入深、由易到难，落实到每册教材；然后每册依据所分到的目标组合成单元，这样，三个学段的目标前后兼顾形成螺旋上升的系统。如表4-10以生活适应教材第七册的单元主题与目标为例，

每一条学习要点都跟学生当前或今后的生活密切相关,旨在培养学生各项生活适应能力。目前,18册教材已全部完成并通过了浙江省地方教材的评审,由浙江教育出版社陆续出版。

在教学安排上,我校义务教育段一到九年级每周开设3—4节生活适应课,开展以生活适应为核心的单元主题教学,培养学生的生活适应能力,同时培养学生养成良好的生活习惯。我校还成立了生活适应教研组,围绕怎么帮助学生更加容易地学习,定期召开生活适应教学研讨活动。

表4-9 生活适应各学段目标

	目标内容
总目标	以提高学生的生活能力为目的,以学生当前及未来生活中的各种常识、技能、经验为课程内容。培养学生具有生活自理能力、简单家务劳动能力、自我保护能力和社会适应能力,使之尽可能成为一个独立的公民。
低段目标	培养学生自我引导的能力及适应家庭生活、学校生活的能力,能合理表达及控制自己的情绪,与周围人友好相处,积极参与集体活动,遵守活动规则,掌握基本的安全知识。
中段目标	学习自然常识和社会常识,有环境保护意识。学会选择并作出决定,能合理调节自己情绪,与周围人建立良好关系,参与社区活动,遵守社会活动规则,了解基本法律常识,并履行一定的责任和义务,掌握安全知识。
高段目标	继续学习自然常识、社会常识和人文常识,参与环保活动,注重培养学生生涯规划能力,形成正向的生活态度;注重培养学生具有合作精神,积极参与社区活动,遵守社会活动规则,形成社会服务能力;注重培养学生遵纪守法,履行一定的责任和义务,树立依法维权意识,能应对一般性安全事件。

表4-10 生活适应教材第七册单元主题与目标

单元主题	课题	学习要点
成长乐园	不一样的你我他	1. 认识自己的优点和缺点。 2. 知道要学习别人的优点,正视自己的不足,努力取长补短。
	珍惜时间	1. 知道时间很珍贵,我们要珍惜时间。 2. 能按时作息,不拖拉。
	生活中的为什么	1. 知道身边有很多有趣的事物,并努力地去了解它们。 2. 能多问问题,遇到问题能请教别人。

(续表)

单元主题	课题	学习要点
学做文明人	我是文明小顾客	1. 知道自己去购物就是小顾客,可以选择自己想要的物品。 2. 在商场购物时能做到安静、有序、排队付款。
	我会看路标	1. 认识路名、路牌,认识常见的道路标识。 2. 能按道路标识文明行走。
	我是文明小乘客	1. 知道上、下车要排队。 2. 上车后能找座位坐好或抓紧扶手。 3. 知道在公共汽车上要安静、不影响他人等。 4. 不把头、手伸出车窗外。
	我会过马路(二)	1. 认识天桥、地下通道。 2. 能从天桥和地下通道过马路。
常见的动物(一)	常见的昆虫	1. 认识常见的昆虫,了解这些昆虫的生活习性。 2. 知道常见防蚊蝇的办法。
	常见的鸟	1. 认识几种常见的鸟及它们的生活习性。 2. 知道鸟是我们的朋友,我们要保护鸟。
	常见的鱼	1. 认识常见的淡水鱼、海水鱼和观赏鱼。 2. 能试养小金鱼。
我是气象讲解员	影子	1. 知道光线照射会产生影子。 2. 能玩踩影子的游戏。
	云雾霾	1. 认识云、雾、霾。 2. 知道云、雾、霾对人们生活的影响。 3. 雾霾天能做好防护。
	霜雪冰	1. 认识霜、雪、冰。 2. 知道冰雪天的安全防范措施。

三、调整晨间大活动,全校实行知动训练课程

因为动作的发展直接影响知觉的发展,所以补足学生动作的发展,可以改善中重度智力障碍学生和情绪障碍学生不稳定的知觉功能,进而改善他们的注意力品质,提升他们的模仿能力,促进他们认知与语言的发展和提升,为正向行为的发展奠定基础。

2017学年第一学期,我校知动训练小组成员一起为全校学生做知动专业评估。根据评估表中的24项标准,我们把所有学生分成动作组、6项以前组、7到9项组、9项以后组和特奥组五个组别,并为各个组设计相对应的动作,如表

4-11。动作组的学生多半处在骨盆控制阶段,需加强骨盆控制能力,如增强臀肌、髂腰肌和股四头肌肌力,因此为他们设计了高跪姿和跪位的动作;6项以前组的学生处在知觉—动作期,配合要求做动作的能力差,因此设计了借助竹竿做跪姿和蹲姿的协同配合动作,如四人一组扶竹竿跪坐跪起、扶竹竿交替半跪等;6到9项组的学生处在知觉期,缺乏一一对应概念、顺序概念,与人配合的能力差,因此设计了操作彩虹伞的开合、举高放下和背抓彩虹伞跪坐跪起等动作,训练孩子的配合能力,增强他们一心二用的能力;9项以后组的学生大部分处在概念期,他们能自己控制交替半跪,能做到一个数字与一个动作相对应,但是有些学生的协调能力差,有些学生臀背部伸展肌张力不足,因此设计了蹲姿的协同动作,以增强他们臀背部、腹部屈曲肌张力,增加弯曲姿势的本体觉输入。特奥组的学生运动和模仿能力相对较好,所以主要让他们学习一些特奥项目,为参加各种特奥会备战。在知动训练中,采用适当的教学方法,帮助学生熟悉和掌握稳定的神经控制能力,让学生具有稳定的动作和知觉能力,也就是一心数用的能力。

表4-11 2017学年第一学期知觉与动作训练安排表

组别	负责老师	学生姓名	具体动作
动作组	组长:巫×× 组员:王××郑××、冯××、曹××、李××、何××	×××、××××、×××、××××	双手叉腰跪坐跪起
			高跪姿,与对面同学高举手击掌
			高跪姿,与两边同学高举手击掌
			交替半跪,左右两侧学生面对面牵手做
			转换动作:跪走
6项以前组	组长:叶×× 组员:秦××、潘××、张××、叶阿姨	×××、××××、×××、××××、×××	盘坐姿,胸前击掌
			高跪姿跪坐跪起,手抓竹竿上举下举
			扶竹竿交替半跪
			抓竹竿蹲站起
			转换动作:前进跪走、倒退跪走

(续表)

组别	负责老师	学生姓名	具体动作
6到9项组	组长:汪×× 组员:柴××、马××、许××、王阿姨	×××、×××、×××、×××、×××	站姿操作彩虹伞开合(从垫子间的缝隙走)
			站姿操作彩虹伞举高、放下
			(向右跨步对准垫子站立)面朝彩虹伞跪坐跪起伴随举高彩虹伞
			转身背抓彩虹伞跪坐跪起
			转换动作:蹲走绕垫子转圈(不拿彩虹伞)
9项以后组	组长:朱×× 组员:赵××、白××、李阿姨	×××、×××、×××	站立姿手脚协同动作(单并步、抬腿)
			蹲位击掌(面对面击掌、双手交叉击掌、上下击掌)
			蹲站起
			前进倒退蹲走
			转换动作:行走
特奥组	组长:王×× 组员:殷××、王××、樊××、刘××、周××	×××、×××、×××、×××、×××	短跑、中长跑、篮球运球、定点投篮、投掷垒球(沙包)、羽毛球、趣味体育游戏等

四、全校实施个别化教育

为了使我校的课程实施能够真正满足学生的个别化需求,学校从2008年开始实行个别化教育,基本操作流程如图4-4所示。

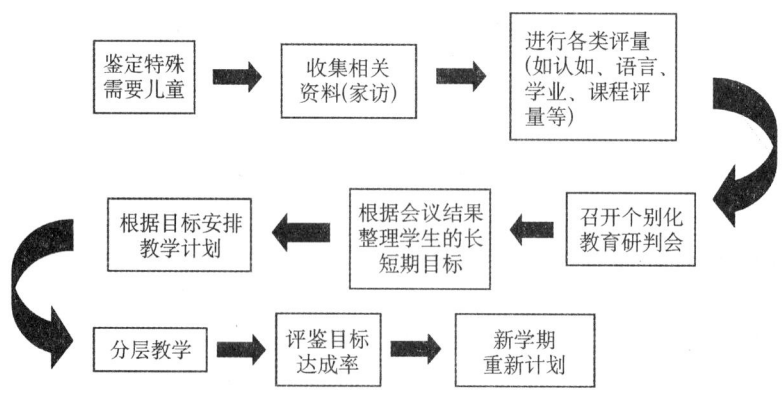

图4-4 学校个别化教育实施流程

其中,召开个别化教育研判会是拟定学生个别化教育计划的重要依据(研判会的具体参会人员、内容与流程,可参考第五章第一节中的相关内容)。目前,我校每个学生都有自己的个别化教育计划,有自己独立的一张课表、一份成长档案。

在个别化教育计划的实施过程中,每位老师根据拟定的目标与实施建议,结合学生的能力、特点、需求来设计和开展教学,采用"集体教学为主、小组教学为辅、个别训练为补"的特殊教育模式。其中,集体课应实施分层教学,以便充分照顾到每个孩子的个别差异。

完成一学期的教学计划后,老师需要对学生整个学期的个别化教育计划的达成情况进行评鉴,并根据评量结果填写评量表格,绘制学生成长侧面图,待新学期开启新一轮的个别化教育。

五、开展"吉祥七宝"评比活动,培养学生良好的行为习惯

为了进一步评量课程实施的效果,并借此促进学生进一步学习,我校自2008年起启动了"吉祥七宝"评比活动,并在实施过程中进行不断完善。如表4-12所示,我们从快乐、智慧、爱心、卫生、勤劳、礼貌、自信七个维度对全校学生提出了典型的行为目标与要求,并综合考量智障学生平时在校的行为特点及其年龄特征、身心发展阶段,用正向的语言提出了三个星级的行为目标。在设置上,星级与难度的关系是递增的,也就是说星级越高难度越大,对学生本身的能力要求也越高。每个星级各有1到3条行为目标,争取让每位学生都能逐步掌握并形成正向的行为习惯。

表4-12 "吉祥七宝"评比细则

项目	指标细则		
	一星级	二星级	三星级
快乐	1. 经常微笑迎人。 2. 遇到困难不哭。	1. 友好地对待周围的人。 2. 与人相处融洽。	1. 让家人开心。 2. 让老师或同学开心。

（续表）

项目	指标细则		
	一星级	二星级	三星级
智慧	1. 喜欢学习、喜欢做练习。 2. 学习认真、努力。	1. 课堂发言积极。 2. 按时完成学习任务。	1. 说话注意场合。 2. 交友慎重，能征求长辈意见。 3. 遇到问题能想办法解决。
爱心	1. 关心家人。 2. 关心老师和同学。	1. 关心他人。 2. 爱护植物和动物。	1. 乐于帮助别人。 2. 常常做好事。
卫生	1. 会自己刷牙、洗脸。 2. 饭前便后能洗手。 3. 离开位置前能整理好自己的课桌椅。	1. 仪容仪表干净。 2. 吃饭干净。 3. 能做到垃圾分类投放。	1. 能自觉保持身边环境的整洁。 2. 主动保持公共场所的整洁，能劝阻周围不讲卫生的行为。 3. 使用过的物品保持整洁。
勤劳	1. 积极承担劳动任务。 2. 自己的事情自己做。	1. 勇于挑战各种脏、累的劳动。 2. 能承担力所能及的家务活。	1. 做完事情能整理好工具。 2. 劳动效果明显。
礼貌	1. 校内看到老师主动问好。 2. 看到客人主动问好。 3. 吃饭时安静、专心。	1. 使用文明用语。 2. 遵守课堂纪律，离开老师前能主动请示。 3. 课间轻声慢步，靠右走。	1. 说错话或做错事时能礼貌道歉。 2. 公共场所讲文明、不喧哗。 3. 校外对待老师、同学热情有礼。
自信	1. 走路抬头、挺胸。 2. 乐于举手发言。	1. 遇到困难敢于挑战。 2. 会主动寻求帮助。 3. 相信自己能行。	1. 乐于尝试。 2. 会独立完成力所能及的事。

评比时以一周为评价周期。由班主任观察并记录每一个学生的行为表现，尽量抓住学生取得进步的瞬间，及时强化和鼓励。在每周五的晨点课或班会课上，班主任用描述性的语言总结每个学生一周的表现，评选出进步最为明显的"进步宝

宝"或"进步明星",并鼓励他们在下一周里实现更高星级的目标。平时主要表彰单项表现优异和有突出进步的学生,期末由德育处对全校"全能宝宝"和"全能明星"进行表彰。

我校还设计了代表自信、自强的"向日葵宝宝"作为吉祥物,又以此为基础,设计了一套"吉祥七宝"的卡通形象,制作了相应的不干胶贴纸、胸章、布偶等周边,用于表彰学生和布置环境。在学校景观中做了大型的塑像,以提示学生做自信、自强、自理、自立的"湖墅好学生"。

> 例:小明原来吃饭时总是讲话,屡教不改,还经常将饭粒撒得到处都是。但他在某个星期有了很大的改观,吃饭时周围干净了很多,吃饭速度也快起来了,而且还有意识地在吃东西的时候不讲话。根据指标细则,他在卫生方面做到了二星级里要求的"吃饭干净",在礼貌方面做到了一星级里要求的"吃饭时安静、专心",所以那周他就被评选为"卫生宝宝"。在那一周里,班主任经常鼓励小明,帮助他保持进步行为,号召其他在这方面做得还不够好的学生向他学习,并向家长发消息表扬了他的表现。

六、每周一开展"国旗下演讲"活动

如前所述,在每周五的晨点课或班会课上,班主任会总结学生一周的表现,推选出本周的"进步宝宝"(低段)、"进步之星"(中、高段)和"职教之星"(职高段)并上报给学校,如表4-13。学校德育处会安排这些进步学生们在下周一上台演讲,这就要求学生们准备好周一的演讲稿。演讲内容要根据指标细则描述学生正向的行为表现。实际上,每个学生的演讲稿都是由老师帮助学生从学生的角度来撰写的,演讲稿的难易、长短也是根据学生的语言表达能力来准备的,所以有的长一点、难一点，有的短一点、简单一点，并不是低年级的就一定简短，高年级的就一定繁难，一切取决于学生的能力，这是最合适学生的表达。能够站在全校老师、同学的面前演讲，演讲的学生通常都会很激动，有的学生甚至抱着话筒不放，不肯离开主席台。每次演讲过后，全校老师、同学都会报以热烈的掌声，这不但有助于强化演讲学生的正向行为，激励该生向着正确的方向继续努力，同时也为其他众多学生提供了榜样和示范，让他们知道哪些行为是大家喜欢的，应该怎么去做，以此形成相互激励的正向效应。如下面例子中的颜同学就是一个典型的案例。

例：颜同学患有重度智障，一年级她第一次被评为"进步宝宝"时，对于要上台演讲这件事非常激动，还没上台就大哭不止，最后是班主任陪着她上台并替她讲完的，一直到班主任讲完带她走下台，她才停止哭泣。第二次班里又评她为"进步宝宝"，这次她上台后才忍不住大哭起来，最后也是班主任陪着她，她边哭边演讲完的。第三次她做到了不哭，并且在班主任的陪同下磕磕绊绊地演讲完。一年以后，她能独立上台，并且在大队长的帮助下演讲完。每一次，全体老师、同学都报以热烈的掌声鼓励她。现在她已经四年级了，每次被评为"进步之星"，她都能独立、大声地读完她的稿子，然后自信、快乐地回到自己班级里。在她的身上我们发现，不只演讲内容强化了她的适应性行为，为同学们树立了榜样，演讲本身也使她的适应性行为得到了高度增强。

此外，学校德育处还会通过学校微信群和学校网站每周向师生、家长公布本周"进步宝宝"和"进步之星"的信息，让家长了解孩子的进步。

表4-13 2016学年第2学期湖墅学校每周"进步之星"记录表

2016学年第2学期湖墅学校每周"进步之星"记录表		
2016 年 3 月 第 6 周		
班级	进步生	演讲稿
学前班	潘××	大家好！我是瑶瑶，我午休时睡着了，所以我是好宝宝！
一年级	金××	大家好，我是一年级的金××，上课时我能积极回答老师提出的问题，所以被评为"进步宝宝"，谢谢！
二年级	胡××	我叫胡××，是二年级的学生，上周我吃完饭把饭盒放抽屉里了，所以被评为"进步宝宝"，谢谢大家！
三年级	李××	我是三年级的李××，老师们都叫我"小管家"。每天我都是第一个吃完饭，帮皓雪和彤彤洗饭盒。午休的时候还帮阿姨一起搬被子。我还是个讲卫生的好孩子，今年我学会了扫地和拖地，能经常帮老师打扫教室的卫生。所以被评为"进步宝宝"，谢谢大家！
四年级	宋××	大家好，我是四年级的宋××，上星期我做到了听老师的话，不乱发脾气，每天按时倒垃圾，回家后也认真仔细地完成了作业。下星期我会继续保持，谢谢大家！
五年级	潘××	上周我学会了洗锅子、搓糯米圆子，还帮妈妈擦桌子、洗碗，所以被评为"进步之星"！
六年级	陈××	大家好，我是六年级的陈××，我能及时完成作业，认真打扫卫生，乐于帮助同学，所以被评为"进步之星"，谢谢大家！
七年级	范××	大家好！我是七年级的范××，上周在晨读时，我能主动读课文，能认真完成作业并及时上交，所以被评为"进步之星"，谢谢大家！
八年级	虞××	我是八年级的虞××，上周被评为"进步之星"，我很开心。我上周表现好，没有乱发脾气，也没有打人，还帮助同学整理了书包。每次兴趣课一下课我第一个回到教室。午餐的水果也都是我发给同学们的，老师夸我很能干！谢谢大家！
九年级	阮××	上星期我上课回答问题时声音响亮，作业也认真完成了。我每天都帮助同学上下楼梯，还帮同学拿东西。所以被评为"进步明星"！
职一班	葛××	大家好！我是职一班的葛××，上周我在家每天坚持和爸爸一起锻炼身体，在学校对老师、同学有礼貌，听奶奶的话表现较好，所以被评为"职教之星"！谢谢大家！

（续表）

班级	进步生	演讲稿
职二班	黄××	上周我在超市工作，我能带领超市里的其他同学擦拭货柜和商品，能教同学用收银机收钱，得到了王老师和周老师的表扬，谢谢大家！
职三班	戚××	上周我除了在西点室协助同学做蛋糕外，还多次被绿厨房的洪老师请去和面。洪老师说我的力气大，而且和面方法对头，所以我和的面特别发。和面已经成了我的一项技能，我也因此被评为了上周的"职教之星"，谢谢大家！

第五章　正向行为支持二级系统建设

在校园三级体系中，一级系统是面向学校全体学生、在全校范围内实施的预防干预性质的行为支持。然而实践证明，不论一级系统的措施有多缜密和周到，总是不能满足所有学生行为支持的需求。一方面，校园本位的一级系统主要提供基本的行为规范，但部分特殊儿童适应性行为的习得需要更具结构化、更有针对性的环境。另一方面，不同障碍程度、年龄阶段的学生，其行为问题常常具有不同的功能和应对策略，同时，随着学生行为问题严重程度的加重，他们所需要的支持程度也要相应增加（刘宇洁，韦小满，梁松梅，2012），而群体性行为支持的形式能为这些学生提供更高强度的干预。所以，在一级系统的基础上，我校继续构建了二级预防干预系统。

二级系统，也叫作次级系统。一方面基于功能本位，将一级系统中学校的基本行为规范依据班级学生特点进一步细化到班级管理中；另一方面以问题为导向，针对没能达到一级预防干预预期目标的部分学生，提供更高强度的行为支持。所以，我校二级系统的实施主要通过两条途径实现。一是面向班集体，同步制订群体性策略，减少乃至消除行为问题产生的因素，促进正向行为的产生。在班级层面对学生的行为进行教导、监控的同时，进一步运用学段的合力，针对同一学段内年龄相近的学生制订群体干预策略。二是为有相同需求的学生和家长提供小组式干预，如康复训练小组、心育课小组、家庭援助计划小组等。在实施过程中，因为与一级干预相比，二级干预需要更强有力的行为支持，学生也需要更多的关注和监控（周玉衡，2013），所以我校在构建二级系统时，还建立了由助教老师、助管阿姨、志愿者所构成的辅助人员支持系统。

在整个三级体系中，二级预防干预系统起到承接一级预防内容和引导三级干预方向的作用，是不可替代的中间系统。

第一节　班级范围内正向行为支持

班级是学校教育教学最基本的组织形式,是学校的子系统,也是一个相对独立运行的教育系统,学校的教育功能主要都是通过班级活动实现的。对于大多数智力障碍儿童来说,班级是他们最主要的学习、社会交往和成长环境之一。班级对培智学生的智能发展、行为模式、个性特征、心理健康、职业发展、个体社会化都起着极其重要的作用。

我校依据学生的年龄进行分班。儿童的发展有一定的生物内在进度表,并与一定的年龄相对应,所以每个年龄段的学生都会呈现出一些共性的问题,典型的如青春期问题。目前,我校共有13个班级,一个班级代表一个年级。每个班级约有8到15人,有正、副班主任各1名。班主任是该班所有事务的组织者和领导者,而副班主任则协助班主任处理班级所有事宜。

按照学段划分,13个班级又分为低年级段(学前康复班到三年级,简称低段)、中年级段(四到六年级,简称中段)、高年级段(七到九年级,简称高段)和职业教育段(职教一到三班,简称职高段)。一个学段处在一个楼层,每个学段各设一名分管领导和一名段长。分管领导由学校的行政领导担任,负责根据全校校务规划和决定该学段的发展;段长由该学段内的骨干教师担当,负责具体处理、组织段内所有事务。

在我校的正向行为支持三级体系中,班级本位干预系统属于二级预防干预系统,主要针对本班级的所有学生,干预本班级中出现的群体行为问题。班级本位干预系统旨在为学生创造结构化、支持性的环境,制定明确可遵循的班规,以班级为单位教导学生适应性行为,同时鼓励正向的同伴行为,以便为有行为问题的学生提供榜样示范。

一、构建以班主任为核心的班级正向行为支持团队

任何层次的正向行为支持都需要校内外人员的共同配合,班级本位干预系统

也不例外。为了有效统整资源,及时互通信息,提高系统的运作效率,在二级系统实施之初,各班级均在学校大队辅导员的组织下,建立了以班主任为核心的班级正向行为支持核心团队和拓展团队,以开展相关工作。

(一)核心团队

所谓核心团队,是指负责直接解决与班级相关的问题的团队。核心团队的成员需要长期直接面对学生,了解学生的一手情况,并且不同程度地掌握行为支持的相关理论。每个班级的核心团队成员包括该班班主任、副班主任、其他任课老师及学生家长,每个成员的具体职责见表5-1。

表5-1 核心团队成员职责

成员	具体职责
正班主任	1. 制定清晰明确、容易遵循的班规。 2. 确定可预期的班级作息安排。 3. 设计并布置结构化的教室环境。 4. 根据学生水平制订个别化教育计划中的行为目标。 5. 通过班会课、晨点课等直接教导学生正向行为。 6. 确定本班的行为评价和奖励方式,并对本班学生的行为进行监控和评估。 7. 负责组织、开展班级集体活动。 8. 负责组织整个班级正向行为支持团队的相关工作,如研讨、交流信息等。
副班主任	协助班主任协商、组织、完成以上具体工作。
任课老师	1. 配合正副班主任完成相关工作。 2. 在所负责的教学和课堂中贯彻正向行为目标。 3. 共同对行为目标的实现情况进行监控、评价和反馈。
家长	1. 提供学生在家时的行为表现。 2. 采用一致的行为干预策略,促使孩子在家中做出正向行为。

在核心团队中,班主任是领导者,协同处理整个团队的运作障碍,促进团队成员有效合作。成员之间对班级范围内的正向行为支持应具有共同的价值观和目标,采取一致的行为教养和应对方式,共同监督学生的行为表现。成员之间可通过面谈、集体研判、电话、网络等方式进行沟通。同时,根据学生的行为表现,共同决定哪些学生需要接受三级系统的干预。

（二）拓展团队

相对于核心团队的成员，拓展团队的成员并不直接与学生联系，所起的作用更多是配合、支持、监督正向行为支持二级系统的实施。团队成员包括分管领导、段长、康复资源部专业老师、学校行政人员、正向行为支持专家等，旨在为核心团队提供更加专业的技术支持，同时整合更多的校内外资源。每个成员的具体职责见表 5-2。

表 5-2　拓展团队成员职责

成员	具体职责
分管领导	1. 向核心团队传达一级行为支持系统近期的相关信息和工作计划。 2. 根据一级系统的相关决议，结合本学段的具体情况制订本学段的活动计划。 3. 及时掌握本学段学生的行为表现情况，并将相关数据向学校行政领导汇报。 4. 监管本学段的所有活动，包括晨间活动、学段活动等。 5. 负责处理学段内的偶发事件。
段长	1. 与分管领导共同商议、制订本学段的相关行动计划。 2. 具体组织开展各种以学段为单位的活动。 3. 组织开展段内的个别化教育研判会（包括行为问题干预计划）。 4. 整合段内资源，为段内老师提供班级管理方面的协助，如老师请假调课等。 5. 协助分管领导处理学段内的偶发事件。 6. 整理、汇集本学段所有学生的行为表现材料。
康复资源部专业老师	1. 参与学段和班级内正向行为支持计划的拟订，判断学段和班级内实施的正向行为支持是否恰当。 2. 对学段、班级内的正向行为支持提供相关建议。 2. 当核心团队成员遇到问题时，给予相关的技术支持。 3. 提供正向行为支持的相关资源，如策略、教具等。
学校行政人员	1. 在政策规定、工作考核等方面，为正向行为支持二级系统的各项工作提供支持和保障。 2. 监督正向行为支持二级系统的实施。 3. 联系并提供校内外的资源。
正向行为支持专家	1. 给核心团队的成员提供正向行为支持的培训。 2. 对学段、班级内的正向行为支持提供相关建议和问题解决策略。 3. 提供校外的相关资源。

拓展团队是连接核心团队和班级外资源的纽带。在二级干预系统中,拓展团队整合班级、学段、学校及校外的资源,以提供学生系统性的支持,如组织学段活动,组织外出社会实践活动,提供家长培训等。相对于核心团队,拓展团队虽然不直接处理学生的行为问题,但是其成员具有更加丰富的行为支持经验和技术,所以也兼顾监督核心团队的支持力度和质量的任务。当核心团队决定哪些学生需要接受三级干预时,也需要参考拓展团队的建议。

(三)团队合作

在一级干预系统中,已经确定了各学段应该教导的行为内容。但是落实到具体的班级层面,还需要结合学生的实际水平决定适合的行为目标和教导方式。这一决策过程以及对学生行为的监督、评估过程由二级干预系统的团队,尤其是核心团队来完成。为了确保班级正向行为支持的适当性,团队成员需要进行多次研讨与交流。从入校之后的个别化教育研判会,到每个学期都要进行的课程研判会和家访,以及每个月都要进行的班级研讨和学段研讨,我校已经形成了一套井然有序的流程。

1. 个别化教育研判会

在正向行为支持二级系统的建设过程中,班级教育内容除了来源于生活适应课程体系,还需要结合班级学生的个别化教育计划来确定。

个别化教育是培智学校的主要教育形式。从 2008 年起,我校开始实行个别化教育,并将每位学生的个别化教育落实到以班主任为核心的团队工作中。个别化教育的实施需要团队成员进行多次研讨,其中新生入学后的第一次个别化教育研判会是最重要的会议之一。

在召开个别化教育研判会前,首先要做好学生相关信息的收集和分析工作。具体来说,在新生入学一个月内,通过与家长面谈、家访的形式,了解学生的家庭情况及学生的成长、发展等情况。与此同时,各任课老师在班主任的带领下,通过多种方式对学生进行全面测评,了解学生的基本情况、生理发展、智力适应力发展、视听发展及动作发展等,分析发展异常的原因,进而得出教育诊断结果、学生优弱点、教育建议等。

一般在新生入学一个月左右,由二级系统团队中的核心团队和拓展团队共同召开个别化教育研判会。会议的主要内容包括:由团队成员报告学生的基本情况和测评结果,为制订学生个别化教育计划提供尽可能准确的依据;明确学生的关键能力所在,拟订能力发展的支持计划,包括支持人员、方式、程度、内容等;互通信息,便于各类人员相互理解和配合。个别化教育研判会的具体流程见表5-3。

表5-3 个别化教育研判会流程

会议程序	主要内容	负责人
一、会议说明	会议程序、规则、人员介绍。	主持人
二、报告评量结果	由核心团队和拓展团队部分成员对测评情况进行汇报说明,包括: ● 评量领域; ● 评量工具、人员; ● 评量结果,即学生目前在该领域的能力与影响其能力发展的因素; ● 对学生在该领域能力进一步发展的建议。	核心团队和拓展团队部分成员
三、发问	各项评量结果的发问与澄清。	全体人员
四、综合分析	综合各领域评量结果,分析其间关系并找到各方一致同意的关键能力。	全体人员
五、决定目标	共同商定学生下一阶段应优先发展的领域、目标,以及相关发展的领域、目标。	全体人员
六、建议策略	由优先领域的专业人员提出达成优先目标的训练计划,由相关领域的人员提出达成相关目标的训练计划。	全体人员
七、家长意见	征求家长对上述目标、计划的看法。	家长
八、结论	主持者总结上述决议,包括: ● 该生的优先目标与相关目标; ● 达成目标的策略与时间安排; ● 所需相关服务与资源。	主持人
九、签名	与会人员签名。	全体人员

在个别化教育研判会中,与学生行为直接相关的是对学生的社会情绪和行为

所做的评估及相关目标的制订。

进行社会情绪和行为评估，主要是为了了解学生的不适应行为、学习态度、异常行为及在各环境中的行为等。评估老师可通过《儿童行为量表（CBCl）》《Conners父母用问卷》《Conners教师用量表》等问卷和量表对学生的情况进行评估，并对学生在课堂、课间休息时的表现进行观察，得出该生的社会情绪和行为表现。例如，在潘同学的个别化教育计划中，社会情绪和行为方面的评估结果如下。

> 社会情绪和行为（含情绪状态、不适应行为、学习态度、异常行为及在各环境中的行为等）：该生的性格较为好动，在新的学习和生活环境中较难适应；学习态度方面，学习的主动性较为欠缺，对操作类的学习活动很感兴趣；人际交往方面，不会正确表达自己的感情，不会主动与同学、老师交往，在老师发出指令时，常常情绪激动并抱着陪读阿姨。
>
> 影响该生其他领域发展的关键性目标是：听从指令，养成持续等待的习惯，建立常规。该生经常沉浸在自己的世界里，很少与他人交流。当我们发出指令时，该生不予反应；当他人手上有该生感兴趣的东西时，该生会立即冲出去抢，如果没有抢到则会在他人不注意时损坏物品，或大哭大闹，直到自己得到该物品为止；当该生突然想做什么时，经常会不打招呼就马上离开我们的视线范围，因为缺乏较好的安全意识，离开之后就不知道什么时候回来。

基于上述评估结果，我们在潘同学的个别化教育计划中，制订了该生各个学科的长短期目标。其中，长期目标是较为概括的、抽象的和有指示性的，达成时间通常为一学期；而短期目标可以说是达成长期目标的具体步骤或内容，如表5-4所示。

表 5-4 潘同学的个别化教育计划(长短期目标)

长期目标	短期目标	教学情境	前测 时间	前测 评量结果	后测 时间	后测 评量结果
1. 增强静坐、等待的能力。	课堂中,能在阿姨的协助下坐在自己的座位上。	所有课堂	2013-09-09	0	2014-01-14	2
	能在老师发出指令后安静等待5秒。	所有课堂	2013-09-09	0	2014-01-14	1
2. 提高表达技巧。	能正确称呼认识的老师、同学的名字。	所有课堂	2013-09-09	0	2014-01-14	1

综上所述,个别化教育研判会实际上类似于"会诊",由核心团队及拓展团队成员针对学生的问题给出"治疗方案"。统整班级所有学生的个别化教育计划中社会情绪和行为方面的目标,有助于形成班级的整体行为目标,进而制定明确的班规。所以说,个别化教育研判会是实施班级正向行为支持的第一步。

2. 课程研判会

那么,在学生的个别化教育计划形成之后,如何统整学生的个别化教育目标以形成班级的整体行为目标并予以实施呢?这需要核心团队和拓展团队进一步召开课程研判会。

所谓课程研判会,是由一个班的每位老师对自己所要教学的课程进行汇报,包括班级单元主题、学生个别化教育目标、学科目标、课程内容、实施措施等内容,再由班级正向行为支持团队共同考核各学科的教学内容是否符合整个班级正向行为支持的内容,是否符合学生的心理发展阶段和特点。简言之,课程研判会是由核心团队成员进行汇报,拓展团队成员提出相关建议,双方共同完成研判过程。

表 5-5 课程研判会流程

会议程序	主要内容	负责人
一、会议说明	会议程序、规则、人员介绍	主持人
二、班主任报告	汇报班级学情、班级单元主题统整目标	班主任

(续表)

会议程序	主要内容	负责人
三、各学科老师汇报	汇报学科领域学情、学科个别化目标、学科单元主题目标、学科教学内容	各学科老师
四、建议策略	拓展团队成员针对核心团队成员的汇报提出建议策略	拓展团队成员
五、修改	核心团队结合相关建议进行修改	核心团队成员

课程研判时,班主任和各学科老师会针对班级的期待行为,即学生在行为方面的教学目标进行汇报,通常这一内容体现在单元主题的统整目标中,各个学科的老师则进一步结合学科性质,制订学科目标。例如,表5-6为我校某个班级的课程研判内容。

表5-6 学校课程研判单元主题表(部分)

时间	单元主题	主题活动	统整目标	生活适应	生活语文	生活数学	劳动技能	唱游律动	运动健康	绘画手工
10月	我爱我校	我爱同学	1. 听到指令能回应(点名、坐好、排队)。 2. 说出班级同学姓名。 3. 找到自己的座位。	1. 说出同班同学的姓名。 2. 找到自己的座位。	1. 读出词语"同学、老师"。 2. 读出生字"学"。 3. 说出"我的同学有___。"	1. 找出前面同学。 2. 找出后面同学。	1. 做一个爱干净的好同学——学习洗手。	1. 哼出《我们都是好朋友》旋律。 2. 跳出《我们都是好朋友》歌曲律动。	1. 跑:能沿直线抱球跑,跑向同学。 2. 跑:能听指令起跑与停止。	给同学画一件漂亮的衣服,能根据所提供的衣服虚线进行描画并涂色,认识红、黄、蓝色。

从上表课程研判的具体内容可以看出,班主任和学科老师在制订自己的单元主题教学目标时,融入了行为教学的内容。通常,就课程研判而言,班级正向行为支持系统的构建更多地体现在生活适应的目标制订上,因为这是与行为教导最直接相关的课程。班主任也会依据统整目标,展开班会课和晨点课的教学。可以说,课程研判更加明确了正向行为支持二级系统中需要构建的班级行为准则。

除了个别化教育研判会和课程研判会,核心团队和拓展团队还通过每学期一次的家访活动了解家长的教育观,家长所具备的教养态度、教养知识、教养方法,家长对儿童行为的期望、要求,以及家长与学校的配合程度等。此外,他们也会定期开展班级研讨、学段研讨等团队活动,以便及时调整教学内容、班级环境、行为支持策略等,共同参与正向行为支持二级系统的构建,监督、评估、反馈正向行为支持二级系统的实施效果。通过建立共同的目标、明确责任、合作解决问题及协作支持,良好的团队运作为正向行为支持二级系统的正常运行奠定了基础。

（四）团队运作重要制度

为了更好地发挥团队在正向行为支持二级系统中的作用,我校从2014年起实施了包班制。所谓包班制,指在一个班级中由两到三名教师组成一个基本教育工作单元,全面承担这个班级的日常教学训练、班级常规管理和学生生活管理等工作任务。在我校,每个班级内的所有课程和教学任务都由三到四位老师承担,其中包括一名正班主任和一名副班主任。这样带来的直接好处是：一个班级的核心团队成员较为集中、数量较少。

实施包班制之后,一方面,学校的管理权力在一定程度上下放到了老师手中,老师接触学生的时间增多既有助于其更加深入地了解学生,也便于其监管学生的行为表现；另一方面,由少数几位老师承担班级内的所有课程,更大程度地实现了各学科之间的联系和整合,班级内的教学资源也便于共享。如此便在不同的课堂上,最大化地实现了对学生行为的教学和反馈的一致性。

例如,2014年我校实施包班制后,三年级班级中的老师从原先的6名减少为3名：王老师、方老师、陈老师承担起班级中9门课程的教学工作。作为班主任,王老师最大的感触是,与实施包班制之前相比,老师之间的联系更加密切和有效了,相应地,对待学生行为的反应也更加一致了。三位老师还经常在学校里和网络上对学生近期的行为教学进行讨论。有一段时间,学生之间拿别人东西的现象较为严重,三位老师在教学中都加入了"如何分辨自己和别人的东西""如何向别人借东西"等教学内容,并共同使用代币制和契约制对学生行为进行监管。在班级常规管理中,三位老师着重观察学生这方面的行为,并及时给予反馈。经过一个月的共同处理,班级中学生借东西和分享东西的行为逐渐增加,这与三位老师的共同努力是分不开的。

在包班制的基础上,学校还要求正、副班主任的办公区域都置于教室内,这样,核心团队的成员就能够随时观察、监管学生的行为。同时在班级中,所有老师都要实现无缝对接,也就是说,即使到了课间,上一节课的老师也必须在班级中看管学生,直到下一节课的老师到班级中接管班级管理事务。课间往往是学生社会交往行为发生最频繁的时间段,无缝对接意味着老师对学生行为的持续引导和监管。

二、建立具体的班规和规律的生活作息

俗话说"没有规矩,不成方圆",班级的建设、运作需要按照一定的规定和规章制度进行管理和约束(张文京,2017:3)。在正向行为支持二级系统中,核心团队需要营造正向的班级环境和文化,以便对学生的行为予以支持。对于智力障碍学生而言,明确的班规和规律的生活作息是非常重要的。

(一)制定具体明确的班规

如上一部分内容所述,经过一系列的测评、观察、研讨等活动之后,班级正向行为支持团队已经有针对性地确定了契合班级需要的期待行为。核心团队将其用简明、具体的语言表达出来,就形成了班规的核心部分。

我校一共有 13 个班级,每个班级的学生都组成一个少先队中队,如海鸥中队、小蜜蜂中队、太阳花中队等,每个中队都有自己的名称。在班规制定上,每个中队各有特点,如有的中队称为"班规",有的称为"我们的约定",有的称为"中队口号"。总体来说,班规是由老师和学生共同制定的,是约束集体行为的行为准则,也是班级期待行为的明确化。

在表述上,班规基本上都使用学生能够理解的词语或者短语,数量上一般以 3

到6个最为恰当。这样既能够涵盖多方面的行为要求,又便于学生记忆,如七年级的"健康、自信、快乐",九年级的"快乐学习、快乐生活",职教一班的"诚实、勇敢、活泼、团结"。简明的表达不仅有助于学生将班规内容"入口""入脑",也有助于其"入心",养成一定的自我控制能力。

作为班级的共同约定,班规是不可以随意变更的。一般来说,一个班级的班规每一学年或者每两学年变化一次。但有的中队可能会因为某一学期出现一些共性的行为问题,而增加或改变这一学期的班规,这也是可行的,体现了班规随学生的不断成长而变化的要求。

例如,三年级的郑老师在班主任感想中谈到自己班级的行为教学和管理时,说他采用了"6S"管理法①在自己班设置了简单有效的班规,包括:卫生角布置规范、水杯摆放规范、课程表布置规范、桌椅摆放规范、玩具摆放规范、接水排队等候规范、集体队伍规范。经过两年的养成教育,在班级老师和保育员阿姨的日常督促下,该班学生对这六方面的规范践行得有模有样。

再如,九年级的山老师反馈,随着学生进入高年级学段,他们渐渐习得了一定的生活技能,于是他将生活适应课程教学高段的"自我管理"培养目标定为班级中的期待行为,并将班规定为"我决定、我选择、我管理"。如今,在生活上,从端菜、分饭到拿点心、削水果,再到拔草、垦地和种菜,班里学生都能自己分配劳动任务,并且完成得很好。此外,班级里选出了丁同学作为老师的助理,帮助老师分担班级的事务工作,如每天点名、帮助弱势学生、填写周五的"吉祥七宝"评比活动册等。学生的自我规划能力、自我选择能力、自我决策能力等生活适应能力有了很大的增强。

一般来说,班规是以文字的形式一条一条地张贴在教室里醒目的地方,如教室的前方或者前侧方。但是,由于培智学校的学生受到年龄、智力水平、感官知觉等

---

① "6S"管理法起源于日本,并在日本企业中广泛推行。"6S"是指整理(Seiri)、整顿(Seiton)、清扫(Seiso)、清洁(Seiketsu)、素养(Shitsuke)、安全(Safety)。

的限制,在大多数班级中,班规多以便于学生理解的图文结合的形式进行展示。对于一些理解能力差的学生,老师可以在教学时辅以动作示范和肢体提示,或者用具体的、操作性强的语言去阐述规则和要求。

二年级的学生,需要着重培养其个人行为习惯和学校适应能力。因此,班主任秦老师基于学生的表现,将班规定为"我们的约定",具体包含五条:第一,上学不迟到;第二,见到师生要问好;第三,上课要坐好,发言要举手;第四,饭盒自己拿,书包自己背;第五,玩具不争抢,大家一起玩。鉴于二年级学生识字、理解能力有限,秦老师在每一条班规之后都配上相应的图片提示,张贴在教室的右前侧。

五年级的学生以中度智力障碍学生为主,已经能够基本适应学校的生活,具备了外出社会实践、参与社区活动的能力。从他们四年级开始,班主任樊老师就制定了"说好话、做好事、做好人"的班级公约,并融入日常的行为教学和管理中。同时,老师还用可评估、可观察的语言具体阐述这几条班规,以帮助学生理解,见表5-7。

表5-7 五年级班级公约

班级公约
我要做一名文明有礼貌的小学生,让老师和同学都喜欢我!
说好话
1. 好好说话:说话态度好,不大呼小叫。 2. 说好听的话:不说脏话、坏话、难听的话。
做好事
1. 我会尊敬老师、奶奶。 2. 我的手能吃饭、打扫卫生、写作业,不能推人、打人、抓人。 3. 我的脚能走路、跑步、踢球,不能踢人。 4. 我会帮助有困难的同学。 5. 我会保护女孩子,跟女孩子保持距离。
做好人
1. 我是一名诚实的小学生。
我能做到说好话、做好事、做好人! 老师和同学都喜欢我!

从上述各例可以看出,多以正向的语言表述班规,能够有效地帮助学生养成正向行为,预防行为问题的出现。在内容上,各个学段的班规也各有侧重点:低年级段侧重于培养学生个人行为习惯及学校适应能力,中年级段侧重于培养学生参与学校活动及社区活动的能力,高年级段和职高段则注重学生的自我管理能力和社会活动能力的培养。

班规是核心团队经过谨慎思考制定下来的,所以一旦制定最好不要轻易改变。在班级教学中应坚持训练,建立常规,以培养学生良好的行为习惯,同时也要告知学生违背班规的后果,以保证班规的权威性。至于如何教导和执行班规,在后文会具体阐述。

(二)建立可预期的生活作息安排

明确的、可预期的生活作息安排是学校、班级常规活动有序实施的基础,同时也符合培智学校学生记忆能力弱、组织能力弱的特点,能够满足孤独症学生对结构化环境的要求。因此,可预期的生活作息安排是班级正向行为支持系统中不可缺少的一部分。

特殊教育学校、班级的一日活动是指学生从早上进校到下午离校所经历的一切活动,它既记录了学生在学校的生活,又记录了他们在学校学习的内容、过程,是教育教学全程中最基本、完整的片段(张文京,2017:153)。类似地,一个星期的生活作息展示的是学生从星期一到星期五所经历的一切活动,最典型的表现形式就是课程表。

一般来说,可预期的生活作息安排需要标明活动的时间、地点、内容和参与人员。正向行为支持二级系统中的生活作息安排主要包括班级课程作息表、个别化课程表等。

1. 班级课程作息表

班级课程作息表展示的是班级一星期或一日的活动安排,可以细分为班级课程表、班级作息时间表和班级工作分工表等。所有安排既要符合学校常规活动的规定,如学生进校、放学、上课、做早操等的时间,也需要符合班级学生的能力与需求。我校各个班级的课程作息表均统一展示在教室前面的公告栏中。

制订班级课程作息表是为了帮助学生对班级活动及其发生顺序有所预期,增强他们对生活的控制能力。基于不同学段学生的特点和理解能力,不同年级的课表可采用文字、图片(照片)或两者相结合的形式呈现。

如图5-1所示,二年级的班级课程表以图文结合的形式展示,并且图片所占比例较大。关于这张课程表,班主任张老师表示,班级里有3名孤独症学生和5名智力障碍学生,但是仅有3名学生能掌握《培智学校义务教育课程标准》所建议的100个简单常用字。因此,在设置课程表时,每一门课程都以卡通图片为主、文字为辅的形式呈现,以帮助学生理解。此外,从一年级到二年级,张老师已经针对课程表先后展开了3次单元主题教学,慢慢帮助这些学生认识课程表。

		课 程 表				
		星期一	星期二	星期三	星期四	星期五
上午	1	数学	音乐	语文	数学	语文
	2	体育	音乐	生活适应	劳动技能	数学
	3	美术	体育	生活适应	劳动技能	生活适应
下午	4	兴趣康复	语文	兴趣康复	语文	班队
	5	兴趣康复	美术	兴趣康复	劳动技能	

图5-1 二年级班级课程表

再如,五年级的班级课程表是一日课程表。该班学生主要为中度智力障碍学生,经过五年的学习,基本掌握了课程表中所有科目的名称,但是对于表格的阅读,尚存在一定障碍。于是,班主任在每天晨点课上,通过与学生共同看课程表,让学生轮流张贴课程表,来展示当日的课程安排。

在制作班级课程作息表时,低、中段的老师更注重展示课程的顺序,以及与课程相对应的老师,以帮助学生了解一日或者一星期中学校的主要学习活动及参与人员。从中段开始,由于生活数学课中开始教授时间的概念,课程作息表中便渐渐出现了时间板块。表5-8是六年级的一日作息时间表。每天晨点谈话时,在老师的指导下,师生共同制订班级一日作息时间表,有助于学生有计划地组织一日生活。

表5-8 六年级一日作息时间表

	时间	活动	地点
上午	8:00—8:05	进班,整理个人物品	六年级教室
	8:05—8:20	晨点谈话	六年级教室
	8:20—9:15	早操	操场
		晨间训练:投掷沙包	操场
	9:25—10:00	第一节课:生活语文	六年级教室
	10:00—10:05	眼保健操	六年级教室
		如厕	厕所
	10:15—10:50	第二节课:唱游与律动	音乐教室
	11:00—11:35	第三节课:绘画与手工	美术教室
	11:35—12:15	中餐:包心菜肉片、土豆丝、番茄蛋汤	食堂
中午	12:15—13:25	午休	午休室
		整理衣物、被子	午休室
		吃水果	六年级教室
下午	13:40—13:45	午间操	走廊
	13:50—14:25	第四节课:兴趣康复课	各功能室
		个训课	个训室
	14:35—15:10	第五节课:兴趣康复课	各功能室
		个训课	个训室
	15:10—15:15	整理桌椅	六年级教室
		放学	学校门口

除了班级课程表和作息时间表外,班级工作分工表也是一类重要的生活作业表。班级工作分工表展示的是在某一项日常活动中,对班级内各个学生的具体分工。典型的活动如班级值日活动、午餐进食活动这样的集体活动。在具体的活动分工表中,老师会明确规定每一位学生的任务和要求,做到人人有事做,人人有要求。这样,不仅锻炼和增强了学生的活动能力,而且培养了学生的服务班集体意识、主人翁意识。由于这样的任务分工要求学生已经掌握了一定的劳动技能,所以一般在中、高段的班级中出现。

五年级的吴老师在班级日常管理中,将学生每天需要完成的各种内务工作,细化到任务及要求。如表5-9所示,老师根据学生的能力和兴趣,将打扫卫生的不同任务分配给不同的学生,并提出具体的要求。经过一段时间的教导和训练后,每天中午到了打扫卫生的时间,学生都会自觉拿取相应工具完成自己的任务。工作完成了,他们还会互相监督,互相检查,看看是否根据标签的指示摆放物品,工具用完后是否摆放到位等,责任到人。这样,所有的任务工作、监督工作、规则意识培养等,均由孩子们自己完成,体现出学校对中段学生"自己的事情自己做"的培养要求。

表 5-9 五年级卫生安排表

姓名	卫生岗	要求(仔细快速)
魏××	擦窗台	拧干抹布 边角不落 清洗抹布
邱××	拖地	甩干拖把 拖净边角 清洗拖把

(续表)

姓名	卫生岗	要求（仔细快速）
宋××	倒垃圾	拎袋倾倒 掉落捡起 套好袋子
黄××	整理书本	按类整理 摆放整齐 掉落捡起
闫××	扫地	扫净边角 垃圾入筐 放回原处
管××	擦黑板	擦净黑板 清理灰槽 放好板擦
张××	擦桌子	拧干抹布 擦净边角 洗净抹布

由此可见，明确的、可预期的班级课程表、作息时间表、工作分工表，一方面能对学生起到视觉提示的作用，使班级中的每一位学生都能明确当天的作息安排、任务安排，另一方面对提高学生的自我管理能力具有重要的作用，使学生从以往的"要我做……"转变为"我要做……"，整个班级的管理也更加有序了。

2. 个别化课程表

班级课程作息表是一种集体时间表，在目前个别化教育的背景之下，学生更需要详细和有针对性的个人时间表。在我校,后者表现为学生的个别化课程表。

个别化课程表,顾名思义就是根据学生的个别化教育计划安排其一日活动或课程,是班级课程作息表与个别化教育目标相结合而形成的课表。我校十分强调将个别化课程表的使用纳入到学生每日的常规中,因此在班级环境安排上,可将每个教室的左侧墙壁空出,用于放置学生的个别化课程表(见表5-10)。个别化课程表使得学生能够明确其作为个体所要经历的活动内容和顺序。个别化课表要根据学生的年龄、理解力、控制力进行设置,在呈现上要符合学生的认知水平和认知风格(徐小亲,2005)。

个别化课程表旨在给每一位学生呈现其接下来要去哪里、做什么,也就是说,时间板块和活动板块是个别化课程表中的两个重要板块。与班级课程作息表不同,个别化课程表更顺应学生自我管理的要求,也更容易受到学生情绪、身体因素的影响,所以常常是用卡片粘贴的,同时用不同的底板颜色区别每一个学生的课程,如表5-10所示。每天早上到达班级后,学生先摆放好自己的个人物品,然后在老师的指导下,制作自己的个别化课程表。首先,在老师的指导下,查看班级课程作息表,梳理自己当天的活动流程;其次,对照班级课程作息表,找到相应的活动

表5-10 二年级学生的个别化课程表

姓名	范××	冯××	沈×	姚××	沈××	毛××	胡××	李××
星期及天气	星期一晴	星期一晴	星期一晴	星期一晴	星期一晴	星期一晴	星期一晴	星期一晴
上午	生活语文	生活语文	生活语文	个训	生活语文	生活语文	个训	生活语文
	生活数学	生活数学	生活数学	生活数学	生活数学	个训	生活数学	生活数学
	"乐漫土"	劳动技能	劳动技能	劳动技能	劳动技能	劳动技能	劳动技能	劳动技能
下午	旱地冰球	旱地冰球	运动与保健	运动与保健	运动与保健	个训	运动与保健	运动与保健
	唱游与律动	唱游与律动	唱游与律动	唱游与律动	唱游与律动	唱游与律动	唱游与律动	唱游与律动

卡片并贴在自己的个别化课程表上;接着,按照个别化课程表进行当日活动,注意完成某个活动之后要把对应的卡片撕下来放到自己的袋子中,或者把卡片挪到"已完成"区域,或者在卡片上贴上表示完成的标志(一般是√或者☆符号);最后,在一天的活动结束之后,将所有卡片放回对应的收纳筐里。

从学生进入学校开始,老师就要培养他们制作个别化课程表的能力。学生要能快速找到自己班级的课程作息表,按照正确的方式制作、阅读、使用自己的个别化课程表。当然,对于不同障碍程度的学生,老师要给予不同程度的辅助。

需要强调的是,个别化课程表在使用过程中并不意味着绝对不可以改变活动的顺序。老师和家长在指导孩子使用个别化课程表时,也要教导孩子,当遇到突发事件且需要调整一日活动时,该怎样调整个别化课程表,以此来培养孩子的适应能力。另外,使用个别化课程表的目的在于帮助学生掌握自我对时间、活动的管理能力,当学生的能力逐渐增强时,老师可以逐渐减少乃至停止对学生的指导。

三、构建结构化的班级环境

教室是学生在学校生活的主要场所,合理地设置教学环境、运用恰当的视觉提示可以有效地帮助学生将教学环境中出现的学习要求转换为其可以理解和掌握的概念。面对越来越多的孤独症学生,我校强调在班级环境建设上,正向运用结构化教学的环境设置原则,即利用孤独症学生在视觉信息处理上的优势,帮助学生理解学习环境及学习要求,建立明确、清晰的结构化教学环境。

结构化的教学环境要求明确地设计分割学习区域。老师可根据班级中学生的学习需求,将教室划分出不同的区域,如图5-2,一般来说包括签到区、个人物品摆放区、集体教学区、个别指导区、排队区、游戏区、阅读区、卫生角、教师办公区、情绪发泄区。各个区域可以利用地上的标线进行区分,或者利用柜子、围栏、垫子等作为分隔标志,也可以用图标标示。

签到区的设置旨在提醒学生需要从校外环境转换到学校的活动环境中,一般

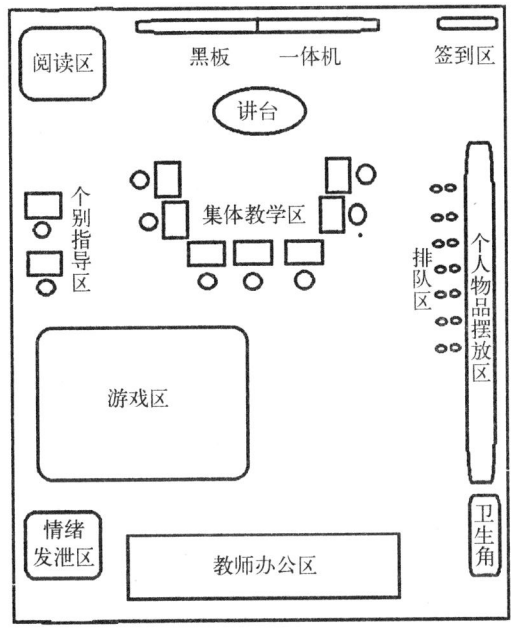

图 5-2 教室区域结构化

设置在班级进门处的墙壁或者黑板上，分为"已到"和"未到"两个板块。学生需要将写有自己名字的卡片粘贴在"已到"板块中自己的序号之后，如图 5-3。在晨点课开始时，老师和全班学生共同清点今天的到校人数和未到人数。在放学时，所有学生将自己的名牌从"已到"板块取下并放回盒子中，表示学校一天的活动已经完成。有的老师还会在签到区张贴代币或展示积分，如图 5-3 中张贴了作为代币的泡泡卡片，这样学生就可以看到自己到校后一天的表现。

图 5-3 二年级海豚中队教室签到区

个人物品摆放区指的是每个教室中靠近走廊一侧的一排柜子。每个柜门上都有可插的透明夹，用于插放学生的照片或者号码牌。学生到校后，需要将自己的书包、饭盒、学习工具、午休用品放置在自己的柜子中，并按照老师教导的方式摆放整齐。对于一些能力较弱的学生，老师会拍好实物摆放的照片，贴在柜门上用于提示。

教学区是老师集体授课的区域，包括黑板、讲台、学生座位等。学生进校后，老师根据学生的情况为他们安排好座位。安排座位时，需要考虑以下几个原则：第一，有注意力缺陷障碍的学生，不能安排在靠近门口或窗户一侧，需要安排在中间不易受到干扰的地方，便于老师和同伴监控；第二，喜欢跑跳活动、坐不住、经过评估为臀背部伸展肌张力偏强的儿童，安排其坐摆位椅；第三，对于声音较为敏感的学生，将其调至离黑板较远的位置，防止教学声音过响导致其出现不适反应；第四，有听觉和视觉障碍的儿童，尽量安排在教室靠前的位置；第五，脑瘫学生的座位安排在进出方便的地方；第六，有两个或以上患有多动症或情绪障碍的学生，他们的座位要有一定的距离；第七，安排脾性相投的学生作为同桌；等等。当然，除了这些因素，老师也可以根据课程教学需要，将学生座位调整为半圆式、小组式等。座位安排好之后，老师可以将学生的照片贴到座位上，帮助学生学习如何找到自己的座位，同时向他们强调"上课请坐坐好"，帮助学生培养在教学区应该遵守的行为习惯。

个别指导区适用于在集体课中需要完成个体任务或者需要老师个别指导的学生。学生在老师的指令下来到该区域，依据个人工作系统或在助教老师的辅导下完成自己的任务。例如，在语文课中，其他学生的任务是认读，而程度较好的学生可以到个别指导区完成抄写、听写、配对等任务。

排队区在靠近教室门口的位置。学生在早操、体育课、放学等集体活动前，需要在老师的指导下统一到此区域排队。对于低中段的学生，老师会在地面上贴好"小脚丫"，帮助学生按照"小脚丫"标明的方向和间距站好。

游戏区是让学生放松情绪和做游戏的区域,多出现于低、中段的教室中。该区域中通常有一些小型的感知觉玩具、操作性玩具、假想游戏玩具等,让学生在做游戏的过程中增强动作、语言、社交等多方面的能力。老师还会在游戏区张贴游戏时的注意事项,如"一起玩真开心""玩过请放好"等。

除了游戏区,学生还可以在阅读区放松自己,特别是到了中、高段,阅读区会取代游戏区成为教室中的主要休闲场所。阅读区有书架和小椅子,书架上摆放了适合该年龄阶段学生阅读的绘本、图书等,学生可自行阅读。在此区域,老师会张贴有关阅读的一些规定,如"爱护书本""一次请借阅一本""读完请放好"等。

卫生角是教室中放置垃圾桶、卫生用具和学生个人卫生用品的区域。老师会在该区域明确规定各个物品的摆放位置和使用步骤,还会以学生能够理解的方式对垃圾分类进行说明,逐步培养学生独立劳动、正确使用卫生用具的习惯。

从2013年起,我校正、副班主任的办公区域就统一安置在各个班级中。办公区里有老师的办公桌和办公柜。老师的办公桌带有隔板,隔板离地1.35米,和一般人坐在椅子上的高度差不多。这样,老师低头工作时便能不受学生影响,但伸直腰背抬头时仍能看到每一个学生的状态,便于观察和监管学生的行为表现,同时也便于学生明确界限,不随意进入老师的办公区。有些低年级段的老师会在办公区域外贴一对"小脚丫",用以提醒学生,有事情要找老师可以在这个位置喊"报告"。

除了以上这些常用的区域,有的教室里还会设置情绪发泄区,用以应对学生的情绪爆发。学生可以在该区域选择自己发泄情绪的方式,如蹦床、吃零食、捏橡胶玩具、外出跑步、拍皮球等。老师会通过正面的教学和训练,帮助学生学习如何使用该区域。

教室每个区域的设置在凸显功能性的同时,还会张贴适用于该区域的工作系统和视觉提示,这对于学生掌握正向行为具有引导作用。老师在教导学生如何使用各区域前,需要先教会学生明白各区域的功能,当学生建立起区域的概念后,再进行工作系统的结构化教学。结构化环境的创设能够帮助学生建立有序的一日常规,明确自己需要到什么区域做什么事情,从而防范行为问题发生。

四、提供合适有效的正面教导

明确的班规、可预期的作息安排及结构化的环境能够使学生发生行为问题的可能性最小化,但是从长远来看,教导学生以正向行为代替问题行为,具有更积极的作用。

之前我们提过,在制订单元主题教学目标时,每个班级的核心团队成员都会充分考虑班级学生所需要学习的期待行为及个别化行为目标,并将行为目标融入单元主题的统整目标中,如表5-11。各学科老师再根据统整目标,制订自己的学科目标。一般来说,直接进行行为教学的学科是生活适应课、晨点课和班队课。

表5-11 五年级单元主题表格

班规	时间	单元主题	主题活动	涉及班规与教学目标
爱心、勤劳、纪律	9月	我长大了	我的身体变化	爱心:保护自己
			心情气象站	爱心:关心自己
			我想要,我能要	爱心:关爱他人
	10月	特奥会	报名参加运动会	纪律:遵守学校纪律
			遵守运动会规则	纪律:遵守学校纪律
			物品保管	勤劳:自己的事情自己做
	11月	遇到危险我不怕	用火安全	勤劳:我会做家务
			易爆物品	纪律:我会遵守社会秩序
			我不怕	纪律:我会遵守班级纪律
			我不舒服	爱心:关心自己
	12月	我为我家出份力	自己的事情自己做	勤劳:自己的事情自己做
			分类收拾	勤劳:我会整理书柜
			教室整洁	勤劳:我会收拾教室
			我是家务好帮手	勤劳:我会做家务

(续表)

班规	时间	单元主题	主题活动	涉及班规与教学目标
爱心、勤劳、纪律	1月	身边的动物	常见家禽	纪律：遵守学校食堂纪律
			常见家畜	纪律：遵守学校食堂纪律
			我爱宠物	爱心：爱护小动物,爱护他人
			迎接考试和假期	勤劳：班级整理

（一）生活适应课

生活适应课是帮助培智学校学生学会生活、融入社会的一般性课程,具有生活性、实践性、开放性的特征（培智学校义务教育课程标准,2016）。在生活适应课中进行行为方面的教学时,需要注重正向行为的教学。老师可通过示范、模仿、讲解社会故事等各种教学方式,教导学生在什么情境下可以怎么做,帮助他们分辨正确和错误的行为。同时,老师还需要给予学生充分的练习和将技能泛化到社会生活中的机会。

在行为规则的教导上,老师需要根据班级学生的现有表现,制订恰当的目标。同一内容,在低、中、高段应具有不同的梯度。比如,同样是遵守课堂秩序,低段的学生需要做到上课保持安静,坐在自己的座位上耐心等待；中、高段学生需要做到上课耐心完成课堂任务,遇到难题会运用合适的方式寻求帮助,自主参与小组学习活动等。教学时,老师可以结合学生的特点,用便于他们理解和识记的标语、儿歌呈现行为规则,如"小手放放好""眼睛看黑板""耳朵听老师"等。

在教学方法上,老师要重视对行为规则的直接示范和详细讲解,可以直接利用学生生活中的照片、视频、绘本等,作为教学的素材。大量的视觉材料能够帮助学生理解与记忆,需要注意的是,应避免在课堂中呈现学生错误行为的照片或者视频,一方面这可能会强化该生的错误行为,另一方面这也可能导致其他同学对该生产生负面印象。

在课堂上,老师需要关注教学之后学生的学习效果,可以通过创设符合日常生活的情境,鼓励学生在情境中应用习得的技能,并及时予以强化。同时在课后也要关注学生在生活中的表现,对行为进行持续的监测并给出一致的反馈。

表 5-12　生活适应课行为教学示例

班级	三年级	学生数	8人
单元主题	我是快乐的小学生	教学活动内容	生气了,怎么办?
教学地点	三年级教室	教学人员	秦老师
教学时间	35分钟		
教学资源	照片、气球、卡片、盒子		
学情分析	三年级共有8名学生,6名男生,2名女生,年龄在8—11岁之间。其中有1名孤独症儿童(姚同学),7名智力障碍儿童(沈同学1、范同学为轻度智力障碍,胡同学、沈同学2、王同学、周同学为中度智力障碍,毛同学为重度智力障碍)。根据他们的生活适应能力,将他们分为A、B、C三组。在平时的生活中,当他们生气时,大部分学生不会恰当地表达自己的心情,常常表现出大吼大叫、生闷气、大声哭闹、攻击他人等行为。 　　A组有2名学生(范同学、沈同学1),他们具备基本的生活自理能力,在前测中,能够说出自己什么时候会生气,但是不知道生气时可以做什么。 　　B组有5名学生(胡同学、沈同学2、姚同学、周同学、王同学),他们在认知方面需要老师较多的辅助,在前测中,说不出自己什么时候会生气,也不知道生气时该做什么。其中,姚同学目前的认知水平处于将实物与该物的图片一一对应的阶段,语言理解方面处于理解名词的阶段,还未到达理解形容词等抽象词语的水平。在教学中,老师需要创设一些情境,帮助他们理解生气时的感受。 　　C组有1名学生(毛同学),他的认知能力较差,但是性情比较温和,较少生气。		
教材分析	本次教学内容来源于本校自编生活适应教材第六册第1单元第1课《我的心情我知道》,这一课将分为4个课时进行。本次教学为第1课时,主要让学生了解生气这种情绪,能够识别自己生气时的心情,并能掌握至少一种消气的办法。		
教学目标	1. 看老师准备的学生自己生气的照片,说出"我生气了"。 2. 能说出至少一件让自己生气的事情。 3. 能找到消气角。 4. 能在消气角中挑选一种消气的办法,进行练习。 5. 在模拟生气的情境中,能运用消气角来消气。		

(续表)

教学目标	学生	个别化教育目标前测					教学目标	分层教学
		1	2	3	4	5		
	范	+	+	—	—	—	3、4、5	A
	沈1	/	/	—	—	—	2、3、4、5	A
	胡	—	—	—	—	△	1、2、3、4(目标2、4需要辅助)	B
	沈2	—	—	—	—	△	1、2、3、4(目标2、4需要辅助)	B
	周	—	—	—	—	△	1、2、3、4(目标2、4需要辅助)	B
	王	—	—	—	—	△	1、2、3、4(目标2、4需要辅助)	B
	姚	—	△	—	△	△	1、3、4(目标3、4需要辅助)	B
	毛	—	△	△	△	△	1	C

注：＋表示已掌握；/表示还需加强；—表示不会；○表示与IEP长期目标不匹配，此能力已发展完好；△表示与IEP长期目标不匹配，还没有到发展此能力的阶段。

教学重难点	1. 能说出至少一件让自己生气的事情。 2. 能在消气角中挑选一种解决生气的办法，进行练习。 3. 在模拟生气的情境中，能运用消气角来消气。

教学活动	教师活动	学生活动	设计意图
一、热身游戏：照镜子	1. 游戏方法：前后（或左右）两人一组，相对而立（或坐）。无论一人做什么，另一同学都像照镜子一样做。 2. 教师总结：刚刚同学们玩得开不开心？你们现在体验到的情绪是开心，我们还有没有其他的情绪？	玩游戏。	热身，进入上课状态。
二、看照片，初识生气	1. 教师播放照片，提问：看看屏幕中的照片，你怎么了？ 重点观察：每个人的表情。 关键提问：你为什么不高兴，究竟发生了什么事情？ 2. 教师引导：究竟发生了什么事情？我们一起来看看吧！ 教师提示：是生气了。	1. 看照片，体会生气的情绪。 2. 说一说"我生气了"。	看自己的照片，结合生活经验体会生气的情绪，并了解生气的原因。

(续表)

教学活动	教师活动	学生活动	设计意图
三、分享生气的情绪体验	1. 教师提问：你会生气吗？教师统计，让学生举手表态。 2. 关键提问：你有遇到让你生气的事情吗？爸爸、妈妈、阿姨、叔叔……他们会生气吗？教师小结：原来每个人都会生气，生气是一件平常的事情。 3. 教师提问：想想看，你遇到什么事的时候会生气呢？学生每说一件事，教师就把它写在或者贴在气球上，同时往气球里打一下气。	1. 说一说自己和身边的人会不会生气。 2. 说一说让自己生气的事情。B组同学则看照片，在老师的提示下说一说。	1. 通过分享生气的情绪体验，进一步体会生气的情绪。 2. 回忆生活中的事情，理解生气是一种正常的情绪，接纳和认可生气的情绪。
四、组织讨论，寻找处理生气的有效方式	1. 教师拿住打好的气球，提问：现在发生了这么多令人生气的事情，每个人就像这个气球一样，快要炸掉了！这就是生气的感觉。做什么事清可以使我们感觉好起来？ 2. 教师呈现社会故事《生气了，怎么办？》。 3. 教师讲解社会故事。 4. 教师提问：生气了怎么办？	1. 和老师一起玩气球游戏。 2. 听老师讲解社会故事。 3. 自己读社会故事。 4. 说一说自己生气了可以怎么办。	1. 通过游戏的方式，引发学生思考，自然导出社会故事。 2. 通过学习社会故事，让学生了解生气之后，可以选择哪些解决生气的方法。
五、布置教室消气角	1. 教师演示气球的气慢慢消掉了。 2. 教师引导：大家的办法真的好厉害。现在老师把这些办法放在一个盒子里，我们给它起个名字叫"消气盒"，怎么样？教师把它放在我们教室的消气角里，当我们感到心情不好、生气的时候，就可以去那边坐一会儿！	1. 跟老师一起布置消气角。 2. 找一找消气角。	在教室里设置消气角，不但能为之后的练习做准备，同时也成为教室结构化环境的一部分，有助于减少因为发脾气而引发的行为问题。
六、在消气角中练习消气的方法	1. 教师挑选三种方便在教室中实施的消气方法，向学生示范。 2. 请学生进行模仿。	模仿老师示范的方法。	初步练习在消气角消气的方法。
七、创设情境，应用技能	请A组学生进行演示。	在情境中运用习得的方法。	程度好的学生有机会提升技能，同时也可以向其他学生进一步示范。

（二）晨点课和班会课

晨点课和班会课一直是我校开展德育活动的重要阵地。在建设正向行为支持二级系统的过程中，核心团队与拓展团队对晨点课和班会课的课程内容及教学方式进行了新的架构，提出应当将班级的期待行为作为晨点课和班会课的重要内容，淡化了品德教育的色彩。

晨点课的时间是每天早晨 8:05 到 8:25，共 20 分钟。常规活动主要有：点名，报告当天的日期、天气、作息安排、重大事件及学生中的重要事件等。常规活动结束之后，老师还会结合本周的单元主题，重点进行行为方面的教学和练习。与生活适应课的行为教学不同，晨点课的行为教学常常是针对当前存在的突出问题或特别要强调的某一个点开展的，或者是提出学生在生活中的行为表现，由师生共同进行评价。评价行为时，要注意帮助学生区分正确和错误的行为，要充分考虑学生的个别化表现，要重视对学生行为的发展性评价。晨点课要依据每个年级学生的特点开展，它是个别化教育极为重要的日常落实点。例如，一年级学生在晨点课中相互问好，认识同学；二年级使用照片点名；三年级使用姓名卡，由学生来点名；五年级及以上不再有点名环节，而是在年月日、天气报告的基础上增加前一天回家做家务的汇报；七年级开始有"今天新闻我来报"等活动。

再如，四年级晨点课的常规流程是点名、安排课表、"我行我秀"三个环节。点名环节着重培养学生互相问好的行为习惯。在安排课表环节，由老师和学生共同计划当天的个别化课程表，能够独立、快速完成的学生可以去帮助其他需要帮助同学。这一环节是一天之中培养学生自我计划、自我管理能力的开始。在第三个环节"我行我秀"中，班主任郑老师每天会选出 2 到 3 名学生参与学校生活或家庭生活的照片，先让学生介绍自己的表现，再由师生共同评价该生的行为表现。照片的内容与学生本周的单元主题或近期教学的期待行为相关，均是正向的行为表现。点评过后，由学生将自己的照片贴至教室的主题墙上。

相较于其他课程，晨点课的时间比较短暂。但晨点课是每天早晨的第一节课，学生的精力较为充沛,且晨点课每天一节,有利于学生复习和重温所学内容,符合培智学校学生的记忆特征。

班会课安排在每周五下午进行,是每周的最后一节课。班会课的行为教学主要强调行为在生活中的泛化和应用,还强调对学生这一星期的行为表现进行评价和总结。班会课可以不拘泥于单元主题的教学,而是以班规为主线规划一学期的班会课内容。每节班会课都需要有一个明确的主题,能体现出主题的前后衔接,能促进学生的能力或心理成长。

当然,除了班规和单元主题的教学内容,晨点课和班会课还会针对班级内近期发生较为频繁的行为问题进行替代行为的教学,以防止行为问题的影响进一步扩大。

五、建立行为奖惩制度

贯彻明确的班级期待行为,不仅需要直接的正面教学,还需要老师使用正向的反馈和奖励,持续监控全班学生的行为表现。在班级正向行为支持中,常常通过建立一定的奖惩制度,对学生的行为予以强化,这对于课堂常规管理具有重要作用。在我校,使用频率较高的班级管理措施是代币制。

代币制是指使用代币配合原级强化物来进行行为矫正的一种方法(昝飞,2013:231)。常用的代币有五角星、印章、卡片等。需要指出的是,代币本身并不具有强化作用,仅仅是作为一种中介物,通过与原级强化物相联系,而变成具有奖惩作用的次级强化物,最终通过正负强化作用来增加学生的正向行为,减少或消除学生的行为问题。当学生表现出期待行为时,老师给予事先约定好数量的代币;当学生手中的代币积累到一定数量时,便可以用来兑换原级强化物。代币制实施方便,标准统一,可以避免因条件限制无法立即给予原级强化物而减弱强化效果的问题。同时,代币制还可以帮助学生建立数和交换的概念,增强学生延迟等待的能力。

从一年级入校开始,海豚中队就开始实施代币制了。下面以海豚中队实施代币制的过程为例,说明我校实施代币制的一般程序。

(1) 制定行为准则。

通过学期初对班级学生的调查与测评,再结合学生的个别化教育计划和班级单元主题,海豚中队将班规确定为"爱班级、爱老师、爱同学"。细化到具体的行为目标:"爱班级"指能按时到校,能摆放好自己的个人物品,进餐时能吃完老师规定的饭菜;"爱老师"指到学校会用正确的方式和老师打招呼,上课能坐在自己的位置上,完成老师布置的任务;"爱同学"指能和同学正确地打招呼,能和同学友好地相处。

(2) 选择代币。

从一年级起,班主任张老师就将本班命名为海豚中队,并且在班级文化中引入了很多海豚的元素,比如在制作学生名牌时,每个学生的形象都是一只小海豚。在此基础上,张老师和学生共同约定,将圆形的小泡泡卡片用作班级中的代币,用磁力贴贴在签到处学生名牌的后面,如图5-3。之所以选择泡泡卡片作为代币,一方面是这样的卡片都由老师统一制作不易被仿制,另一方面泡泡的形象简单大方,贴在签到处而不是发给学生,可以防止学生因拿在手中把玩而分散上课的注意力。

(3) 确定原级强化物。

在开学初第一次家访的时候,学校老师会请家长填写一份强化物调查表,了解学生的强化物类型及种类。再通过家长访谈、与学生共同选择的方式,确定每个学生最喜欢的两到三个强化物,一般是食物性强化物、活动性强化物、操作性强化物。

(4) 建立代币发放和兑换制度。

建立代币发放和兑换制度必须先要明确获得和兑换代币的具体要求。例如,张老师规定,泡泡卡片只能由老师进行发放。一节课或一项活动结束后,由老师根据学生在课堂上、活动中及课间的行为表现发放代币。学生每达到班规中的一个行为目标,即可获得一个泡泡;但是如果做了违背班规的行为,则会扣除一个泡泡。

每周五是代币兑换时间,老师和学生会一起数每个学生得了多少泡泡。每5

个泡泡可以兑换1元钱,学生可以用兑换的钱到学校的微笑超市购买零食、文具或玩具。有一位学生的强化物是中性笔,于是与家长约定,每天放学回家是代币兑换时间,每5个泡泡可以兑换1支中性笔。

(5) 实施代币发放和兑换制度。

与学生达成相关约定后,班级中的所有老师都要严格执行相应制度。在实施过程中,老师要及时发放代币,并且说明发放代币的原因,使得学生在行为和代币之间建立起稳定的联系。当然,具体实施时也要考虑学生个别化教育计划中的行为目标。比如,垦同学上课的时候离座行为较为严重,所以对他的课堂要求是上课能坐在自己的位置上,即可得到代币奖励。为了提高强化的效果,在最开始的时候每10分钟就对他进行一次代币奖励,后面逐渐延长奖励的时间间隔。再如,乐同学在玩游戏的时候,经常会抢夺别人的玩具,所以对他的行为要求是能和同学友好相处,能分享玩具,共同游戏,即可得到代币奖励。

海豚中队的老师在发放代币的时候,除了由老师评价学生的行为表现外,还会请学生评价自己或同伴的行为,以此达到培养学生自我管理能力的目的。

(6) 调整代币制。

为了保持代币制的有效性,海豚中队的老师在实施代币制的过程中并非一成不变。调整代币制的情况有三种:一是当老师发现学生很容易就能获得强化物时,应该与学生沟通,提高代币兑换的难度,比如增加兑换所需的代币数量,要10个泡泡才可以换1块钱;二是当学生的正向行为呈现出较为稳定的状态时,老师应该采用间隔强化的方式,也就是说,对学生的正向行为不是每次都及时进行强化,而是隔几次才给予强化;三是当全班或者大部分学生的正向行为都比较稳定后,老师应该与学生商量,增加新的行为要求。

现在代币制在海豚中队已实施两年,张老师表示,大部分学生在一年级快结束时,已经基本达到了班规中的行为要求,并且学生点数的能力也得到了很大的提高。对于在此基础上依然不能够做出恰当行为的学生,则向学校的康复资源部提出申请,让其接受正向行为小组的干预或者接受支持力度更大的第三级正向行为支持。

从海豚中队的例子中可以看出,代币制是建立学生正向行为的一种有效的方式。代币制的实施需要班级老师统一回应,需要家校之间密切联系。当然,代币制的最终目标是帮助学生养成自我管理的能力,所以老师在代币制的实施过程中,也要考虑如何逐渐淡化代币的奖惩作用,帮助学生真正地内化正向行为。

除了代币制,还有老师使用与代币制相类似的积分制,即将积分分数和期待行为相关联,从而对学生的正向行为予以强化。积分制的实施方法是,在一段时间后将学生的积分进行比较,分数高的人可以获得奖励。具体的实施过程与代币制相似,在此不再赘述。

代币制等行为奖惩制度的使用,体现了正向行为支持中的过程监控和基于数据进行决策的特点。一方面,老师持续地观察学生的行为表现,可对正向行为进行持续的鼓励,对行为问题给予及时的惩罚和持续的关注;另一方面,基于信息收集和数据评估,可决定一级、二级干预对哪些学生没有效果,从而决定这些学生是否需要接受支持力度更大的三级干预。

六、整合段内资源,形成教育合力

我校从学前教育到义务教育再到职业教育总共有13个班级,虽然学生的数量不多,但是最小的学生只有2岁,最大的学生却超过20岁,学生的年龄跨度非常大。年龄的差异再加上障碍类别和程度的不同,对学校的管理提出了极大的挑战。

基于此种现实,学校从2015年开始试行分段管理,即分为低、中、高、职教四个学段。一个学段在一个楼层,每个学段设置一名段长、一名分管领导。分段管理实施后,各段在大队辅导员的领导下,根据各段学生的年龄等特征,同步落实一级预防中该学段的期待行为教导内容(详见"吉祥七宝"评比细则),贯彻落实生活适应课程中该学段的行为教导内容。

学校的许多活动从以学校为单位开展变为以学段为单位举行，如晨间大活动、午休、外出社会实践、春游、秋游、校内各种比赛、老师集体研修等。每次集体活动前，学校统一制订活动框架，具体实施方法则由各学段结合自身情况进行商讨，再上报至学校，形成最终的活动方案。

在晨间大活动中，我校在早操之后还安排了集体操，即让几个班级的学生一起跳集体操。安排集体操的本意在于培养学生的节奏感，让学生在锻炼身心的同时，体验集体活动的快乐。但是在实施了一段时间后，发现低年级段的学生在做操时会出现赖在地上、提前离开、随便乱做的现象，即便有老师和志愿者在一旁辅助，他们也很难完成整套集体操。于是，低段老师和体育组的老师一起研讨，决定改变晨间集体操的形式，改为"彩虹伞"活动，让所有低段学生抓着颜色鲜艳的彩虹伞，跟着老师的指令"举起""放下""蹲下""钻进去"，做出相应的动作。低段学生在游戏的过程中完成了集体操，整个操场变得井然有序，学生的行为问题大大减少。

从集体操的例子可以看出，分段管理使学校的行为教导内容、学校的制度安排更加符合各段学生的心理特征、行为特点，从而提升了学生对于学校生活的适应力，减少了行为问题的发生。

除此之外，分段管理也是由培智学校的班级特点和我校的空间设置决定的。培智学校班级的班额一般在 8 到 15 人，人数较少，但是学生障碍类别多，障碍程度不一，这影响了学生之间的社会交往。如智障学生常常喜欢玩团体假装游戏，但是孤独症孩子可能更倾向于建构类或感官刺激类的游戏，于是班级中的两三个智力障碍学生可能会到同一楼层寻找兴趣相投的玩伴。所以，老师常常面对的是几个班级的不同学生，这就要求老师了解这些学生的具体情况，并且知道对他们每一个人的行为要求。分段管理使得同一学段的老师在一起研讨的机会增加，从而使得老师能够了解各个班级学生的情况和行为要求。由此带来的好处是，学生在校的一日活动中虽然面对的老师不同，但是各个老师对其行为的评价和应对方式是一致的。

分段管理也整合了教师资源。同一学段内的教师常常通过网络、面谈等形式就学段内的事务进行交流,每个月还有固定的研讨活动。我校对从教五年内的青年教师所做的问卷调查结果显示,青年教师往往因组织管理能力、沟通协调能力、专业技能的缺乏,难以从容地处理教室内外的学生、家长问题,这些都影响了教师构建正向行为支持二级系统的能力。而在段内研讨中,新老教师可以就班级管理和学生行为问题的处理交换意见,老教师更多地传授有效的经验,新教师更多地提出新的思路。总之,将段内事务的决定权下放到学段教师手中,有助于提升教师的自主意识,为构建正向行为支持二级系统更好地整合段内资源,从而形成更有效的合力。

综合本节内容可知,正向行为支持二级系统的构建,着重用系统改变的方法调整环境,通过正面教育的手段发展学生的正向社会行为,积极预防和减少个体行为问题的发生。正向行为支持二级系统是基于功能本位的系统构建,旨在改变个体的生活方式,最终实现提高其生活质量的目标。

第二节　正向行为小组干预课程

一般来说,大部分学生能够通过班级范围内的正向行为支持,逐步养成正向行为。但是有部分学生,在接受了学校及班级正向行为支持后,仍表现出一定的行为问题,且对其本人、班级或学校造成了较大的影响,需要及时进行干预。对于这部分学生群体,通常学校会安排正向行为小组干预,或者安排支持力度更大的三级支持系统提供行为支持。

正向行为小组干预是面向特定的学生群体,在一级、二级行为支持的基础上,以问题为导向提供额外的训练与干预,旨在减少高危行为产生的可能性,以增加有效和高效的亲社会行为(李先军,2015)。一般来说,小组干预所面向的是有相同需求的学生群体,在我校主要是表现出共同行为问题的学生,如有青春期行为问题的学生群体、社交技能缺乏的学生群体等。学校通过康复训练小组、心育课小组等，为这类学生群体提供小组培训。此外，由于家长的教养技能会影响整个正向行为支持体系的运作，在二级支持系统中，我校为有相同培训需求的家长也提供了小组培训，名为"家庭援助计划小组"。

那么，究竟哪些人需要接受小组干预，这将由班级老师根据对学生的行为监测结果来决定。一般，老师会选择经过一段时间的学习仍然不能适应班级生活的学生，由于他们的行为问题严重影响了班级常规活动的进行，需要更多的支持。老师将这些学生上报至学校康复资源部，由康复资源部对学生的下一步安置进行讨论。康复资源部会安排具有共性行为问题的学生接受小组干预。这部分学生的障碍程度一般为中度，极少为重度，因为障碍程度会直接影响学生接受小组干预的能力。对于无法接受小组干预的学生，康复资源部会安排他们接受第三级干预，这部分学生主要有三类：一是行为问题影响严重，如做出自伤行为、攻击行为的学生；二是障碍程度较为严重、集体教学基本无效、比较适合一对一个训的学生；三是行为问题较为特别，行为表现与他人有显著差异的学生。这三类学生均建议直接安排进入第三级的个别化干预系统。

一、康复训练小组

康复是指综合、协调地应用各种措施，对功能障碍者提供一系列基础训练、专业技术和环境支持的服务，使其达到和维持身心最佳的功能状态。康复训练课程对提升培智学校学生的生活质量具有不可替代的特殊功能（培智学校义务教育课程标准，2016）。

针对我校学生的康复需求，并参考培智学校义务教育阶段的课程设置结构，目前我校共开设了5门康复训练小组课，分别为沙盘课、脑瘫康复训练课、作业治疗课、感知觉康复训练课、社交沟通训练课。每一门课每周均有四个课时。

如上文所言，进入康复训练小组的学生群体一般表现出共性的行为问题。常见的行为问题有发脾气行为、攻击行为、冲动行为等,这些都与学生缺乏社会沟通技能有关系,所以这类学生通常被安排进入社交沟通训练小组,学习相关的社交沟通课程、情绪控制训练课程等。

其他的康复课主要是针对学生的障碍与缺陷开展的,如脑瘫康复训练课和作业治疗课主要提升学生的粗大动作和精细动作能力,感知觉康复训练课主要提升学生的感官运用能力及感觉统合能力,而沙盘课主要以个训的形式展开,重视解读与治疗学生的心理。相对来说,这几门课程并不直接对学生开展行为训练,但是同样对学生的正向行为构建起到支持的作用,随着学生的各种能力得到提升,由障碍或缺陷带来的行为问题必然会减少。下面我们将以社交沟通训练课为例,介绍小组干预的特点及实施步骤。

(一)小组干预的特点

1. 功能分析

作为小组干预的实施者,干预老师需要在评估阶段对所有小组成员进行初步的评估,包括对学生行为问题的评估。

正向行为支持认为,不管是适当行为还是问题行为,每一个行为都具有一定的功能。对行为问题的评估,需要建立在功能分析的基础上,即干预老师需要对学生所表现出的行为问题的功能进行分析。学生行为问题的矫正,可以通过教授相同功能的替代性行为来实现。

既然小组干预要建立在对个体的行为问题进行评估的基础上,这就意味着小组的教学也是与个别化教育相互结合的。在小组教学中,干预老师既要掌握好教学内容的逻辑主线,又要达成学生的个别化教育目标,还需要在教学材料、教学环节上做好个别化的准备。

2. 同伴示范

一般来说,在安排小组成员时,干预者不仅会将具有共同行为问题的学生纳入到一个小组中,还会邀请2到3名社交技能发展较好的学生进入小组,成为行为问题学生的同伴。这样,整个干预小组同时也成为一个社交小组,同伴既是干预者的教学小助手,也是干预对象的小玩伴。之所以要在小组中引入同伴,一方面是同伴可以在教学和游戏中起到示范关键技能的作用,让小组成员可以自然地进行模仿;另一方面同伴的加入可以使干预时呈现的社交情境变得更真实,便于干预对象运用及泛化习得的技能,也便于检验干预对象的学习成果。

3. 自我管理

自我管理是指学生能够监控和调整自身的行为。在小组干预中,老师要注意培养学生的自我管理能力,这是因为老师不仅要同时面对几个具有相同或相似行为问题的学生,而且有时还要作为参加者加入到干预活动中,不能时刻监控每位学生的行为表现,这时学生的自我监控就变得十分重要。此外,考虑到能力的泛化和迁移,就需要对学生在小组外的行为表现进行监控和管理,这也要求学生有一定的自我监控能力。

通常来说,干预老师会通过个人契约、视频反馈等方式,培养学生的自我管理能力,这样既有助于学生将习得的技能内化,同时也便于老师观察学生的行为迁移与泛化的表现。

当然,需要注意的是,自我管理能力并不是每个学生的培养要求,一般来说,小组干预老师不会对重度障碍学生提出该要求。

4. 行为的迁移与泛化

小组干预的目的是帮助学生更好地适应班级、学校、家庭乃至社会的环境,提升与他人交往的质量,所以指导学生将在小组中习得的行为迁移并泛化到其他环境中相当重要。

在小组干预中,干预老师应尽可能地创设真实的社交情境,以便学生练习和运用所学行为与技能。在干预结束后,干预老师应及时与班级核心团队的老师沟通,请班级中的老师对学生的行为进行监督与提醒。如有可能,可建议班级老师将学生的行为目标嵌入到班级活动、教学环节、教室布置中,帮助学生将技能迁移运用。如近期学生的训练内容为"我会打招呼",则老师可以在教学开始前,安排相互打招呼的小游戏;可以提醒学生,外出碰到其他老师和同学也要运用正确的方式打招呼;还可以邀请该生一起在教室里张贴如何正确打招呼的相关内容。

除了学校老师之间的相互合作,干预老师还要注意与家长保持密切的联系,将每个阶段小组干预的内容告知家长,同时与家长定期交流学生在家庭中的行为表现。

（二）小组干预的实施

社交沟通训练课通常以一个学期为时间段,在该期间内,不能随意更换小组成员及干预老师。小组干预通常由一位老师组织实施,部分学生会由助管阿姨进行协助,有必要也会邀请家长参与其中。

1. 组成小组

一般来说,一个小组的学生人数为3人左右。太多学生不便于开展小组活动或游戏,而且接受小组干预的学生常常容易出现情绪与行为问题,如果人数太多则会对老师的组织能力提出挑战。小组成员的性别不限,障碍类别不限,但是从我校小组干预的实施情况来看,一般以孤独症儿童居多。

小组成员需要有一定的沟通能力,具有良好的共同注意的基础,具备一定的模仿能力和学习能力。这就意味着,加入小组干预的学生都是经过有效的早期干预或者本身的障碍程度较轻的儿童。这也是在培智学校中,能够接受小组干预的学生人数较为有限的原因之一。

如前所述,老师一般还会在小组中纳入2到3名同伴,与干预对象共同参与游戏。在同伴的选择上,干预老师一般会选择与干预对象同一年龄段的学生,不仅要愿意陪同干预对象一起做游戏,而且社交动机较强、社交水平较高,还要能在平时的班级活动中听从老师的指令,注意力维持水平较高。选择的同伴对于小组干预的成效有着十分重要的影响。

下面,我们以潘老师的社交沟通训练小组为例,看一下正向行为小组的构成。该小组的干预对象有3人,分别为唐同学、谭同学和关同学。

唐同学,女,2006年5月出生。2013年进入我校,入学时医院出具的诊断为孤独症。家中有一名3岁的弟弟。父母对女儿的期望较低,在满足她基本生活需求的同时,对她的要求几乎完全满足。在学校中,唐同学基本能够自理,也能够在助教老师的提示下,部分参与课堂教学。但是,有时候老师布置完作业,她在书写很长时间后会突然大哭,打自己的脸。在日常表现方面,她到校后在学校门口等待进班时,有时会大吵大闹抱着老师不放手。在课间游戏时,会随意拿他人的玩具,并且常常因为跟同学抢夺玩具而大喊大叫,在地上打滚,甚至做出自伤行为。在认知方面,她的识字量较大,能够阅读简单的句子。

谭同学,男,2004年9月出生。2012年进入我校,医院出具的诊断为发育迟滞。家中有一名1岁的妹妹。父母较为注重孩子认知方面的培养,但在其他方面则是包办较多。在学校中,谭同学能够自理,也能够参与课堂教学。但是在上课时,经常会发出怪异的声音。老师提问时,不等其他人回答就抢着回答问题,要是回答不出来,有时候会突然大声吼叫。在日常表现方面,他有时候会抱同学。但和同学玩的时候,会做出攻击同学的行为。放学时,要是爸爸妈妈来接晚了,会大哭不止。在认知方面,他认识常见的字,能够阅读书本,并且能够做简单的计算题和应用题。

关同学,男,2005年3月出生。2013年进入我校,入学时医院的诊断为中度智力障碍。家中有一名16岁的姐姐。父母对儿子非常宠爱,可以说有求必应,但是由于忙于做生意,对孩子的管教时间很少。在学校中,关同学能够自理。但是在与同学玩耍时,经常霸占所有的玩具。生气时会大喊大叫,还会做出攻击他人的行为。上课时注意力不集中,总是关注同学在做什么。在认知方面,能够认识300个左右的汉字,以形象认知为主。

除了3名干预对象,潘老师还为他们邀请了2个同伴加入到小组中,即潘同学、张同学。干预对象及其同伴均是中段的学生。潘同学,女,有轻度智力障碍,在日常的生活中较为乖巧,平时就是老师的好帮手,喜欢和同伴一起做游戏。张同学,男,患有脑瘫,智力轻度低下,其主要障碍为下肢运动障碍,不适宜快速奔跑,但不影响其参与室内活动。重要的是,张同学性格开朗,喜欢与同伴玩耍,并且乐于帮助同伴。

2. 创建合适的训练环境

小组干预在学校康复楼二楼的个训室进行。在教学设备方面,个训室内配备有电脑与电子白板,方便学生观看视频和照片等内容。当然,还有一台摄像机,用于拍摄视频,以便老师分析每个学生的行为。

在活动场地方面,个训室内配有活动、游戏场地,适合学生进行手工操作类的游戏。需要跑跳的活动,可以在个训室外的场地进行。

在教玩具方面,个训室内配有儿童游戏的各类玩具,主要包括:拼图、乐高积木、动物玩偶、角色扮演用的厨房玩具和医生玩具、球类玩具、美术玩具、毛绒玩具,以及"德国心脏病"等纸牌类玩具。所有这些玩具都鼓励儿童通过合作游戏的方式去玩。

3. 完成评估并制订个别化教育目标

小组干预的目标和内容需要依据对组内干预对象的评估结果来确定。评估包含两个部分:一是对学生存在的行为问题进行功能评估与分析,一是对学生目前的社会技能水平进行评估。一般而言,干预老师可以直接询问学生所在班级的老师,因为他们是最了解学生的人,可以通过日常观察和访谈判断学生行为问题的功能;如果行为问题较为复杂,难以直接判断其功能,老师们可以重新进行访谈与观察,进而对行为的功能提出假设并验证假设。

除了评估学生的行为问题,干预老师还需要评估学生的社会技能水平。目前,我校主要用《双溪个别化教育课程纲要》和"儿童发展地图"中有关社会技能发展的内容,对学生目前的社会技能表现和所缺失的社会技能进行评估。

潘老师通过观察、与老师访谈、与家长访谈,对3名干预对象的行为问题进行了功能分析,并对他们的社会技能表现进行了初步评估。评估结果见表5-13。

表5-13 学生行为问题的功能分析

学生	突出的行为问题	主要功能	缺失的社会技能
唐同学	等待进班时发脾气	逃避任务	1. 能听从指令和遵守秩序。 2. 能正确表达自己的意愿。 3. 能经过他人允许再使用他人物品。 4. 能轮流与等待。 5. 能正确宣泄生气的情绪。
	完成老师布置的任务时自伤	逃避任务	
	抢夺玩具,发脾气	获得喜欢的物品	
谭同学	课堂中突然大叫	吸引他人注意	1. 能听从指令和遵守课堂秩序。 2. 能正确表达自己的状态。 3. 能忍受挫折。 4. 能够恰当地与同学交往,用适当的行为获取他人注意。 5. 能等待。 6. 能正确宣泄情绪。
	回答不出问题时大叫	逃避任务	
	抱他人	吸引他人注意	
	玩游戏时攻击他人	吸引他人注意	
关同学	霸占所有玩具	获得喜欢的物品	1. 能有遵守秩序的意识。 2. 能经过他人允许再使用他人物品。 3. 能轮流和等待。 4. 能正确宣泄生气的情绪。 5. 能恰当地与同学交往,用适当的行为获取他人注意。
	发脾气	获得喜欢的物品	
	上课时注意力不集中	吸引他人的注意	

在完成评估的基础上,干预者要为每个干预对象制订个别化教育目标,包括长期目标和短期目标。其中,长期目标为一个学期的目标,短期目标为每个主题活动或每个阶段的目标,如表5-14。

表 5-14 谭同学的个别化教育目标

学生	长期目标	阶段短期目标
谭同学	1. 能接受自己的情绪。 2. 能用正确的方式表达自己的情绪。 3. 能用恰当的方式宣泄自己生气的情绪。 4. 能用正确的方式获取他人注意。	共同游戏阶段： 1. 想要和同学一起玩时，能说："×××，我想和你一起玩。" 2. 与他人交往时，能适度得当，有礼貌。 3. 与异性交往时，能保持至少一个手臂的距离。

个别化教育目标的制订对课程内容的制订和实施具有指导意义，老师也需要将这些目标写入学生的个别化教育档案中，以帮助学生将习得的技能或行为在生活中进行迁移和运用。

4. 设定小组公约

与班级公约相同，小组公约可以对学生的行为起到约束和引导的作用，以保证小组干预的正常实施。需要注意的是，小组公约不能违背学生所在班级的公约，最好要尽可能地贴近他们在班级中所要遵守的规则。小组公约的具体规则要用符合学生年龄特征的语言去表述，并张贴在个训室的醒目位置。

潘老师为小组设定了4条规则，即"我会用眼睛看""我会用耳朵听""我会保护玩具""有事可以找老师"。考虑到关同学的识字量有限，潘老师还为每条规则配上了相应的图片，张贴在墙壁上。

5. 实施干预

由上可知，实施干预前，老师应该在对学生的社会技能及行为问题进行评估的基础上，再结合学生的个别化教育目标，制订出本学期的教学计划和安排。小组干预应该尽可能地满足所有学生的个别化教育需求，其中，主要目标可以通过直接教学来实现，部分目标可以自然地嵌入例行性的活动或作息中，如对于难以遵守纪律或指令的学生，老师可以在每一节课中都向他们强调要遵守秩序和指令，并逐步减少对他们的辅助和支持。

通过观察，潘老师发现与同伴交往的游戏环节是3名干预对象出现行为问题的高发情境,他们不同程度地在游戏中表现出不恰当的行为。所以,潘老师将小组干预的主要社交情境设置为游戏情境,从而在游戏情境中穿插教导学生需要的社会技能。一学期的课程设置如表5-15。

表5-15 社交技能干预小组课程计划表

时间	活动主题	活动内容
第1—2周	暖身与关系建立	熟悉同伴、教室与小组干预模式
	设定小组公约	我们的约定
第3—4周	表达意愿	我会表达:"我想要……"
		我会拒绝:"我不想……"
第5—7周	我的与他人的物品	我的和别人的
		我会借东西
		我会还东西
第8—12周	共同游戏	我想和你一起玩
		我们轮流玩
		我可以等一等
第13—20周	情绪控制	辨别我的情绪
		辨别他人的情绪
		表达我的情绪
		理解他人的情绪
		生气了,我可以……

在每周一、周三的下午两节课,实施小组每周共干预70分钟。每次活动都围绕一个主题开展,并且分教学阶段、游戏阶段、反馈阶段三个环节进行。在各个环节,老师都要注重同伴的示范和引导作用。

在教学阶段,主要是通过各种教学方法教授学生社会技能。老师可以运用的教学方法有讲解社会故事,播放视频示范,阅读绘本等,意在让学生明确在何种情境下该怎么做。在本环节,老师要注重向同伴进行提问,并引导其通过角色扮演为干预对象示范正确的行为。

在游戏阶段,主要是设置共同游戏的环境,帮助学生运用社会技能。游戏情境的设置需要尽可能地贴近学生的生活,并且要有多次练习社会技能的机会。如果干预对象无法表现出正向行为,则由同伴提醒和示范正确的做法,或者由老师通过提示卡片提醒。老师在游戏活动中应持续强化和引导学生的正向行为。

在反馈阶段,老师需要帮助学生回顾和整合在前两个环节中所习得的技能,同时鼓励学生将习得的技能或行为进行迁移和运用。在本环节,老师要着重培养学生的自我监管和自我评价能力,可以先让同伴进行评价,再请干预对象进行自我评价。评价的形式为:"在……时候,我会做……"

[案例]　　　　　　《我会借东西》干预方案

一、干预目标

① 知道拿别人的东西之前要先跟他借。

② 借别人的东西时会说:"×××,把……借我一下。"

二、教学过程

(一)教学阶段

1. 讲解社会故事(图 5-4)

图 5-4　讲解社会故事

讨论:阳阳是怎么借东西的?

2. 想一想:借东西时,要怎么办。

提问:今天潘老师从家里带来很多好玩的东西,你想玩吗?你可以怎么办?

同伴示范,老师引导,对于孤独症同学还需要给予文字提示。例如,借东西时可以说:"×××,把……借我玩一下,好吗?"得到允许才能玩;如果别人不允许,可以玩其他的东西。

(二)游戏阶段

让学生在个训室内自由活动:请同伴张同学从书包里拿出提前准备好的一些新玩具,并引导其他学生去借。注意:

① 在提前准备好的玩具中,要有唐同学和谭同学喜欢的彩笔、彩泥、声光玩具。

② 老师在旁拍摄整个游戏过程。

(三)反馈阶段

① 让学生观看上一环节拍摄的视频,给自己的表现加五角星。

提问:刚才你会借东西吗?学会借东西的同学,请说一说,贴一贴。

② 与学生共同制订行为契约,便于其拿到所在班级中使用。

提问:在自己的班级中,你也可以做到吗?

6. 行为监管与评估

如何让干预对象将习得的技能或行为泛化应用到所在班级、学校生活中,是小组干预的重点。小组干预老师必须与班级老师保持密切的联系,以便对干预对象的行为表现做出一致的反应。在我校的社交沟通训练小组中,老师还会与干预对象一起设计行为契约,旨在通过他人监督和自我监督相结合的方式帮助学生迁移运用所学的社交技能。

所谓行为契约,是指对学生特定行为的完成与特定奖励物的获得与发放之间的关系进行约定(昝飞,2009:172)。老师将小组干预中所教授的正向行为写入行为契约中,并规定清楚行为完成的情境和要求,同时与学生协商好行为完成后可获得的强化物。在每次小组干预的反馈阶段,老师和学生会共同制订或回顾行为契约。

为了保证行为契约的权威性,契约内容不得随意变动。例如,潘老师在社交沟通训练课中,针对每一个主题就为每个干预对象制订一份契约,如表5-16。

表5-16 谭同学的行为契约

行为契约

学生　谭××　　日期_____

在学校,我会跟同学一起玩,在玩的时候,我要做到:

1. 有事情先说话。

我想和同学一起玩时,我会说:"_____,我可以跟你一起玩吗?"

我想拿同学的东西时,我会说:"_____,借我玩一下好吗?"

别人同意了,我才可以跟她一起玩。别人不同意,我可以走开。

2. 我会和同学轮流玩。

中午听儿歌时,我跟同学轮流听儿歌。

在操场上玩玩具时,我跟同学轮流玩喜欢的玩具。

3. 老师、同学、爸爸在做事情时,我可以先等待。

老师在布置任务时,我会安静等待。

放学了,爸爸堵车了,我可以等一会。

我要加油!我一定行的!

签名:_____

日期:_____

为了更好地评估学生的正向行为完成情况并发放奖励物,我校老师还设计了行为干预评估表,如表5-17。以谭同学为例,每周一早晨他都会拿出一张新的行为干预评估表。表格上按照一天的作息分成不同的时段。每个时段结束后,谭同学要请负责的老师进行评价,老师也会请谭同学进行自我评价。评价用符号来表示,其中☆表示棒,△表示加油,×表示差。每天放学时,计算☆的总数,达到5个☆,即可获得一次玩电脑的机会;达到10个☆可以邀请一个好朋友回家。当谭同学很容易获得5个☆后,潘老师会与谭同学商量,提高获得奖励所需的星星数量。每周五,潘老师会与谭同学共同查看他的行为评估表,与谭同学分析他这一周做得

好的地方与需要改进的地方。

表5-17 行为干预评估表

	课节	科目及表现				
		星期一	星期二	星期三	星期四	星期五
上午	晨间活动					
	第1节课	生活语文	生活数学	生活语文	生活数学	生活语文
	表现及奖励					
	第2节课	生活数学	绘画手工	生活数学	生活语文	绘画手工
	表现及奖励					
	第3节课	绘画手工	唱游律动	体育保健	唱游律动	体育保健
	表现及奖励					
	第4节课	生活适应	唱游律动	生活适应	生活适应	体育保健
	表现及奖励					
中午	午餐					
	午休					
下午	第5节课	社团康复	劳动技能	社团康复	生活适应	班队活动
	表现及奖励					
	第6节课	社团康复	绘画手工	社团康复	劳动技能	
	表现及奖励					
	放学					

通过小组干预,学生的社交沟通能力有了明显的改善,不仅口语沟通的次数有所增加,而且理解情绪、表达情绪的方式也都有所改善。但是,小组干预也有其局限性。培智学校中出现行为问题的学生往往为重度障碍者,尤其以孤独症儿童居多,而他们因为受到共同注意缺陷、模仿能力缺陷的影响,所以开展个别化训练会更适合他们的需求。目前,我校正在探索针对孤独症儿童的整合性游戏团体训练,希望能够拓宽小组干预的途径。

二、分组式家长培训——家庭促进计划

家庭中的教育活动为培智儿童的成长提供了重要保障。提高家长的教养技能对帮助学生成长、缓解家长压力、提升家庭生活质量均有重要的影响。学校为家长提供适当的培训,也会使得学校的教学效果事半功倍。

随着我校正向行为支持三级体系的建立,各班老师对家长的教养态度、教养行为、教养困惑均做了调查。调查结果显示,我校学生的家长对孩子均持有正向的教养态度;但是对孩子未来的发展,有些家长表现出不切实际的期望或者期望过低的情况,进而造成为孩子包办一切或者放养孩子的情况;在教养行为方面,大部分家长对矫正学生的行为问题最为头疼,常常使用的手段是制止、惩罚或者转移注意力,虽然这些方法可以起到临时作用,但是完全不能制止行为问题的再次发生。

针对这些情况,我校开启了"家庭促进计划",在原有的家校工作的基础上作出相应改进,包括:更加强调学校工作的透明化,突出家长的主体地位,为家长提供分层分类的培训等。家校之间建立更紧密、更有针对性的交流联系,有助于提升家长提供正向行为支持的能力。

(一)"家庭促进计划"简介

"家庭促进计划"由我校德育处牵头实施,旨在通过计划的实施使得学校与家庭间的联系变得更加紧密,从而使家长们能够更好地了解学校的运转模式,也能够更进一步地支持学校所开展的各类教学工作与活动。

在具体的实施内容上,"家庭促进计划"主要包括组建家委会、开设家长课堂、设立家长开放日、重视家访活动、细化家长会、评选优秀家长、举办亲子活动七个方面。

家委会、家长开放日、家访都是我校一直在举办的常规活动,"家庭促进计划"依据以往的经验对这些活动进行了改进。例如,更新家委会成员,并明确家委会各成员的职责分工;家访频率从原来每班每学期2人提高到每班每年人均至少1次;

每学期中旬开设一天的家长开放日等。

家长会和家长培训也是我校一直在开展的活动,但是以往的家长会主要由班级开展,由家长和老师针对儿童的情况进行沟通,缺乏系统的、更有针对性的指导;而家长培训也多是依托校外的培训,往往零散而随意,且以普及理念为主。这样的家长会和家长培训既不能实际提升家校间的沟通质量,也不能改进家长的教养方式。为此,"家庭促进计划"对家长会和家长培训重新进行了建构,按照学生的年级层次、障碍类别分别开展。

通过"家庭促进计划",学校希望能够帮助家长接纳孩子,接纳自我;希望能够帮助家长明确家庭教育是教育的重要组成部分,父母是孩子的第一任老师而且是终身老师;希望能够帮助家长建立起正确的教养态度,摒弃无用的杂念,理性地接纳孩子的缺陷,通过家庭教育让孩子融入社会生活中;同时也希望能够帮助家长反思家庭教育的方式,从而营造良好的家庭学习氛围,重点培养学生的生活自理和社会交往能力。

(二)分组家长会

家长会是展示学校教育、获取家长的理解和支持、挖掘家长资源、吸纳家长参与学校管理的重要途径。学校召开家长会,旨在与家长共同寻找教育的最佳方法和途径。在家长会中,每个家长最关心的自然是与自己的孩子直接相关的教育内容。然而在培智学校中,由于学生的障碍类别多,个体差异大,一场会议很难满足所有家长的需求。在"家庭促进计划"中,学校细化了家长会的开展模式,按照学生所在的年级层次和学生的障碍类型分别开展(如表5-18),使家长会更具有针对性和有效性,也使家长能在会后掌握让孩子更好地学习和丰富孩子生活体验的方法。

表5-18 2017年第一学期家长会安排表

时间	参与对象	地点
9月	一年级新生家长	会议室
9月	四年级家长	会议室

(续表)

时间	参与对象	地点
9月	七年级家长	会议室
9月	职教一班家长	会议室
10月	孤独症儿童家长	会议室
11月	脑瘫儿童家长	会议室
12月	全体家长	报告厅

从表5-18中可以看出,在9月份,学校主要针对每一学段的新生家长召开会议。在这些会议中,学校着重对每一学段的学生培养目标和学校教育方式与家长进行沟通。比如,学校召开一年级新生家长会,旨在与新生家长共同配合,着重培养学生良好的常规习惯和基本的自理能力。因此在家长会中,校长与德育处领导着重介绍学校的常规,包括学校的作息时间表、学生的日常行为规范、学生需要注意的事项及家长需要注意的事项等内容。再如,学校召开职教一班的新生家长会,旨在与家长就学生的职业规划和职业发展进行沟通,因此在家长会中,校长与德育处着重介绍学校的"微笑1+6门市职业群"模式、毕业生就业安置问题、学生青春期问题、家长需要注意的事项等。分年级层次召开家长会,是希望帮助家长了解学校对处于不同学段的学生教育教学的重点,从而更好地达成家校合作。

如表5-18所示,我校还针对不同障碍类别的学生召开相应的家长会。目前,已经召开的家长会有孤独症儿童家长会和脑瘫儿童家长会。在孤独症儿童家长会中,学校着重介绍我校与浙江工业大学共同举办的孤独症家长培训计划,还介绍学校的结构化环境设置、孤独症康复训练、家长注意事项等。在脑瘫儿童家长会中,学校着重介绍我校开展的知动课程、当前已经开展的脑瘫康复训练、家长注意事项等。

我校针对不同年级层次、不同障碍类别的学生召开家长会,可以使家长会内容更有侧重点、针对性、专业性。从家长会后家长所做的问卷调查中可以看出,家长表示他们在会议中的主体地位得到了提升,主题式会议能更有针对性地解决他们当下思考的问题,他们也更乐于接受由大家共同讨论而非由老师主讲的会议模式。

分层、分类地开展家长会,也体现了学校的个别化教育理念,家校之间的良性互动也为学生的行为发展提供了有效的支持。

(三)小组式家长培训

家长培训是指由专业人员针对特殊儿童家长所开展的任何形式的教育和训练活动。由于培智学校学生在感官、认知、沟通等方面存在缺陷和障碍,家长往往会面对复杂的行为问题,在亲子关系的培养上也存在诸多不足。一方面家长需要专业的培训,另一方面家长培训能够帮助家长掌握行为支持的相关理念和技术,使得家长在家庭或社区等生活情境中帮助孩子发展正向行为,达到高效度的生态干预,也使得孩子更容易迁移习得的技能。但是,在现实生活中,家长获取培训的途径往往较为有限。为此,学校可以利用专业的资源,为家长提供相关培训。

我校主要面对的是义务教育阶段学生家长。一方面,由于受教育程度、经验背景存在差异,这些家长需要的培训内容和培训形式有所不同。比如,有些家长接受过高等教育,他们不仅重视孩子的早期干预,而且在孩子接受早期干预时已经掌握了应用行为分析的相关理论;而有些家长对孩子一直采取放养的态度,对孩子的行为支持也仅仅停留在说教、惩罚的传统理念上。这样,就导致培训老师无法定位培训的内容。另一方面,传统的培训不系统,不具针对性,导致家长在运用培训技术时还是不知从何下手。为了给家长带来更有效的专业培训,我校采取小组短程干预的模式,为家长提供以正面管教技术为核心的行为干预培训。

具体的开展方法是:学期初,全校家长采取自主报名的方式,组成12人的小组参加培训;如满额,则自动进入下一期培训。每一期培训视家长的学习进程持续4到6周,培训时间为每周五上午,每课时3小时。

在小组式家长培训中,主要的培训内容为智障儿童的身心发展与教养技巧,以及正面管教技术。正面管教技术是一种既不惩罚也不娇纵孩子的管教方法,强调家长和老师要创造一种和善而坚定的氛围,让孩子在自我控制的基础上,学习社会与生活所需的各项技能,养成正向的人格,是一种正向的儿童教养模式(尼尔森,

2009:9)。正面管教技术与正向行为支持不仅强调采取正向措施应对儿童的行为问题,而且更加强调教育者要反思自我的教育行为。在正面管教中,有大量实用的操作性方法适合于短程的家长培训。

为了保证家长培训的专业性,我校专门选派秦老师参加了相关的培训,并获得了美国正面管教协会认证的"注册正面管教家长讲师"(CPDPE)证书。秦老师根据每一期培训小组中家长的教养特点,为每个小组都设计了有针对性的正面管教课程,如表 5-19。

表 5-19 2016 年第三期家长小组培训课程

培训内容	目的	活动设计
一、团队建设与课前评估	1. 建设团队。 2. 告知家长课程学习的相关准备。 3. 调查家长的教养特点。	1. 角色定位——"慢慢认识你"。 2. 课程介绍。 3. 课堂约定。 4. 课前评估:填写问卷。
二、脑部解读——理解孩子	1. 让家长理解各类障碍儿童的脑部构造及其外在表征。 2. 让家长掌握干预儿童行为的前提条件。	1. 强调家庭教育的重要性。 2. 解读普通大脑。 3. 解读各类障碍儿童的大脑(孤独症、智障、脑瘫、ADHD)。 4. 了解大脑的可塑性。 5. 干预前提:家长与孩子双方的情绪平和。 6. 课堂作业。
三、情绪管理——促沟通	1. 通过活动反思以往的教养方式。 2. 让家长学习并掌握正面管教的三个工具。	1. 反思家庭教育的常见教养方式(惩罚、骄纵、忽视、专制)。 2. 正面管教简介。 3. 三个有效工具:教孩子应该做什么,关注孩子做对的事情,进行有效鼓励。 4. 课堂作业与圆圈时间。 5. PHP(Parents Helping Parents)家长互助解决问题。
四、挖掘冰山——找根源	1. 让家长学会有效管理自己的情绪。 2. 让家长有效帮助儿童管理情绪。	1. "情绪"概述。 2. 管理情绪的方法,包括事前预防、事中处理、事后处理。 3. 实践演练。 4. PHP 家长互助解决问题。

(续表)

培训内容	目的	活动设计
五、陪伴孩子——共成长	1. 家长能学会解读儿童的行为。 2. 让家长学习帮助儿童塑造正向的行为。	1. 正面管教的基础。 2. 冰山理论——行为背后的心理原因。 3. 重新看待孩子的"不良"行为。 4. PHP家长互助解决问题。

小组式家长培训强调通过追究根源、活动体验的方式,让家长理解儿童的大脑、情绪、行为,并教会家长掌握管理情绪、塑造行为的具体方法,帮助家长形成恰当的教养方式,进而引导家长在构建和谐的亲子关系的基础上,和善而坚定地塑造孩子的正向行为。

经过一年多的实施,学校的"家庭促进计划"得到了家长和老师的一致好评。从对家长的访谈结果来看,"家庭促进计划"对于塑造儿童在家庭中的正向行为、改善亲子关系、提升家长的自我效能感都具有显著的作用,家校合作也因此更加紧密。

第三节 辅助人员支持系统

我校的教育模式是以集体教学为主、小组教学为辅、个别训练为补的特殊教育模式。然而,我校学生以中重度智力障碍学生为主,这使我校集体课的教学模式遇上了极大的挑战。由于中重度智障儿童往往缺乏主动学习的动机、注意品质差、在社交沟通方面存在障碍等,这就造成他们在课堂中的行为问题层出不穷。基于此,我校以班级为本位建构了支持力度更大的二级干预系统。在二级干预系统中,学生需要更多的支持、关注和监控,如果仅仅依靠班中的两名正、副班主任,无法满足所有学生课堂学习及课后社会交往的需求,因此我校建立了与二级干预系统相配套的辅助人员支持系统。

辅助人员广义上指的是在课堂中及课后辅导和帮助学生更好地学习和生活的所有人员(朴永馨,1996:62)。在我校,辅助人员支持系统主要由助教老师、助管阿姨、陪读家长和志愿者构成。辅助人员并不直接开展教学工作,而是根据学生的需求,协助班级核心团队为学生在生活自理、课堂学习、同伴交往、行为管理、社会实践等各方面提供支持和服务。

辅助人员支持系统的建立是正向行为支持二级系统建设的重要组成部分,对于增进学生的正向行为和预防行为问题的发生具有重要作用。无论是在课堂中,还是在课间活动、外出实践时,都需要辅助人员通过反复提示、示范等方式对学生的正向行为进行支持。接下来就我校辅助人员支持系统的构成及运作进行详细阐述。

一、助教老师

在特殊教育领域,助教老师是在特教老师的指导下工作的专职教师。但是,由于编制上的限制,我校并没有设置专门的助教老师岗位,而是由学校老师兼任。具体来说,如果有老师需要助教老师协助,如班上学生的行为问题严重影响了课堂教学,或者学生无法适应集体课堂,需要个别化辅导等,那他可以在学期初向学校教导处提出申请。经校务会研究,如果确实有必要,则根据该班级学生的情况及学校其他老师的教学安排情况,安排1—2名助教老师。助教老师一般由该班级的任课老师兼任。

由本校老师担任助教,可以保证所提供的特殊教育相关服务的专业性。这是因为本校老师在入职前,均接受过大专及以上高等教育,取得了相应的教师资格证书,具备了相应的教育学、心理学基础,而且大部分教师都接受过特殊教育职前、职后的专业学习及培训,具有从事特殊教育工作的经验,可以说,他们完全能够胜任助教老师的岗位要求。

助教老师的加入,使得课堂的集体教学模式变为协同教学模式。所谓协同教学,是指两个或两个以上的教师共同对同一学生群体的教学负责。主教老师和助教老师可以以不同的形式展开合作,尽可能地满足所有学生的教学需求。

(一)我校协同教学的实施模式

关于协同教学的实施模式,国内外学者已经有了众多研究成果。不同的学者对协同教学模式有不同的划分,参考 Cook 与 Friend(1995)的观点,我校采用的协同教学模式主要为补偿性教学和替代性教学。

1. 补偿性教学

补偿性协同教学模式是目前培智学校运用最多的协同教学模式。在该模式中,主教老师负责向全班学生进行教学,主导整堂课的教学过程,而助教老师则一方面要按照主教老师的安排,在某一环节给予一个或者一组学生以支持,另一方面要根据学生的课堂表现,灵活机动地帮助需要额外支持的学生。

例如,在巫老师的班级中,有 2 名孤独症学生和 4 名伴有言语沟通障碍的智力障碍学生。没有助教老师之前,整个课堂常常是混乱的,学生不时出现离开座位、发脾气、哭闹等行为问题。巫老师向学校申请了助教,并且对自己的教学设计进行了调整。在之后的课堂教学中,巫老师作为主教,王老师充当助教。比如,在语文课的新词教学中,巫老师主要负责带领学生朗读词语,而王老师则负责维持纪律,提醒学生看黑板,给部分学生示范,以及辅助学生在配对卡片上贴词语等。

2. 替代性教学

在替代性协同教学模式中,主教老师负责给大多数学生授课,而助教老师则负责少部分学生,主教老师和助教老师不仅教导的学生不同,所教授的内容也是不同的。该模式需要老师在授课前对学生进行同质分组,以便两位老师同时在同一环境下进行教学。当然,替代性教学不会贯穿于整堂课中,而只会在部分教学环节下进行。

例如,在二年级的美术课中,由于不同学生手部精细动作的发展程度不同,大部分学生已经能够使用剪刀,小部分学生能够使用画笔,还有个别学生因手部肌肉退化而不能抓握,只能指点。为了给每个层次的学生提供更有针对性的指导,主教、助教两位老师决定实行替代性教学:由主教老师教导大多数学生使用剪刀完成作品,同时指导手部肌肉退化的学生使用平板电脑完成填色游戏;由助教老师教导小部分学生使用画笔进行填色,完成同主题的作品。替代性协同教学模式的实施,使得有着不同需求的学生都得到了相应的技能锻炼,因为每个学生都有适合的事情做,也避免了行为问题的发生。

(二)助教老师的支持方式

有效的教学是防止学生行为问题发生的第一道防线(钮文英,2016:312)。对于一些学生来说,他们之所以能够顺利地参与课堂教学,很大程度上得益于助教老师提供了有效的协同教学。在协同教学中,助教老师需要掌握恰当的辅助或支持方式。目前,行之有效的辅助方式主要有躯体辅助、示范辅助、姿势辅助、言语辅助、学习材料辅助、视觉提示辅助。

躯体辅助是指助教老师通过接触学生的身体来帮助他们完成主教老师所布置的任务,即手把手地教导学生掌握某项技能。示范辅助是指助教老师先将想要学生习得的技能做给学生看,再让学生进行模仿。助教老师进行示范辅助时可以采取任务分析法,即分解学习任务,做到小步子、多循环学习。姿势辅助是指助教老师用肢体动作,或者用表情提示学生。言语辅助是指助教老师不做任何动作,而是直接用语言告诉学生该怎样做。学习材料辅助是指助教老师对学习材料进行调整,以符合学生的学习特点,典型的做法有:放大学习材料,减少作业量或降低作业难度,用图片和图示代替文字内容等。视觉提示辅助是指助教老师利用图片、视频、文字、个人工作系统等视觉信息,告诉学生该怎样做。

以语文课的书写任务为例,助教老师手把手地教学生书写,就是躯体辅助;助教老师在学生作业本上先写一个字,再让学生照着写,即为示范辅助;助教老师采用"书空"方式示范或提醒学生字怎么写,即为姿势辅助;助教老师直接告诉学生这一笔该写什么,下一笔该写什么,即为言语辅助;助教老师将发给学生书写的田字格纸放大,或者将学生作业从写6个字减少为写2个字,即为学习材料辅助;而助教老师播放汉字笔顺动画,即为视觉提示辅助。

助教老师需要综合考虑教学内容的性质和所教学生的学习特点,再决定采取何种辅助方式为学生提供支持。这六种辅助方式既可以单独使用,也可以结合使用,但助教老师必须明确,提供辅助的最终目的在于帮助学生脱离辅助,让学生能够独立完成任务。所以,助教老师要注意随着学生的进步逐渐减少辅助,直至不用辅助。需要说明的是,除了提供学业支持以防止学生行为问题的发生外,对学生行为的管理也是助教老师辅助工作的重要内容。助教老师不仅需要维持课堂纪律、观察和记录学生的表现、示范正确的行为、提醒学生集中注意力等,还需要对学生的行为及时进行评价和反馈。

(三)协同教学的协作过程

协同教学能否对学生的学业、行为表现产生正面影响,很大程度上取决于主教老师与助教老师的协作过程。协同教学的协作过程不是主教老师与助教老师备课过程的简单相加,也不只体现在教学初期,而是体现在教学计划的制订、实施、评价、反思等每一个环节。那么,在协同教学模式下,主教老师与助教老师究竟是如何展开协作的?下面我们将略作介绍。

1. 组建教学团队

一般来说,一个班级的助教老师是通过学校行政指令加上老师自主选择确定下来的。在主教老师提出申请后,由学校教务部门结合学生需要及现有老师的课程安排,考虑合适的助教人选。

助教老师最好与主教老师教授相同的学科,且在平时的工作中,能够团结同事、乐于合作。助教老师一般会在与主教老师同一学段的其他老师中进行选择,因为这样可以较为熟悉学生的情况,以及该年级、该学段所应习得的适应性行为。在确定人选之前,教务处主任需要先征求主教老师和助教老师的意见和建议,确认他们能够互相接受和配合彼此的教学观念,如此方可组成协同教学团队。

教学团队一旦组成,意味着至少要展开一个学期的合作,既已确定为固定的合作伙伴,就需要快速地进入协同教学的状态。

2. 共同制订教学计划

教学计划的制订是协同教学中的一个重要环节。因为主教老师掌握整堂课的教学过程,所以主教老师需要准备好初步的教案,再与助教老师就学情评估、教学内容选择、教学目标制订、教学方法设计、教学环节安排、班级环境创设、协同合作方式等进行探讨。在学情的评估分析中,老师们不仅要了解学生对该学科知识的掌握情况,还要预想学生在课堂上可能做出的行为表现。尤其是对由助教老师教导或需要助教老师额外支持的学生群体,教学团队需要重点关注,多次协商。在课前的协商中,教学团队也要明确彼此的分工和合作。

3. 协作实施教学

协同教学的实施并不是忠实无误地照搬教学计划,而是考验着主教与助教老师本身的教学水平和双方合作的默契程度。他们在协同教学的实施过程中,既要完成教学计划中的教学要点,还要根据学生的课堂表现,及时调整教学内容。通过补偿性教学和替代性教学等协同教学模式,主教和助教之间、老师和学生之间实现良好的师师互动、师生互动。

4. 共同评价反思

在课后的教学反思中,主教和助教老师要针对教学的实施情况、学生的上课表现、老师的合作方式作出评价。由双方老师共同评价,能够保证评价的公平性和全面性。协同教学要求老师之间保持广泛持续的沟通和反思,并根据反思的结果改进之后的课堂教学。

具体来说,针对教学的实施情况,需要评价教学目标是否达成、教学目标的设置是否准确、教学方式是否恰当、教学分组是否合适等;针对学生的课堂表现,需要评价学生的学业是否有进步、学生在课堂中的行为表现如何等;针对老师的合作方式,需要评价老师之间的协调程度如何、学生是否适应协同教学、老师之间的分工是否合理等。

综上所述,协同教学的协作过程包括组建教学团队、共同制订教学计划、协作实施教学、共同评价反思四个环节。当然,并不是每一次协同教学都需要完整地经历这四个环节。当双方老师能够达成一定的默契之后,他们在课前、课后的讨论均可以精简,把协商的重点放在共同制订教学计划与目标以及协作实施教学这两个环节上,每隔一个月进行教学反思即可。

在实施协同教学的过程中,一方面要注意通过对教学结构、教学内容、学习材料等进行调整,尽可能地减少学生因为逃避学习或对学习内容不感兴趣而引发行为问题,另一方面要注意加强助教老师对学生正向行为的监管、示范和提醒,进而创设有利于正向行为发生的环境。与此同时,我们也要看到协同教学仍然受到多方面因素的影响,比如老师课前共同备课的时间不足、老师之间的沟通不畅、学校缺乏协同教学的相关培训等,在一定程度上也影响了助教老师在正向行为支持二级系统中所能发挥的作用。另外,本校老师都有自己的教学安排和工作安排,因而由本校老师担任助教只能是暂时的解决方案,远远不能满足所有学生的辅助需求,从长远来看,聘任专业的辅助老师才能构建更加完整有力的支持体系。

二、助管阿姨

我校曾对全体学生在校的行为问题做过调查,结果显示低段学生的行为问题多为适应性行为问题,他们在课堂上的干扰行为、不顺从行为、发脾气行为、刻板行为以及进餐中的行为问题均比较严重,而且具有行为问题的学生人数较多。鉴于此,我校在学前班以及低段的三个年级都配备了助管阿姨,辅助老师管理班级,同时照顾有严重障碍的学生。至于四年级以上障碍特别严重、有陪读需要的学生,允许学生家长陪读;如果家庭有经济困难,学校可出资聘请陪读人员。

(一)聘请与培训

学校的助管阿姨统一由学校办公室负责招聘,要求学历至少在初中以上,身体素质好,吃苦耐劳,对智障儿童有爱心。在面试过程中,学校会对助管阿姨的工作经历及其对智障儿童的了解程度、对儿童的教育观念进行询问,表现良好者给予一个月的试用期。

在试用期内,由学校办公室和班级核心团队负责观察助管阿姨的表现,并对其进行相关的专业培训。培训的内容主要包括以下四个方面。

一是安全卫生方面所应承担的基本职责。具体包括：保育员职责、班级卫生安全相关要求、班级生活管理相关要求。

二是本班学生的生理、心理基本知识及表现。具体包括：班级中智障儿童的生理、心理基本知识及表现，班级孤独症儿童的生理、心理基本知识及表现，班级其他障碍类型儿童的生理、心理基本知识及表现。

三是本班学生的学习特征和行为表现。具体包括：班级学生学习的辅助形式，班级学生常见的行为问题，班级学生行为问题的应对策略，班级正向行为支持的基本策略。

四是学校突发行为问题预警机制。具体包括学校呼叫设备的所在位置和使用方法，学生突发行为问题的干预流程等。

学校办公室和班级核心团队应针对本班学生的需求，确定助管阿姨的培训内容，同时应偏重应用型技能的培训，让助管阿姨能够明确地了解在何种情形下可以怎样做。因为对助管阿姨的招聘不是一次完成的，所以对助管阿姨的培训也不是集中进行的，主要由班级核心团队在平时的工作中完成。

根据我校的经验，在助管阿姨的培训中有三点需要特别注意：

第一，在工作职责上，大多数助管阿姨认为自己的职责就是照顾好学生的生活和安全，而忽视了她们其实可以在课堂中发挥辅助的作用。在培训过程中，老师需要提醒助管阿姨这一点，同时提高助管阿姨的专业能力，以便其更好地发挥作用。

第二，在工作方式上，助管阿姨常常会依赖惩罚、吓唬等方式管理学生的行为。在培训过程中，老师需要教导助管阿姨使用强化、行为塑造等正向行为养成技术，让她们在工作中引导学生做出正向行为。

第三，在工作理念上，助管阿姨常常只关注到学生的障碍和缺陷，认为学生已经很可怜了，或者学生都已经这样了，他们是学不会的，所以就采用包办的方式去帮助学生。在培训时，老师需要引导助管阿姨看见学生的潜能，帮助助管阿姨学会运用正确的辅助方式去帮助学生。

（二）工作职责

助管阿姨也是班级正向行为支持团队的一员，因此在工作中，需要服从本班班主任和副班主任的管理和安排。在工作内容上，我校对包括助管阿姨在内的助管人员的岗位职责做了明确规定，具体可见表5‑20。

表5‑20　杭州市湖墅学校助管人员岗位职责

> 班级助管人员必须具有热爱学校、以校为家的精神，热爱本职工作，恪尽职守，做到"五勤"：心勤、手勤、腿勤、眼勤、嘴勤。
> 1. 热爱本职工作，遵守学校各项规章制度，主动树立全心全意为智障学生、为教育教学服务的意识。
> 2. 对待学生态度和蔼、坚持正向行为支持，善待每位学生，严禁体罚与变相体罚等损害智障学生身心健康的行为，发现学生的不良行为及时与班主任联系。
> 3. 积极配合主教老师维持课堂秩序，协助主教老师培养学生良好的课堂常规和学习习惯。
> 4. 指导班级学生掌握吃饭、上厕所、穿脱衣裤等自理技能，并及时处理学生大小便失禁等意外情况。
> 5. 每天早晚两次对班级整体环境进行打扫清洁，并随时做好保洁工作。主动协助班主任并指导学生掌握扫地、拖地等简单的劳动技能。
> 6. 随时注意受助学生的安全情况，发现问题及时解决或协助主教老师共同解决。
> 7. 带班时做到人到、心到，不擅自离开岗位。
> 8. 与其他工作人员相互配合、团结互助，共同提高为学校和师生服务的水平。
> 9. 认真做好领导指派的临时性工作。

由上表可知，学校从对学生的行为管理、生活自理管理、安全卫生管理等几个方面，对助管阿姨的职责提出了明确、细致的规定。从我校老师对助管阿姨的工作评价来看，助管阿姨在管理学生的行为方面，能够做到及时制止学生的行为问题并示范正确的行为，提醒注意力容易分散的学生集中注意力，引导个别学生回答问题等，还能做到当班级中有学生出现发脾气行为且干扰到其他学生学习时，把情绪难以平复的学生带出该环境，并通过转移注意力等方式帮助该生宣泄不良的情绪。但是，由于专业能力不足等相关方面的限制，助管阿姨在辅助学生学业和学习方面的能力仍然有待提高。

三、志愿者

我校三年级以上每个班级都开设了社会实践课,老师要带着学生到超市、银行、菜市场等公共场所进行社会实践。除此之外,我校每年还会组织春游、秋游,并与社会机构联系,开展参观消防大队等社会活动。每次外出对学生来说都是一次培养其社会适应能力的机会,但同时也是学生行为问题多发的场合。他们常常会因为环境的改变或对社会规则的不理解而做出各种不适宜的行为。

鉴于此,每次外出实践时,我校都会联系校外的志愿者团队,把他们分配到各个班级提供相应的协助与支持。目前,与我校长期合作的志愿者团队主要来自四所大学,它们分别是浙江大学、浙江工商大学、浙江树人大学和浙江外国语学院。

志愿者是指自愿贡献个人的时间和精力,在不计物质报酬的前提下,为推动人类发展、社会进步和社会福利事业而提供服务的人员。由于我校需要志愿服务的群体为特殊儿童,这就需要志愿者对特殊儿童有一定的了解,最好具有教育学、心理学的教育背景,如果是特殊教育、医学康复相关专业,则更为对口。至于其他专业背景的志愿者群体,在他们开展志愿活动之前,最好能够学习并掌握一定的特殊教育知识与技能。

学校在开展社会活动之前,会和志愿者团队联系,告诉他们学校的活动情况、需要服务的学生人数等,以便他们做好相关准备,而志愿者团队也需要将志愿者人数、可提供的志愿服务方案、应急方案等递交给学校。学校会根据志愿者的情况,将其分配到需要服务的班级中,同时将《杭州市湖墅学校告志愿者书》(见附录二)发放给每一位志愿者,告知来校活动时的注意事项。如果开展的是大型活动,需要的志愿者人数比较多,学校还会专门给志愿者做一次讲座。比如,我校在承办杭州市培智学校第五届特奥运动会时,就分别针对裁判、志愿者、酒店工作人员做过专门的讲座。

一旦加入志愿活动中,志愿者也就成了班级正向行为支持团队的一员,需要服从班主任的安排。即便是在志愿者组织的活动中,班主任和助管阿姨仍然需要监管整个活动的进行。

在班级活动开始前,班主任一般会先就班级情况向志愿者做简单的介绍,然后将一到两名具有一定社交技能的学生如中轻度智力障碍学生交给志愿者,接受他们的支持和服务。对于社会技能较为欠缺的学生,班主任还是会安排助教老师、助管阿姨等经验较为丰富的辅助人员协助管理。

在活动进行过程中,志愿者需要时刻监管学生的行为表现。当学生遇到困难时,志愿者需要用尽可能简明形象的方式向学生示范正向行为;当学生表现出不适宜的行为问题时,志愿者需要及时制止并向学生示范替代行为。在整个志愿活动中,学校教职工需要从专业成长、心理调适、组织管理等方面给予志愿者密切指导,让志愿者实现"从做中学",提高其参与志愿活动的效能感。

第六章　正向行为支持三级系统建设

经过面向全校的一级预防干预和面向班集体的二级预防干预后,大部分学生都能听从老师和家长的教导做出正向行为。随着老师专业能力的提升,以及对本班学生一般行为问题的功能有了基本的掌握,学生大部分的行为问题都能得到提前预防。然而,有学者通过实践发现,在校园中仍有10%左右学生的行为问题得不到有效改善(黄伟合,贺荟中,2013)。为了防止学生的行为问题继续恶化,降低其危害程度和发生频率,同时增进学生的适应性行为,我校在一级、二级系统的基础上,继续构建了三级预防干预系统。

三级预防干预系统是在一级预防和二级预防都无效的情况下,为有严重行为问题的个别学生所建立的预防系统。我校实施三级干预的主要方法是:根据个别学生行为问题的经常性、持续性、严重性及其对自身或周围人的生活和学习的影响程度,在行为观察、数据收集、行为评估的基础上制订基于功能性评估的个别化干预方案——《正向行为支持计划书》,以便提供额外的、特殊化的且个别化的正向行为支持。

本章主要阐述了我校在正向行为支持三级系统中所建立的个别干预工作机制,面对学生严重行为问题所探索的干预策略,以及几年实践下来较有成效的个案干预研究。

第一节　学生严重行为问题个别干预工作机制

学生严重行为问题是指那些偏离常态的给他人或者自己的身体、生活、学习和工作带来危害甚至危险的行为(昝飞,2009:8)。正向行为支持三级系统主要就是针对学生严重行为问题的个别干预,具体包括:① 发现需要个别化正向行为支持的学生;② 以团队合作的方式拟订和实施个别化正向行为支持计划;③ 如有需要,拟订危险应对计划;④ 建立便捷的渠道,以回应教师要求获得的协助(钮文英,2009:27)。

但是,在三级系统的实施过程中,我校遇到了一些问题。比如,当班级内学生出现严重的行为问题时,应该由班主任还是由学校专业康复老师进行干预?当班主任或新教师尚未掌握特殊儿童行为问题的干预技术时,学校又该如何提供支持?哪些学生的哪些行为问题需要进入三级干预层面?为了解决以上这些问题,我校主要从"谁参与,如何参与""如何确定三级干预对象""如何为干预专业团队提供支持""如何操作并实施干预"这几方面,具体构思并建立了一套应对学生严重行为问题的个案干预工作机制。

一、成立严重行为问题的干预小组

三级预防干预系统其实就是学生的个别化正向行为支持系统,其参加的人员必须包括学生、家长、老师与其他提供直接支持的服务者,可能包括学生的同伴、学校行政人员、专家与社区成员等。据此,我校在三级系统上成立了严重行为问题的干预小组,由干预专业团队和干预支持团队两队人马构成。

(一)干预专业团队

根据学校教师的个人专业发展意向以及培智学校康复训练课程的训练模块,我校组建了沟通与交往、知觉与动作、感觉统合、艺术、情绪与行为等康复训练小组。在此基础上,根据学生严重行为问题的类别,建立以个案为核心、以班主任为首、以康复训练小组专业老师为主的干预专业团队,通过干预帮助个案做出有效改变。若在分析行为问题的功能时,发现个案的行为问题其实是由其他障碍引发的,则在实际干预过程中可以请求其他康复训练小组的专业老师进行协助。在整个专业团队中,每人分工明确,各司其职,相互配合,确保了三级干预的有效性。

以我校 2016 年某个行为问题干预小组中专业团队的人员分工为例:班主任的核心任务是在班集体的教育教学活动中对个案实施行为干预策略;担任情绪与行为康复训练小组组长的何老师负责召开个案研讨会议,以及组内人员的统筹协调;至于组内其他老师,两位周老师负责对个案的行为问题进行录像拍摄并做数据分析,王老师和樊老师负责课堂观察记录,李老师则是行为教导的个训老师。

(二) 干预支持团队

干预支持团队的成员就是在个别化干预过程中为干预专业团队提供支持、配合的相关人员,主要包括个案同伴、家长、学科教师、学校行政人员等。这些人员也会对干预过程和效果产生重要影响,具体职责可见表 6-1。

表 6-1　干预支持团队的具体职责

人员	职责
同伴	1. 与个案在行为干预活动中进行互动。 2. 为个案示范正向行为。 3. 当个案做出正向行为后,给予及时的反馈。
家长	1. 向专业团队提供学生在家时的行为表现。 2. 在家庭或社会环境中实施与专业团队一致的正向行为支持策略。
学科老师	1. 在所负责的课堂教学中贯彻正向行为目标。 2. 共同对行为目标进行监控、评价和反馈。
行政人员 (康复资源部)	1. 确定校园三级干预的对象。 2. 当专业团队成员遇到问题时,给予相关技术支持。 3. 提供正向行为支持的相关资源,如学习材料、方法策略、教具等。

二、确定干预小组的干预对象

确定三级系统干预对象的一般程序如下。每学年家长可就学生严重行为问题或者其他方面的训练需求向学校提出个训申请。此外,每学期初各班班主任在制订个别化教育计划时,通过与专业教师评估学生在沟通与交往、情绪行为、动作康复、感知觉、认知等方面存在的问题及其严重程度,发现仅靠班级授课不能满足其干预或康复需求的学生,需要为其申请个别训练。需要注意的是,个训申请由班主任提出,家长如有意愿也需要先征询班主任意见再由班主任提交申请。表6-2就是2016年我校三年级某孤独症学生的家长就孩子的行为问题向学校提交的个训申请表,由于该生有严重行为问题,而不是某一方面的康复需求,所以在需求申请中就选择了严重行为问题干预。经班主任把关核实后,将存在严重行为问题的个案及其申请上报给学校康复资源部。再由康复资源部牵头召开正向行为支持领导小组会议,确定哪些学生需要个训和由哪位专业教师给予个训。个训可以安排在午间或放学后的空余时间,也可以采用抽离式个训,比如利用体育课时间进行动作康复训练,利用语文课时间进行语言训练等。表6-3是我校2016学年干预小组的干预安排,具体包括干预对象、所要干预的行为问题描述、干预教师及每周干预的个训课时数。

表6-2　杭州市湖墅学校2016学年个训申请表

姓名	胡××	年级	三年级	出生年月	2008-06-15
问题描述	1. 讲话不完整,不能表述整句话的意思。 2. 不能控制行为。 3. 多动、坐不住,自我控制能力不行。					
需求申请(请在括号内打钩并用语言简单描述期待成效)	情绪行为(　　)　　沟通与交往(　　)　　认知训练(　　) 动作康复(　　)　　感知觉训练(　　)　严重行为问题干预(√)					
家长意见	对于胡××存在的行为问题,希望通过个训能够得到改善。在情绪方面可以有所控制,沟通交流能力也可以有所提高。 　　　　　　　　　　　　　　　　　　　　　　家长签名:<u>蒋××</u>					
申请人	班主任签名:<u>王××</u> 　　　　　　　　　　　　　　　　　　　　　　　时间:2016-09-13					

表6-3 2016学年行为问题干预小组的干预安排

干预对象	行为问题描述	干预教师	个训课时(每周)
汤××	在课堂中经常用语言攻击同学,直至同学发怒为止	王老师	2
吴××	青春期在公开场合手淫问题	方老师	2
何××	不愿上学,每天迟到很久或者不来上学	何老师	5
杨××	经常打同学,看到老师或成人就说"老师要减肥"	周老师	4
刘××	在学校里或在来校的公交车上,经常抓人脸部,还把人抓伤	李老师	1

三、为干预专业团队提供专业支持

干预专业团队的专业技能水平直接影响了三级干预的成效,因此在实际干预中,专业团队需要不断学习和吸收解决问题的新技术并及时巩固经验,这就需要学校为干预专业团队提供专业的支持。在这方面,我校主要通过聘请导师指导和开展集中研究这两种形式提高老师的专业技能。

(一)聘请导师为干预专业团队提供支持

为了提高我校专业团队成员在一线实践中的干预水平,每学年专业团队成员可以向学校申请一次与专业方向有关的中长期外出培训与学习的机会(学校发布的培训信息或自己寻找的培训项目皆可)。此外,我校从2015年起先后聘请了杭州师范大学连福鑫博士、浙江师范大学陈冠杏博士、浙江省康复医疗中心卢金主任、浙江省特殊教育指导中心陈荣弟主任、重庆向阳儿童发展中心康复专家金容老师、华东师范大学金野教授等人担任康复训练小组的导师。导师与小组成员每月至少开展一次小组研讨活动,除了指导相关教师运用正向行为支持的各种理念和策略对有严重行为问题的学生开展个案研究外,有时还会对全体老师进行相关培训。导师在进行指导前会先带领小组成员调查全校学生的行为问题,明确需要介入干预的个案,然后在平日的小组研讨活动中为相关老师提供专业建议。表6-4中记录的是我校情绪与行为康复训练小组2016学年的一次研讨活动。

表6-4 2016学年情绪与行为康复训练小组研讨活动之一

主题	情绪与行为康复训练小组研讨活动	记录人	何胜琴
时间	2016年11月1日下午	地点	三楼研讨室
指导老师	浙江师范大学陈冠杏博士	参加人员	周佳、徐琳、王凤萍、汪文文、周为坚、何胜琴、殷甜甜

内容摘要

一、和陈老师交流个案情况

杨同学,15岁,现就读于本校八年级,4岁时经浙江大学医学院附属儿童医院(浙江省儿童保健院,以下简称省儿保)鉴定为孤独症。

顾同学,7岁,现就读于本校一年级,3岁时经省儿保鉴定为孤独症。

汤同学,11岁,现就读于本校四年级,5岁时经省儿保鉴定为发育迟缓,经老师观察,疑似有孤独症谱系障碍。

三名学生以小组团辅的形式接受行为干预。

二、交流个案干预过程中的干预策略和要点

(一)问题及策略

1. 青春期行为问题,具体表现为手淫、穿家长内衣等特殊兴趣。

干预策略:基本原则为如果学生的行为不会对本人或他人的健康造成伤害,也不会引起他人的不适当反应,可不进行干预;但是如果违背上述原则,需要通过功能分析,采取相应对策。

2. 自我刺激行为问题:几个学生喜欢抠皮肤。

干预策略:很多孤独症学生皮肤敏感,感知觉迟钝。这段时间天气干燥,易造成皮肤过敏或不舒服。抠皮肤行为的功能可能为自我刺激,如果抠得很严重,导致破损或者出血,需要在前事上采取相应措施。

3. 认知方面的问题:几个学生有选择障碍。

干预策略:可以让他们做2选1的练习,从一个喜欢的和一个不喜欢的开始。

4. 社会沟通障碍:话题有限,不在乎对方的反应,只在乎自己说了什么。

干预策略:需要扩充学生感兴趣的话题,并在沟通上提供辅助,如进行看图说话,给学生看有情节的卡片,进行完形填空等,可利用5个W(who、what happen、when、where、what,即人事时地物)帮助学生提取图片中的信息。

(二)干预要点

1. 对于核心障碍是语言障碍的孤独症学生,6到8岁之前可以教发音,8岁以后依然无法表达或表达不清的就没有很大必要再学习发音了。

2. 根据孤独症学生的发展程度,选择应用行为分析(ABA)或关键性技能训练(PRT)进行干预。其中,PRT只有在学生能明确认识和表达自己感受的基础上才能开展,所以要加强学生对自己的感受的理解。

3. 孤独症学生的记忆力很好,别人如何对他,他就会如何对别人,所以干预者的行为要慎重。

4. 孤独症多数有睡眠障碍,所以老师要注意学生的精神状态,及时与家长沟通,睡眠不佳会影响学生的表现。

（二）开展集中研究为干预专业团队提供支持

集中研究是学校组织专业团队成员集体学习某一种研究方法以干预特殊需要儿童的行为问题,在此基础上围绕某一主题成立实践小组并开展实践研究以提高骨干教师的干预技能。

我校 2017 年初聘请了浙江师范大学曹淑琴博士开展以"单一被试研究法"为主题的系列培训学习,并成立了"单一被试研究法"实践小组,组内每位成员以个案课题为载体并运用"单一被试研究法"进行研究。表 6-5 是我校"单一被试研究法"实践小组所开展的相关课题研究。

表 6-5 2017 年"单一被试研究法"的相关课题研究

教师	课题内容
朱慧	基于 spark 体育课程的规则意识改善中重度智力障碍学生离队问题
周为坚	沙盘促进孤独症儿童会话轮替的研究
叶春英	一年级孤独症儿童知动训练的个案研究
巫小花	用多成分设计法减少痉挛性脑瘫儿童的抓人行为
王一乔	基于音乐治疗理念下的唐氏综合征类儿童行为改变的探索与研究
汪文文	应用知动—动作训练促进唐氏综合征学生知觉—动作能力
马学芝	应用正向行为支持对孤独症学生情绪行为的个案干预
刘雪	以"戏剧游戏"为主要手段提高智障学生接受音乐的能力
李瑞琴	正向行为支持对孤独症儿童课堂哭闹行为干预的个案研究
何晓萍	培智学校高年级智障学生的青春交往问题干预研究
柴丽慧	图片交换沟通法促进孤独症儿童主动请求的个案研究
白雪	培智学校教师差异教学能力研究
董玮倩	运用关键反应训练提升孤独症儿童共同注意的实践研究
冯斯君	绘画工具(媒介)对孤独症学生创作的影响
樊江琴	社交故事结合强化物的运用塑造孤独症儿童正向行为

四、学生严重行为问题的干预流程

在学校环境中,对学生严重行为问题的干预主要包括五个环节:① 确定个案所要干预的目标行为;② 对目标行为进行功能性评估;③ 制订正向行为支持计划;④ 实施正向行为支持计划;⑤ 评估和调整正向行为支持计划。以下以我校三年级一名孤独症学生为例,详尽阐述对其行为问题的干预流程。

(一)确定个案所要干预的目标行为

在确定个案的目标行为之前,学校行为问题干预小组需要先对学生所要干预的行为问题进行界定。有学者认为,只要有特殊需求的学生做出干扰自身或他人学习、阻碍良好社会交往和社会关系形成、伤害自己或他人的行为,都可以成为所要干预的行为问题,即目标行为。干预小组通常会将严重行为问题定为所要干预的目标行为,同时具体明确地描述目标行为的定义,以便观察与记录。

1. 行为问题的发现

掌握个案所有的行为问题。比如,该个案进教室一定要开灯;重复问同一问题或唱同一首歌;爱玩厕所门;摆弄垃圾桶;咬人;破坏想要却得不到的物品;扔鞋;一会儿看自己喜欢的书,一会儿玩玩具;上课时离座;怕鸭子导致情绪行为问题;在固定的时间、地点必须做固定的事情,否则就大发脾气;只要眼前有食物就无节制地吃,直到没有为止;无法等待、轮流或分享,特别是对他想要的物品或食物。

2. 目标行为的选择

选择目标行为并说明选择的理由。比如,干预小组确定该个案的目标行为为离座行为,因为该行为已严重影响到课堂中其他学生的学习及个案自身的学习与发展。

3. 目标行为的界定与描述

具体描述目标行为的定义,但需要注意的是,界定后的目标行为必须可以观测和记录。比如,当该个案的臀部离开座位2秒以上且未参与教学活动,则可界定为离座行为。

4. 目标行为的观察与记录

以班主任为核心的教师团队,对4月份某一周内3堂室内常规课进行录像观察和统计。观察表明,该个案的离座行为发生的时间和次数在整堂课中占有的比例较高,见表6-6。

表6-6 一周内3堂室内常规课干扰行为统计表

常规室内课	离座时间	次数	占用课堂时间百分比
美工课	537秒	26次	26%
语文课	535秒	12次	25%
数学课	1 286秒	12次	61%

(二) 对目标行为进行功能性评估

在对目标行为进行功能性评估时,首先要收集目标行为发生的频率、情境和时间,其次要对收集的数据进行分析,形成关于目标行为的功能的假设和判断。一般来说,目标行为的功能分析可以用A(Antecedent,前事)—B(Behavior,行为)—C(Consequence,后果)关系来表达。在对个案课堂离座行为的研究中,研究者首先使用"行为ABC观察记录表",对离座行为的前事、表现及后果进行课堂观察记录;通过数据汇总发现,目标行为的前事中有很多是老师正在上课或与其他学生互动,目标行为表现为个案离开座位,后果为老师让个案坐好或继续讲课。据此,研究者推测个案课堂离座行为的功能是希望得到老师的关注(具体评估分析过程,可参见附录一的案例二)。

(三) 制订正向行为支持计划

确定了个案目标行为的功能后,干预小组就需要选择干预策略,并据此制订正向行为支持计划,这也是三级干预中最为关键的一个环节。在干预中结合使用多种干预策略,可以增加计划实施的可行性和个案行为改变的可能性,有利于干预效果的泛化和维持。因此,正向行为支持计划中的干预策略必须全面考虑前事控制、行为教导和后果处理,然后根据功能性评估的结果选择与目标行为功能相一致的干预策略。回到我校孤独症个案离座行为的研究中,老师为其制订的正向行为支持计划中的干预策略如下。

1. 前事控制策略

① 调整教学策略,减少内在刺激。结构化教学是针对孤独症学生的一种有效的教学方法。在课堂中,使用结构化教学方法可以帮助个案清楚地了解到:这节课要学哪些内容,接下来要做哪些工作,什么情况下算完成工作或可以进入下一步骤,工作完成后会如何,等等。

② 及时给予关注,减少等待时间。如果课堂教学中安排了认读新字、独立作业、互动参与等环节,则老师要对个案给予特别关注,提前发出个案熟悉的简单明确的指令,如"小小手放放好,小眼睛看卡片""拿出铅笔写'车'"等,提醒个案进入下一学习任务之中。

2. 环境背景因素介入策略

① 教室空间结构化。比如,教室里最重要的区域可以用不同颜色的线条划分出来,学生站立的位置可以用数字标记,其他区域可以用大型置物架进行隔断。

② 调整干扰物品的摆放位置或呈现方式。比如,个案上课时视线范围内的墙面布置尽可能用与课堂内容无关的图片和文字,并用颜色分明的纸张或线条分块呈现。

③ 调整座位安排。除了调整空间布置和物品摆放外,教师还可以根据教学需要调整个案的座位安排(具体操作可参见附录一的案例二)。

3. 行为教导策略

干预时,老师要注意对个案的正向行为引导。等个案回座平静下来后,再对其发出指令。老师语气要平和,少用"不",多用"先……后……",如"先看语文书上的图片,看好后再看生字卡片""写好字先给老师批改,批改好后再离开",这样有助于个案建立课堂行为常规。如果个案对"先后"没有概念,则老师应在日常管理、个训课中帮助个案理解"先干什么后干什么"的含义。

4. 其他个体背景因素介入策略

考虑到孤独症儿童的视觉优势,在课堂中为个案提供视觉资源,如与教学内容有关的图片、照片、提示卡片、视频等,从而提高个案参与课堂教学的兴趣,减少离座行为的发生。

5. 后果处理策略

结合前期掌握的个案的目标行为功能与强化物,教师需要在课前准备好与上课内容有关的图画书和卡片,以便在个案完成学习任务时及时进行奖励,或在老师辅导其他学生时供其阅读。要想确保强化物的有效性,就要事先和个案约定:完成什么任务后才能得到强化物。如果个案对"事先约定"没有概念,则需要老师在个训课和日常管理中帮助个案建立相应的概念。

(四)实施正向行为支持计划

当干预小组明确相应的干预策略并制订好正向行为支持计划后(见图6-1),接下去就是实施拟定好的支持计划了。在实施正向行为支持计划的过程中,必须注意以下几个原则:正向行为支持计划要融入个案的生活作息,即进行嵌入式教学;正向行为支持计划的实施要注意时间、地点、程序是否适切,这些会影响介入效果;正向行为支持计划中的干预策略要考虑适用于何种情境;正向行为支持计划要想得到有效实施,就要取得个案的重要他人(如家人)的配合,并促成他们与干预者的合作,一致地执行正向行为支持计划;在介入干预过程中,要持续地评估正向行为支持计划的成效并及时做出调整(钮文英,2009:495)。

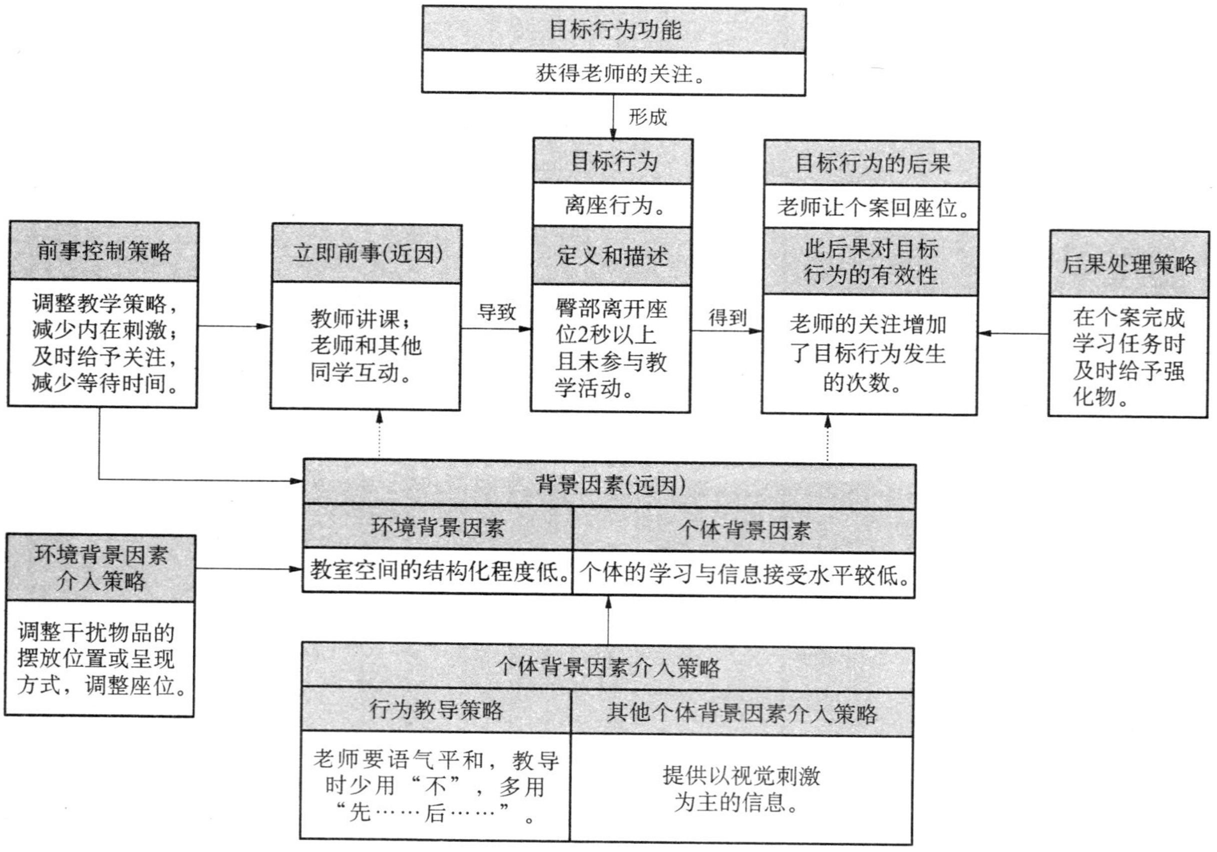

图6-1 个案离座行为的正向行为支持计划图示

（五）评估和调整正向行为支持计划

干预严重行为问题的最后一步就是实施和调整正向行为支持计划。功能性行为评估有别于其他评估方法的一个本质特点是：功能性评估是一种根据实践数据不断进行调整的过程性评估，而后者有可能是"一锤定音"式的总结性评价（黄伟和，贺荟中，2013：120）。在对个案实施各种干预策略的同时要观察和记录个案行为的改变情况，如果干预效果不佳，或个案的行为问题发生恶化，那干预小组就要根据数据及时调整并修改正向行为支持计划。

第二节 学生严重行为问题个别干预主要策略

Janney 和 Snell(2008)认为正向行为支持主要包括预防、教导和反应三种策略（钮文英，2009：102）。也有学者提出了 STAR 模式，认为有四种干预策略，即改变背景条件（settings），改变立即前事（triggers），改变行为（actions），改变结果（results）。我校在实践中主要是依据台湾学者钮文英（2009：103）提出的前事控制策略、生态环境改善策略、行为教导策略、后果处理策略和其他背景因素介入策略，来对学生的严重行为问题进行个别干预。经过实践，我们发现：① 严重行为问题的干预策略因人而异，必须先通过功能性评估确定行为问题的功能，才能选择相应的策略；② 严重行为问题最主要的干预策略为：前事控制策略、行为教导策略、后果处理策略。

一、前事控制策略

前事控制策略是指在行为问题发生之前采取措施以避免行为问题的发生。具体可以从两方面着手，一方面消除或减少会导致严重行为问题的立即前事和背景因素，另一方面增加能引发正向行为的特定立即前事和背景因素。综合不同学者的观点（Bambara et al.，2009；Meyer et al.，1989；钮文英，2012：245），前事控制策略主要有以下八种做法：① 消除或减少引发目标行为的立即前事；② 改变引发目标行为的立即前事;③ 分散引发目标行为的立即前事;④ 增加引发正向行为的立即前事和后果价值;⑤ 控制引发目标行为的背景因素;⑥ 缓和背景因素的影响力;⑦ 中断目标行为的连锁反应;⑧ 中断目标行为的连锁反应所产生的增强效果。当然,前事控制策略还有很多其他做法。钮文英(2009:247)将这些做法统整成情境因素调整策略、课程或工作相关因素调整策略、背景因素效果缓和策略以及反应中断策略四类,并对这四类策略的具体做法做了说明,详见表6-7。

表6-7 前事控制策略的具体做法

前事控制策略	具体做法
情境因素调整策略	1. 重新安排情境中的人,尤其当行为问题的发生与特定的人有联系时; 2. 调整个案座位,如有注意力缺陷障碍的学生可安排在老师容易监管的区域; 3. 调整物理环境,如增加或者减少环境中的刺激,改变环境中的设备等; 4. 调整活动地点,将会引发个案行为问题的地点换成能够引发正向行为的地点; 5. 消除或减少诱发行为问题的刺激,如一些厌恶刺激; 6. 调整活动时间; 7. 设定清楚和适当的期待,如班规的制定; 8. 建立明确、可预测、配合个案需求的作息时间表; 9. 妥善安排转换时间,包括地点转换时间、主题活动转换时间、课程转换时间等; 10. 发布预告,如通过视觉卡片或口语提示接下来将要发生的事情; 11. 加入引发正向行为的提示或刺激; 12. 提供与行为问题相同功能的替代感觉刺激; 13. 安排非后效强化,即在行为问题出现前给予个案想要的结果; 14. 刺激控制,即将个案的行为控制在某种刺激出现之后; 15. 控制情境因素。
课程或工作相关因素调整策略	1. 提供符合个案能力、兴趣和需求的课程内容和教学活动; 2. 调整作业或工作,如将作业和工作调整为适当的难度或方式; 3. 提供个案选择作业或工作项目的机会; 4. 改变个案参与活动的位置或姿势; 5. 调整学习或工作时间表; 6. 改变互动方式,如采用建议而非命令式的语气提示个案的行为; 7. 教导特定的规定、指令、标志等,如班规,以帮助个案服从指令。

(续表)

前事控制策略	具体做法
背景因素 效果缓和策略	在活动背景中加入令个案愉快的背景因素,如缓和的音乐、放松活动、特定的协助等。
反应中断策略	1. 设置警觉加强装置,即在个案发生行为问题之前,该装置可以发出警示; 2. 口头暗示,以阻止行为问题的发生; 3. 促进沟通,表达关切,如帮助个案发泄不良情绪; 4. 促进个案的身心放松; 5. 刺激转换,即在行为问题出现先兆之时,呈现强烈的刺激以中断行为问题的发生; 6. 行为阻止,如握住个案的手,以阻止其做出打头行为; 7. 感觉削弱,通过削弱行为问题对个案感官刺激的强度,以减少行为问题的发生; 8. 感觉改变,通过改变行为问题发生时个案所获得的感受,以减少行为问题的发生; 9. 采取弥补或保护措施,如给想要撞头的个案戴上头盔; 10. 增加做出行为问题所需要付出的努力,如给想要用手打头的个案带上很重的沙袋; 11. 提供过度刺激,使其产生腻烦的感觉。

以我校何老师对某孤独症儿童在语文课堂中不专注行为的干预为例,经过对个案不专注行为的数据收集和功能性评估后,发现个案在语文课堂中表现出"打扰他人"这一行为的功能是想要获得他人关注,而"眼睛不能跟随教师5秒以上"这一行为的功能是逃避外在刺激。因此,根据目标行为的功能为个案拟订的前事控制策略为在课堂集体教学中调整教学内容和调整座位这两项具体干预措施。研究结果显示,在为个案提供符合其兴趣和需求的课程内容和教学活动后,个案在语文课堂中的专注时间有了明显提升(具体研究过程与结果,可参见附录一的案例一)。

二、行为教导策略

行为教导策略是在行为问题发生之时所采取的应对措施。Halle、Bambara 和 Reichle(2005)将行为教导的内容分为三类:第一类为替代技能,就是教会学生与行为问题具有相同功能的正向行为并以此替代行为问题;第二类是应对技能和容忍技能,其中应对技能包括调整情绪、自我控制、解决问题的技能,容忍技能指轮流和等待的技能；第三类是一般适应性技能，包括沟通技能、社会技能、做选择和决定的技能、休闲技能、情况辨识技能等（钮文英，2009：315）。具体做法包括：示范、行为塑造、连锁训练、提示、演练、反馈、订立行为后果契约、提示与逐步褪除提示、时间延宕（如延迟辅助）、系统脱敏（通过反复想象缓和过激反应）、关键反应训练、布置家庭作业等。

以我校董老师对一例孤独症儿童咬笔行为的干预为例，通过访谈、行为观察和数据分析，发现个案小宸在画画尤其是大量涂色的时候，常常会发生咬水彩笔的行为；而在做作业的时候，也常常咬铅笔。经过功能性评估，推测出小宸咬水彩笔这一行为的主要功能是视觉刺激的正强化，也就是为了让颜色更为水润、鲜亮；而小宸咬铅笔行为的主要功能是社会性正强化，也就是想把断掉的铅笔芯弄尖。两种行为问题的功能都是正强化，董老师据此采用行为教导策略中的教导应对技能来进行干预。具体做法是：用社会故事法和视觉提示卡片来告诉个案发生行为问题时该如何应对，以此提高个案的自我控制能力。经过干预之后，个案咬水彩笔、咬铅笔的行为均不同程度地减少了，尤其是在研究后期加入了替代技能的教导后，即让个案学会表达自己的需求，其行为问题大幅减少（具体研究过程与结果，可参见附录一的案例四）。

三、后果处理策略

后果处理策略是一种反应策略，是指在行为问题出现之后，安排立即的后果，使行为问题无效，不能达到其功能，而使正向行为有效，能达到其功能。Bambara 和 Knoster（2009）指出，最好的后果处理策略是依据个案的能力、理解程度和功能评估的结果量身定制的（钮文英，2009：393）。介入有两个目标：一是增加正向行为，二是减少行为问题。使用后果处理策略可以让个案无法获得他想要的结果，可以采取的做法主要有：减少行为问题的效能、增加正向行为的效能、提示正向行为。

以我校对一个孤独症儿童的进食干预为例，该个案的主要行为问题是每天在校吃午饭时挑食和发脾气。经功能评估,推断其挑食行为的功能是感觉调整,其发脾气行为的功能是逃避不喜欢的事物。研究者决定对其发脾气行为采用后果处理策略,具体做法:一是逐渐消退个案发脾气的行为,坚持让其吃完饭;二是当个案吃完饭之后,给予其奖励。干预的结果显示,虽然后期个案进食的行为问题会有反复,还是有发脾气的行为出现,但是他在吃饭时听指令的情况有了明显好转,发脾气的次数也越来越少。干预的结果也证实了研究者最初对个案挑食行为和发脾气行为的功能评估是正确的(具体干预过程和结果,可参见附录一的案例三)。

学生严重行为问题的干预策略除了前事控制策略、行为教导策略和后果处理策略外,还有生态环境改善策略和其他背景因素介入策略。我校在对学生严重行为问题的干预实践中,发现通过前三种策略的使用,学生的行为问题基本都能得到有效改善,因而较少使用后两种策略。但生态环境改善策略和其他背景因素介入策略的重要性不容忽视,因为它们是行为问题的"长期预防"策略。根据Zarkowska 和 Clements(1994)的研究,背景因素分成个体背景因素和环境背景因素两部分。行为教导策略的焦点在于改变个体背景因素;生态环境改善策略的焦点在于改变环境背景因素,通过改变个体的生态环境,带动其行为改变,提高其生活品质。个体的生态环境也包括四周对个体抱持的态度和行为。良好的生态环境表现为:与个体建立良好的社会关系,为其提供一个温暖和鼓励的环境,能够敏感地察觉并满足其特殊需要,给予其选择与控制的机会,增进其人际交往与社会关系,同时为其提供适合其能力和需要的学习与训练机会,促进其生活形态的正常化,让其潜能发挥到最大限度。

附录一中收录了六个由我校老师撰写的研究案例,供读者进一步了解我校三级预防干预系统的操作流程。

第七章　正向行为支持三级体系建设成效及启示

我校从2012年起开展全校性的理论学习,对正向行为支持的探索从个案研究发展成为全校的系统干预,经历了理论学习、个案研究、团队构建、顶层设计、系统建设、评估监督等多个环节。整个研究过程强调对全校学生的行为及其变化进行监控,并对各级系统的改变和完善进行资料收集。在此基础上,我们不断对正向行为支持三级体系的建设成效进行总结。

第一节　正向行为支持三级体系建设成效

一、全校学生行为问题发生频次减少

正向行为支持三级体系实施的出发点是降低培智学校特殊儿童行为问题的发生率,因此从2013年起,我校每学年均采用《学生行为问题调查表》对学生的行为问题进行调查统计,结果如图7-1所示。

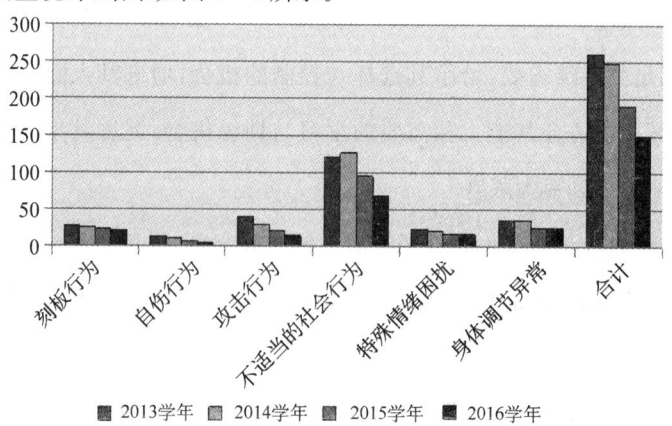

图7-1　2013—2016学年学生六类行为问题发生频次统计

从调查表中可以看出，2013到2014学年，我校学生六类行为问题的发生频次总体缓慢下降，其中自伤行为、攻击行为的减少较为明显，而不适当的社会行为还有小幅增长。我们认为出现这一结果主要是因为2013学年与2014学年我校的行为干预主要以个案研究的形式展开，在个训课时有限的情况下，无法满足每位学生的行为训练需求，所以只能以解决对培智儿童或他人影响较为严重的自伤行为、攻击行为为主。而从2015到2016学年，我校开始全面实施正向行为支持三级体系，与2014学年相比，学生行为问题的发生频次总体大幅减少，其中刻板行为的减少较为缓慢，其他五类行为问题均减幅明显，尤以不适当的社会行为的发生频次下降得最为显著。这说明三级体系能够有效降低培智儿童行为问题的发生频次。不适当的社会行为减少得最为显著，是因为在一级环境系统的构建、二级干预系统的小组教学中，有着大量正向的适应性行为的教学，学生从中习得了恰当的行为，不适当的社会行为发生频次自然会大幅减少，这是我校原有的个案干预系统所不能达到的效果。而刻板行为主要发生于孤独症学生的个案中，与孤独症儿童的感官刺激有关（贺晓旭，2017）。对于一些不影响儿童身心发展及学习且功能合理的刻板行为，应在一定程度上承认个案行为存在的合理性，或教导其合适的替代性行为。比如，小轩每天到校一定要先摆好课程表并大声读一遍，于是其所在班级每天晨点课的第一个环节就是摆放课程表。三级体系对刻板行为产生的影响最小，这与学校行为干预的重心及策略有关。

除了发生频次上的变化，我校所发生的行为问题的严重程度也有所缓解。如表7-1所示，根据2013到2016学年我校值周记录本上对突发严重行为问题的统计，近年来由值周领导出面处理的学生严重行为问题明显减少。而突发严重行为问题的预警机制启动次数逐年减少，恰恰表明严重行为问题带来的影响越来越小，行为干预体系能够满足我校对行为问题的干预需求。

表 7-1　2013—2016 学年突发严重行为问题受理情况统计表

学年	2013	2014	2015	2016
突发严重行为问题受理（起）	7	5	3	2

正向行为支持三级体系有效地减少了学生的行为问题，也使得全校的教学、常规工作能够更有序地开展。比如，2015 年以前，每次春秋游活动前我们都会制定严密的制度，行前布置落实，明确规定低段走在前面，高段走在后面，全校统一行动，所有班级不得脱离大部队。但即使如此，学生经常会因为社会适应能力不强，而发生诸如走失、大小便失禁、癫痫发作、落水、摔伤等事件，也会发生抢同学食物或因同学不愿分享食物而打同学等问题。2015 学年开始，我校春秋游实施分段出行。刚开始，各段段长还是有点紧张，会选择去同一个地方，以防发生不测时大家相互有个照应。但逐渐地，各段段长会根据该学段学生的特点选择出行地点，比如低段的会选择去学校附近的公园、植物园、花圃等近一点、路程短一点、安全性高的活动场地；中、高段会选择去茶山、博物馆、农庄等远一点、有意义、挑战性大的场所。每个学段安排一辆大巴，由分管领导、段长全权组织。分段出游取得了良好的效果，2015 年以前，如果校长外出，即使副校长在校，学校也不能组织春秋游；2017 年春天，正、副校长同时外出培训，但学校里的春游却没有受到影响。各段学生在段长的组织下，同一天去了不同的地方，学生外出的适应能力变强了，老师们也不再紧张。由于行为问题的减少，学生能够更有效地融入学习中，这也是正向行为支持三级体系实施的初衷。

二、全校学生正向行为发生率增加

正向行为支持三级体系旨在通过塑造学生的正向行为，来增强学生的社会适应能力。从 2013 年起，我校每学年都对全校学生进行"学生行为改进成效显著案例"调查，调查结果如表 7-2 所示。

从调查表中可以看出，2015 学年和 2016 学年行为改进成效显著的个案明显要比 2013 学年和 2014 学年多很多。调查所选取的个案往往是班级中出现行为问题较为频繁的学生,他们的行为问题不仅出现频率高,而且影响程度大。在行为干预的过程中,老师最常使用的策略是:教导学生与行为问题功能相同的正向行为,进而代替行为问题。学生行为的改进,在一定程度上表明了正向行为支持三级体系对学生正向行为的增进作用。

表7-2 2013—2016学年行为改进成效显著个案数统计表

学年	2013	2014	2015	2016
个案数(个)	3	4	8	18

学生行为的改进经常性地见诸老师的言行和 qq 群、微信群的表扬中。

例1:2017年4月25日,二年级的秦老师在微信朋友圈里发布了一个学生的视频,并配文说:"正面管教在特殊儿童身上的运用!这是班级里障碍程度比较重的一位学生,没有语言能力。当我让他帮忙把椅子放回去时,他很开心地去做了,做完还要求抱抱。你们知道吗?半年前他还是个见谁抓谁、见谁吐谁、见谁打谁的孩子。当我们赋予孩子做事情的权利时,让他做一些力所能及的事情时,他会感受到自己的能力与价值。长此下去,他掌握的技能会越来越多,为以后的生存做更多的准备!"

例2:如表7-3所示,汤同学是五年级的学生,入校以来一直存在打人、骂人等不适当的行为,同学们经常因他而受伤。据班主任王老师调查,汤同学入学前在训练机构时就存在这个问题,其打人、骂人行为的功能主要是希望引起同学的关注,增加与同学的社会交往。王老师决定采取行为教导策略,通过与学生家长、其他老师联动干预,教导汤同学恰当的社交行为,使其行为问题逐渐得到了解决。虽然随着汤同学进入青春期,新的行为问题又会接踵而来,但王老师有信心做好干预工作。

表 7-3　2013—2014 学年正向行为明显增加案例调查表（部分）

基本信息	班级	五年级	班主任	王老师	学生	汤同学
学年	2013		2014		2015	2016
行为表现	经常打人，对他人说不恰当的话。		打人行为减少，不恰当的话变少。		会邀请同学一起玩游戏，偶尔出现打人行为。	通过赞美引起同学的关注，给别人取绰号。

除了进行"学生行为改进成效显著案例"调查，学校正向行为三级体系工作小组还对学生在上学、课间活动、午休等集体活动时间段的表现进行观察。根据八名小组成员的观察，自正向行为支持三级体系开始实施之后，每天上学、放学时段学生比以前安静有序了很多。以前早上在 7:30 到 8:25 等待进班的这段时间里，总有几个学生不能安静等待，或跑离等待区，或与同学打闹，或吐口水，或躺地上不肯起来，或翻同学书包、抢夺同学的物品等。而现在，早到的同学都能在阅读区安静地看书，或坐在沙发上安静地等待，等到 8 点 25 分音乐响起时，大家就会起立，收拾好图书，放好塑料凳子，然后去排队区排队等候。能干的学生也会自己看墙上的挂钟，时间一到就提醒并帮助同学把塑料凳子叠放整齐，都无须老师提醒。放学也非常有序，每个班级由班主任直接带队出校门（家长是不准进校门的），未被接走的学生由一楼互助班保育员负责管理。

正向行为支持三级体系通过教育手段发展学生的正向行为，从而达到预防和减少行为问题出现的目的，最终帮助学生更好地融入学校、家庭、社区和社会，实现提高生活质量的目的。

三、全校教师专业素养的提升

从我校正向行为支持三级体系设立之初，就组织全体教师开展正向行为支持理论的学习，并不断外派骨干教师参加正向行为支持、个别化教育、应用行为分析、结构化教学、孤独症临床干预等相关专题的培训。在课题"培智学校正向行为支持三级预防体系的构建"实施过程中，我校组织各班老师针对本班学生制定行为期望与班规、教授社会技能、强化良好的正向行为、做好数据收集等。因为正向行为支持三级体系强调"全校范围内"所有老师的参与，所以培智学校学生行为问题的减少和正向行为的增加，离不开全校教师专业素养的提升。

在我校的一级和二级干预系统中，全体老师均不同程度地参与了对学生的正向行为支持。以往，老师们在遇到学生的行为问题时，常常采用惩罚、隔离等手段，或者觉得无从下手，将问题的源头归结为儿童的残障问题或者家长的教养问题。而现在，老师们已经能够从预防、行为养成的角度，通过系统创设，有意识地培养学生的正向行为；在遇到较为严重行为问题时，也能够运用功能分析的方法探寻行为的功能，并据此运用相应的正向行为支持策略对行为问题进行干预。从近两年我校个案转介的情况来看，大部分学生能够在一级和二级系统中养成正向行为，并使行为问题得到有效解决。这说明我校全体教师有能力参与正向行为的培养、行为问题的干预以及正向行为支持方案的执行等。

面对一些行为问题较为严重的个案，老师们的专业水平也有了很大的提升。2015 学年我校每周开设 20 节个训课，2016 学年每周开设 24 节个训课。在三级干预系统中，老师们能对有严重行为问题的学生进行有效干预。如表 7-4 所示，2015 年以来我校获奖的行为问题干预研究数量明显增多。2015 到 2016 年，有 9 个有关行为问题的个案研究获奖，在全校学生行为问题发生频次减少的情况下，获奖数比 2013 到 2014 年增加了两倍。除此之外，2015 年以来在骨干教师队伍中有 8 位老师给普校、特教国培班、省市资源教师培训班、区新教师培训班和家长等，教授课程"孤独症教育教学""孤独症情绪问题的干预""多动注意缺陷干预策略""特殊儿童班级管理""正向管教的策略"等 20 次以上。

表7-4 2013—2016学年我校获奖的行为问题干预研究

姓名	论文名称	时间	获奖情况
何萍	基于功能性评估的孤独症儿童课堂不专注行为个案研究	2013-09	市二等奖
陈素君	用代币制提高多动症儿童在课堂教学中的自我管理能力	2014-09	区三等奖
王凉	中低段智障儿童个人卫生学习图册及应用	2014-12	区三等奖
王凤萍	视觉提示在培智学校一年级班级管理中的探索与实践	2015-12	省一等奖
巫小花	以语文课堂为切点,基于功能性评估的孤独症儿童离座行为的个案研究	2015-12	区一等奖
周佳	利用社会故事教学法与PRT教学法对增进一例孤独症儿童要求功能之研究	2015-12	区一等奖
董玮倩	应用单一被试实验法对孤独症儿童咬笔行为问题进行干预的个案研究	2016-06	区二等奖
董玮倩	对孤独症儿童进食行为问题干预的个案研究	2016-06	区一等奖
周小云	童年不同样——基于功能性评估矫正一例孤独症儿童转学适应期间行为问题的个案研究	2016-06	区二等奖
樊江琴	PRT动机程序促进孤独症儿童社交发起的实验研究	2016-11	区二等奖
何胜琴	对一例低功能孤独症儿童情绪问题调整的策略研究	2016-10	市三等奖
冯斯君	强化物对孤独症儿童图画创造性思维表现的个案研究	2016-09	校一等奖

四、全校正向行为支持体系的建立

在正向行为支持三级体系的探讨和实践过程中,我校强调对影响学生行为的环境系统做结构化的改变和构建。比如,正向地进行校园环境的建设,为学生提供更加适合学习和生活的环境;有组织地建立正向行为支持团队,为正向行为支持体系的运作提供领导、协作支持;在学校层面建立更加精细的行为管理机制,使得行为干预与支持得到有序推动。

在校园环境建设上,我校历经五年时间,建成了覆盖全校范围的结构化、发展性的校园环境。根据学生的学习需求,创设了功能划分明确的各个区域,实现了校园环境结构化、教室内部空间结构化,并且广泛运用了视觉提示,满足培智学校学生从学前阶段到职业教育阶段在学业和康复训练、社会实践上的需求。仅仅在2017年,我校就接待了国内外同行来我校学习交流共计25批次、1 174人次。

在正向行为支持三个层级系统的建设过程中,我校成立了正向行为支持领导小组、班级正向行为支持团队、严重行为问题干预小组专业团队和支持团队,同时还通过实施家长援助计划,以及对助教、志愿者进行培训等,建立了学校正向行为支持辅助团队。工作团队的建设不但对正向行为支持体系的运作在部署、协作、监控等方面起到了重要作用,也是整个体系良性运作与发展的保障。

正向行为支持三级体系的建立,使得学校在对学生行为的管理上具有更明确、更科学的理论指导,也使得学校的管理从事后应对走向风险预防,从单一干预走向系统改变,从靠老师管理走向靠制度管理。行为管理机制的建立使得整个体系的运行具有可操作性,结合学校各部门的合理部署,实现了对学生行为发展的有序推动。

在我校正向行为支持体系的发展过程中,没有发生过一起安全事故,没有发生过一次因管理不善而引起的突发严重行为问题,没有发生过一例家长信访事件,也没有发生过一件关于学校的负面舆情事件。相反,我校多名教师被评为"区师德楷模""区十佳教师""感动杭城十佳教师""省教坛新秀"等,我校还获得了"杭州市示范性心理辅导站""浙江省示范性教科室"称号,并且每年都被评为平安校园。

第二节　正向行为支持三级体系建设启示

我校五年的理论探索与实践充分证明了在培智学校实施正向行为支持三级体系的可行性与必要性。以下就如何在培智学校中建设正向行为支持三级体系提出一些建议与展望。

一、正向行为支持三级体系是培智学校独特的德育模式

目前,培智学校的教育对象多为中重度以下且伴有其他各种障碍的智力障碍

学生。中重度智力障碍儿童在情感方面与正常儿童表现出明显的差异,如情绪不稳定,体验不深刻,情绪调节功能差,尤其表现为高级情感产生晚、水平低且发展缓慢。中重度智力障碍学生很少有羞耻感,对是非曲直的概念也很模糊,不知道学习是为了什么,在学习中只是简单地模仿,不仅求知欲较弱,也没有特别的兴趣爱好。最典型的表现就是有的学生即使十二三岁了仍会因老师奖励的食物而无比兴奋,却很少为胸前飘扬的红领巾感到骄傲。

基于中重度智力障碍学生的发育水平和心理特征,我们认为,培智学校学生所有的行为问题更多是学生社会交往障碍的表现,不属于政治思想、道德品质的问题,因而不能从政治思想、道德品德教育的角度来理解和设计教育框架,而应转变方向,从医学、心理学的角度去分析原因,在教育、训练中重点培养正向的适应性行为,并且在学校层面建立正向行为支持三级体系,根据行为问题背后的功能,联动整个环境予以干预,真正实现正向行为的增加、行为问题的减少。所以,培智学校正向行为支持三级体系是培智学校独特的德育模式之一。

二、正向行为支持三级体系的运营需要应用评估予以决策

正向行为支持三级体系的实施强调用评估和数据作为决策的依据,以增进工作的科学性。我校主要通过《学生行为问题调查表》和《学生行为改进成效显著案例》对学生的行为问题和正向行为进行收集,表格中清晰地记录了各类行为问题及正向行为发生的次数及频次。对于一些显著的行为变化,还可通过质性的研究方法用文字记录下来,以便进一步研究。

培智学校在实施正向行为支持时,需要注意:针对不同的群体,数据收集方式有所不同。对于全校学生不显著的行为问题,可以间隔较长时间进行记录,如两个星期或一个月;对于行为问题发生频率较高、可能需要二级干预的群体,可以进行时间更加密集的记录,如每周甚至每天;对于行为问题影响较为严重、可能需要三级干预的个体,需要使用"行为 ABC 观察记录表"进行数据收集。采用不同的数据

记录方式是为了尽量减轻老师的工作负担,避免不必要的资源浪费。

收集数据是为了能够基于数据去判断当前一级系统的干预是否有效,是否需要增加或者减少相关干预措施和支持,学生是否需要转介到更高一级或较低一级干预系统中。所以各个团队需要定期评估,进行数据分析,并调整干预措施。

三、正向行为支持三级体系需要团队建设作为保障

在正向行为支持三级体系建立之初,学校就需要规划和建立处于不同层级系统中的团队,这是部署、协作、监控整个体系运行的重要保障。如前文所言,我校在三个层级的系统中均安排了不同的教师团队,还形成了家长和辅助支持团队。团队成员应尽可能来自不同的职位,具有不同的专业背景,有时还需要包括家长甚至学生本人。学校要对团队成员进行相关专业的培训,以保障系统的专业运行。

需要注意的是,团队与团队之间、团队成员之间需要定期进行沟通。因为正向行为支持体系的运作需要全校老师员工的参与,所以在团队合作中要关注每位成员对正向行为支持理念的理解和认同,只有尽量获得所有成员的支持,整个体系才能良好运行。

四、正向行为支持三级体系需要对有效的干预策略进行总结

影响个体行为产生和改变的因素构成了一个复杂的系统,其中既有来自学校、家庭、社区等外部环境的因素,又包含个体内部神经系统、感官刺激的影响。因而每一次的干预策略不一定会立马见效,需要经过长期的实践检验。但是,如果有可供参考借鉴的干预案例,那么这些策略的有效性便可通过案例得到检验,进而对正向行为支持三级体系的运作有所助力。所以在各级干预系统运作的过程中,要注重对有效干预策略的总结。

虽然每个学生的行为表现不同,学生个体所处的支持系统不一,对一个学生有效的策略不一定对另一个学生也有效,但是老师可以按学生的障碍类型或行为问

题的功能将干预策略大致分类,然后在具体运用某一策略时,利用一定的研究设计验证干预成效,总结有效策略。总结出来的策略又将再次成为团队沟通和培训的内容,使得正向行为支持策略在三级体系中的实施更具有可参考性。

五、正向行为支持三级体系需要形成全校统一的视觉系统

视觉提示广泛运用于正向行为支持三级体系中,往往用抽象的符号表示,如表示禁止或完成的符号等。但智力障碍儿童的思维发展多停留在具象、直观的层面上,要让学生理解和运用这些抽象符号,其困难可想而知,因此视觉提示的符号需要经过精心设计。

我校在创设校园环境的过程中,先对全校的CI和VI系统进行了定位,然后在统一的视觉识别系统下布置校园环境。在二级、三级系统中,老师也尽量运用与一级系统中相同的符号教授正向行为。显然,只有经过反复的教授和练习,学生才可以掌握这套符号系统。但目前,我校老师在二级、三级系统中使用的符号还没能完全统一,这也是接下来我校正向行为支持三级体系需要进一步探索的方向。

目前,国外已经有很多学校采用了全校统一的视觉识别系统来进行结构化环境的创设。培智学校可以统一采购视觉识别系统,在顶层设计中统一规划学校的形象识别系统,将之运用于学校、班级的结构化环境创设中和学生所用的干预材料中,如社会故事、任务分析等材料。

六、正向行为支持体系的构建是一个持续、系统的工程

虽然课题"培智学校正向行为支持三级预防体系的构建"已经结题,但学生的行为问题会随着其年龄的增长、诉求的增加、环境的变化而层出不穷。如一些低年级段的孩子,在入学后其不适当的社会行为较为突出,经过干预,其恰当的正向行为得以养成,大多数行为问题也得到了有效干预。但是随着青春期的到来,这些学生又会不同程度地出现青春期相关的行为问题,如因对异性有兴趣而抱、摸、亲异

性同学或老师,不分场合地手淫,迷恋女性衣物等。需要注意的是,对学生青春期行为问题的干预不能等到学生进入青春期才开始,而是在学前教育阶段就应该针对性别、身体部位等内容进行教育,然后在不同学段穿插不同的性教育内容。只有班主任、行为干预专业老师、家长以及全校师生员工一起合作,学生的青春期行为问题才能得到有效干预。

因此,学校正向行为支持体系的构建是一个持续、系统的工程,需要我们继续努力,夯实全体教职员工的行为干预能力,保持全校上下、家校联动机制顺畅,为每一个学生的健康成长护航。

附录一 学生严重行为问题个别化干预案例

自课题"培智学校正向行为支持三级预防体系的构建"实施以来,我校行为干预骨干小组的多位教师在小组研讨和导师指导下对班级里某些学生复杂的行为问题实施了科学系统的干预,取得了明显改善的成效。附录一中选取了六位老师对我校学生严重行为问题干预的案例,分别是针对孤独症儿童课堂不专注行为、孤独症儿童课堂离座行为、孤独症儿童进食行为问题、孤独症儿童咬笔行为、孤独症儿童要求功能增进、孤独症儿童情绪行为所做的个案研究,以下将详细呈现。

案例一 孤独症儿童课堂不专注行为的个案研究

何 萍

孤独症儿童是指起病于婴幼儿期,具有广泛性发展障碍的儿童,其主要表现为社会交往障碍、沟通模式异常、行为及活动内容的局限与刻板等。在课堂教学中,专注力差是绝大多数孤独症儿童的典型表现。在推进培智学校个别化教育,深入实践研究"个别化教育目标高效达成"的过程中,我们发现孤独症儿童课堂不专注行为是影响个别化教育质量的一个重要因素。同时,在目前我国的孤独症教育研究中,孤独症儿童的课堂专注行为是重要的焦点之一,也是教师课堂教学最大的挑战之一。

正向行为支持是在应用行为分析和功能性行为分析的理论基础上发展出的、以干预学生各类行为问题的最新理论和方法。它强调在拟定干预策略和正向行为支持计划之前,先要对行为问题进行功能评估,以了解行为问题发生的原因、情境与功能,然后采用功能本位、正向、多元素而完整的行为处理策略,最终达成减少行为问题以及产生更多正向行为的目的。

因此，本研究以孤独症儿童课堂不专注行为为切入点，以个案研究为载体，在功能性行为评估的基础上运用正向行为支持理论，探索与促发孤独症儿童在培智学校课堂教学中专注行为的教育策略。

表1.1 个案基本情况

姓名	骆同学	性别	男	出生年月	2004-04
障碍类别程度	轻度孤独症	就读学校、班级		某公办培智学校三年级	
瑞文标准推理测验	IQ=67，轻度智力落后				
注意力测验结果（儿保测查）	被试者对所需注意对象不能及时观察，甚至对所需注意的对象视而不见。解决实际问题的过程中注意力不集中、动作反应慢，或者虽然动作快但争取性差。				
课堂表现问题	1. 注意力不集中于课堂教学，目光游离不定或看教室外的事物； 2. 做作业时，不能也不愿专注于作业，需要教师不断提示； 3. 模仿同学发声或打扰同学； 4. 课堂中长时间玩铅笔盒； 5. 摆弄自己的身体或摸脸、咬手指。				

一、课堂行为数据收集

为研究孤独症儿童课堂专注力问题，首先确定生活语文课堂为研究实践平台，采用视频录像方式记录个案在课堂中的行为表现。为保证课堂行为数据收集的客观性，研究过程中需保证所收集数据的数量。进行课堂行为问题的观察时，不能把学生在某一堂课中由于"偶发因素"而产生的"偶发行为"作为行为问题发生的依据。在本次个案研究的基线期和干预期，分别观察记录了7节和5节生活语文课作为研究数据。同时，为能重复观察和研讨个案的课堂行为问题，本次研究过程中都采用视频录像记录个案的课堂行为表现，以便后续对行为数据进行分析和对比。

1. **课堂行为观察叙事**

通过视频录像拍摄个案在生活语文课堂《还是人有办法》中的具体行为表现，

作为起始数据,其后采用《学生课堂行为 ABC 记录表》分析课堂中的事件情境(A)、事件行为(B)、行为后果(C),并记录行为的起止时间(见表 1.2)。

表 1.2　学生课堂行为 ABC 记录表(个案在《还是人有办法》中的行为片段)

编号	起止时间(分:秒)	前事(A)	事件行为(B)	行为后果(C)	备注
008	25:47—25:56	老师转身去指导其他学生	抬头看右上角事物	老师继续指导	逃避,不喜欢教学
002	25:57—26:00	自习完成任务	看书	老师在黑板上写板书	
016	26:01—26:07	老师在黑板上写板书	双手抱头摇晃	同桌向老师告状:骆同学不读	
009	26:08—26:19	同桌说:骆同学不读	右手去摸同桌脖子	同桌大叫	获得刺激

2. 确立学生目标行为

在对个案的课堂行为进行 ABC 分析的基础上,利用《课堂行为问题统计表》对这些行为进行归类,并统计行为发生的次数、持续时间与频率(见表 1.3)。

表 1.3　个案课堂行为问题统计表

行为类型		编号	行为名称	次数	时长(分)	频率(次/分)	合计 N	合计 T	合计 F
不专注行为		005	转向后面看其他老师	13	3.70	3.51	47	13.58	3.46
		016	摆弄自己身体	8	2.60	3.08			
		003	喊同学名字	5	0.68	7.35			
		008	不看大屏幕,也不听课	3	2.68	1.12			
		009	打扰同学	18	3.92	4.59			
专注行为	提醒协助	006	在老师的提醒和协助下参与听课	25	8.38	2.98	49	16.27	3.01
	主动参与	002	眼睛看大屏幕,主动参与课堂	21	7.22	2.91			
		001	听起立、敬礼指令	3	0.67	4.48			

(续表)

行为类型	编号	行为名称	次数	时长(分)	频率(次/分)	合计 N	T	F
干扰行为	007	同学报告老师,看老师	3	0.43	6.98	22	4.79	4.59
	011	离开座位画电子白板	4	1.48	2.70			
	013	喊老师,表达自己意愿	13	2.75	4.73			
	004	捡笔	2	0.13	15.38			

注:N 为次数总和,T 为时间总和(单位为分),F 为频率(单位为次/分)。

从表1.3中可以看出该个案在生活语文课堂中主要表现出三大类行为:不专注行为、专注行为和干扰行为。其中,需要研究和解决的是不专注行为。从时间数据看,专注行为的时间总和为16.27分钟,仅比不专注行为的时间总和13.58分钟多出2.69分钟;不专注行为的时间占到整堂课(35分钟)近2/5的时间。通过表1.3可知,个案的专注行为中有25次是经过老师提醒和协助后发生的,而个案主动参与课堂的时间只有7.89分钟,不到一堂课1/4的时间。可见,个案自身的不专注行为已影响到课堂秩序,并阻碍其自身学习和掌握知识的能力的发展。综合考虑,将不专注行为作为干预的目标行为。

3. 界定学生的目标行为

要干预个案的目标行为,即不专注行为,须先对其进行界定(见表1.4),使其具有研究实践的操作性。在研究过程中,目标行为的数据收集须以界定后的概念为标准。采取干预措施后,可以通过对比干预前后目标行为发生的次数与时长,以及个案参与或主动参与课堂的时长,来验证个案目标行为的干预成效。

表1.4 个案目标行为及行为界定

目标行为	不专注行为				
发生时间	35分钟的生活语文课堂	地点	三年级教室	对象	骆同学
行为界定	持续10秒以上不能将注意力指向教学活动或从事与教学无关的活动。				

4. 目标行为基线数据

正向行为支持理论不仅关注行为问题的表现,还注重明确行为问题的发生情境,强调要完整获取行为发生时的特征信息,以及相关人员对此行为的反馈。深入系统的数据收集包括以下两个方面。

(1) 相关人员访谈。

根据《相关人员问题访谈表》对个案的母亲、副班主任和任课老师就课堂中目标行为是否发生、老师如何处理、处理后个案的反应进行了访谈,访谈结果如下。

表 1.5 相关人员问题访谈表

访谈对象	顾女士(母亲)	朱老师(副班主任)	山老师(美工老师)
访谈结果	行为表现:随班就读时,2/3 的时间不能参与课堂,需要母亲在一旁提醒。 措施及效果:1. 让个案回答问题(效果不理想)。2. 将个案座位换到最后(置之不理)。	行为表现:课堂中常不能认真聆听,打扰同桌。 措施及效果:1. 及时用语言提醒(能参与课堂,但持续时间短)。2. 撤销个案的强化物(能回归课堂,但会出现其他问题)。	行为表现:课堂中常不愿动手画画,经常讲一些与课堂教学无关的话。 措施及效果:1. 用语言反复提醒(参与课堂效果差)。2. 给予负强化(效果不佳)。

(2) 课堂深入观察。

继续跟踪拍摄 6 节生活语文课,分别为《好孩子》3 课时、《让座》1 课时、《立交桥》2 课时。观看每堂课的视频,由受过专业培训的两位老师采用《学生课堂行为 ABC 记录表》对个案课堂中表现出的不专注行为及其持续时间和频次进行记录。同时记录行为发生的前事和后果,以此来分析个案出现不专注行为时的特征。在分析过程中,发现个案不专注行为的持续时间明显高于参与课堂的持续时间,而且在参与课堂的时间中有一半时间是个案自发主动参与的,有一半时间是在老师的提醒和协助下参与的,这说明在生活语文课堂中个案还需要教师不断地提醒和协助。

二、分析目标行为功能

在数据收集阶段,我们用《学生课堂行为 ABC 记录表》和《个案行为问题统计表》对个案在生活语文课堂中的不专注行为进行了记录,并且一共观察和分析了 7 堂录像课。为分析目标行为功能,我们须先将不专注行为进行整理,具体表现为不聆听且不参与课堂、干扰同学等,再以 ABC 观察记录为依据,从前事(A)、后果(C)和个体背景因素三方面分析个案不专注行为的功能原因(见图 1.1)。

1. 立即前事分析

第一,个案表现出不专注行为的主要原因,在于课堂中老师的教学方式不恰当。在生活语文课堂中,老师主要以讲述的方式教授知识内容,不在个案的专注力范围内。第二,当个案想要回答和表达时,老师都未给予机会,打击了个案参与课堂活动的积极性。第三,当个案回答问题后,老师也未及时给予反馈或鼓励,减弱了其参与课堂的动力。第四,小组座位不合理,邻桌同学的协助和干扰分散了个案的课堂专注力。

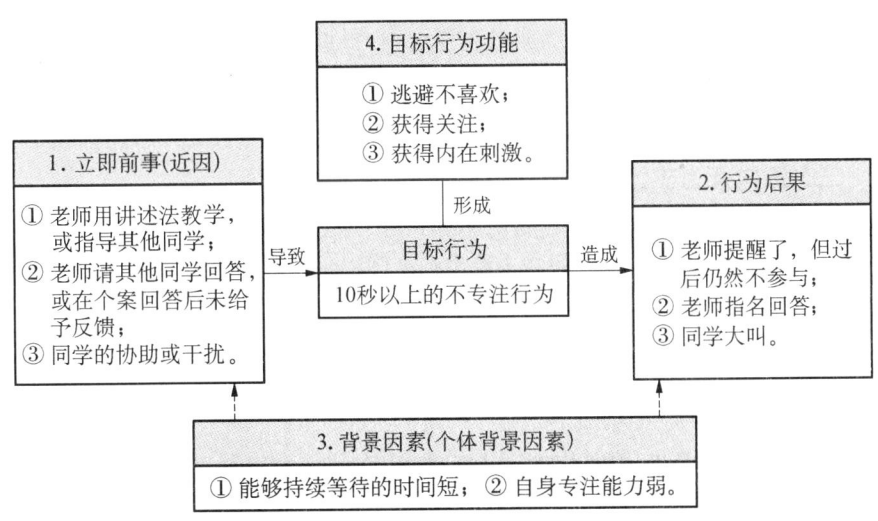

图 1.1 个案不专注行为功能分析

2. 行为后果分析

当老师采取讲述法上课和指导其他同学时,个案表现出不专注行为,其伴随的结果是老师要不断提示、提醒个案,或走至其身边协助其听课,但只要老师一离开,个案仍然不专注。当老师指名其他同学回答或未及时给予个案反馈时,个案也表现出不专注行为,其伴随的后果是老师指名回答。当同学要求其完成指定任务时,个案的表现是干扰同学,造成同学大叫。

3. 个体背景因素

2012年,个案在省儿保医院进行了专业的注意力测验。从测验结果来看,个案自身的专注能力较弱,表现为对需要注意的对象视而不见,在解决问题过程中容易分心、走神。从日常的课堂表现来看,个案在想要获得关注或某个事物时不能做到持续等待,需要老师及时提供个案想要获得的关注或事物。由此可以分析出,个案的自制能力相对较弱。

4. 目标行为功能

从以上三方面分析可以得出,该孤独症个案受个体背景因素影响,在生活语文课堂中表现出不专注行为,其功能是逃避不喜欢(课堂教学方式)、获得他人关注(需要给予展示机会)、获得内在刺激(引发同桌尖叫)。

三、正向行为支持策略

经过功能评估,不难发现问题主要出在老师以讲述法为主的教学方法,以及个案自身薄弱的专注力上。据此制订正向行为支持策略:在课堂集体教学中主要采取调整教学、调整座位的前事控制策略,而在个训课中则采取视频榜样示范的行为教导策略。

(一)前事控制策略——调整教学

调整教学的前事控制策略是预防个案不专注行为产生的最主要的策略,在实践过程中也被证明是最为有效的。在生活语文课堂的教学中,具体可以做以下几方面的改变。

① 发挥个案的语言优势,给予其展示的机会。该孤独症个案有强烈的表现欲望及良好的语言能力,语言表达清晰流利,因此在生活语文课堂中老师可以让其领读、范读,这样不仅可以发挥个案的语言优势让其专注于课堂,同时还能带动班级教学。此外,开火车读、小组朗读也可以给予个案展示的机会并能帮扶语言能力较弱的学生。

② 加入参与式教学活动,激发个案参与的兴趣。参与式教学把学习者放在中心位置,是一种通过老师组织、设计活动全面调动学生正向参与的教学组织模式。参与式教学要求教学者采用灵活多样、直观形象的教学手段,加强教学者与学习者之间的信息交流和反馈,使学习者能深刻地领会和掌握所学的知识。下面以《上医院》一课为例,简单阐述以"活动"为主的参与式教学。

在《上医院》一课中主要设计五个活动(见表1.6),包括在复习环节让个案看图贴卡片;在新授课文环节,让个案领读课文,在工作板上贴词语补充完整句子,以及看视频复述课文;在课外延伸环节进行角色扮演。这些活动充分考虑到了个案不专注行为的功能,通过挖掘教学活动的作用,激发个案在每个环节参与课堂的兴趣。

表1.6 《上医院》的参与式活动设计及意图

活动设计	意图
一、复习:看图贴卡片	动手操作
二、领读课文	给予展示机会
三、工作板上贴词语补充句子	动手操作
四、看视频复述课文	视频吸引注意
五、角色扮演	实践操作

③ 制作感官刺激PPT,提高个案的专注时间。根据观察和访谈,发现个案对音效动画、动感视频存在敏锐的感官反应,因此在设计参与式教学活动的同时,可充分利用个案的这些特点制作出能刺激和吸引其注意力的教学课件,以辅助教学。比如,在《乌鸦喝水》一课的复习字词环节,老师可以通过给生字设计声效和用醒目

的方式单独呈现生字,来刺激个案并吸引个案的注意力。在教学《上医院》一课前,可以先拍摄学生上医院看病时的录像,在课堂中播放。看到熟悉的场景时,相信任何一位学生无须老师提醒或协助就会集中注意力,进而主动参与。开展生字的书写教学时,播放生字的书写动画可以在提高学生注意力的同时让学生掌握更多的技巧和知识。

(二)前事控制策略——调整座位

座位安排是课堂教学能否有效开展的一个隐性因素,不合理的座位安排不仅会使个案的不专注行为干扰到同学,也会让个案受到他人的干扰和影响。因此,座位安排做了以下调整(见图1.2)。

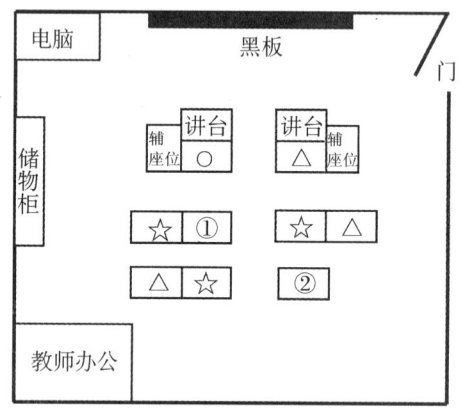

图 1.2　个案所在教室的座位安排图

个案所在的班级共有 8 个学生。由于小组合作是班级实施个别化教学的载体,所以采用两人一组搭档安排座位。班级内共有 4 个小组,如图 1.2 所示,☆代表认知能力好,会主动参与课堂的学生;△代表智力水平较低,课堂中需要提醒的学生;○代表认知能力不错,但在生活和学习上需要辅助的一位学生。可见,8 个学生都是根据能力不同进行搭档的。个案的座位原先在①位置,但由于经常与同桌在课堂中发生干扰彼此的行为,故将其座位调至②,与干扰源进行分离。若需要合作,则与旁边的☆合并座位即可。

(三）行为教导策略——视频榜样

调整教学和调整座位都是通过改变客观条件以适应个体能力，进而提高个体注意力的；而行为教导策略是通过改变个体的主观认识去改善个体的注意力的，主要从以下两方面进行。

一方面，采用视频榜样进行15分钟的行为教导个训。为提高个案在生活语文课堂的注意力，对其开展《上课时，我怎么办？》的行为教导个训。首先，让个案观看生活语文课堂的视频录像，找一找课堂中有哪些同学是专注的，具体有何表现。其次，让个案说说自己在生活语文课堂中是怎么表现的。在个案说出自己的不专注行为后，老师要通过引导总结和出示图片，让个案说出自己在课堂中的专注表现。老师可以说："骆同学要注意听，当老师对全班讲话时，老师也是对骆同学讲话。"

另一方面，将行为教导提示图片贴于个案桌子的左上角。在个训之后，老师可以将引导总结时出示的图片作为视觉提示贴于个案桌子的左上角。当个案在课堂中又出现不专注行为时，老师可用肢体提示桌上图片或用语言提醒个案，也可让个案自己复述怎样是专注的课堂表现。视觉提示图能让个案的专注行为得到正向支持。

四、研究思考与启示

课堂教学中，学生由于各种原因常会产生不专注行为，特殊儿童更是如此。每一位学生的不专注行为背后的功能也不尽相同。通过个案实践研究，我们发现，基于学生行为问题的功能评估分析，以正向行为支持为理论综合，合理地调整课堂教学，并进行行为教导的干预训练，有助于改善轻度孤独症儿童的课堂不专注行为。干预特殊儿童的课堂行为问题，要将前事控制策略与行为教导策略相结合，以课堂策略为主、个训课为辅，这种模式可以使培智学校对行为问题的干预更为有效。在实践研究过程中，应充分发挥团队教师间的专业合作，以此为基础改善学生的学习行为。

案例二 孤独症儿童课堂离座行为的个案研究

巫小花

近年来,中重度孤独症儿童在培智学校的入学比例逐渐增加。在当前培智学校实施个别化教育的大背景下,孤独症儿童在常规课堂中的某些行为问题已经挑战了教师的专业能力,亟待一线教师进行深入研究。以研究者所带班级里的一位孤独症学生为例,在对该生的个别化教学评估会中,任课老师把"静坐5分钟完成某单一任务"设为其个别化教学目标,但一学期下来目标并未达到。不仅如此,个案的行为问题(主要表现为离座)已较严重地影响到课堂中同伴的学习及个案自身的学习。国外的许多研究证实,基于功能评估的干预策略能有效地减少儿童的挑战性行为,促进儿童行为问题的改善。综合以上背景因素,作为该班个别化教育团队中的班主任及语文老师,研究者初步设想以自己的语文课堂为切入点,运用功能性行为评估方法对孤独症儿童的课堂离座行为进行深入的研究,找出行为问题发生的根本原因,从而找到改善行为问题的有效措施,并可以在其他课堂及班级管理中推广。

一、个案基本情况

阳阳,男,7岁,现为本校二年级学生。一岁半时经医生确诊为孤独症。2岁左右去专门的孤独症训练中心学习,一直由母亲陪同进行治疗。5岁左右开始上幼儿园,上幼儿园期间没有陪读。2012年2月11日转入我校,插班一年级,2、3月份无人陪读,4月至今有人陪读。

二、界定目标行为

(一)课堂行为问题统计表

本研究对个案在一堂课中的行为问题及其发生的次数、持续时间、频率进行观察和统计,结果见表2.1。

表2.1 个案在《生字学习》课堂中的行为问题统计表

问题行为类型		编号	行为名称	次数	时长(分)	频率(次/分)	合计		
							N	T	F
不专注行为		001	起立看老师讲台上的物品	1	0.05	20	36	10.07	3.57
		002	在座位上东张西望、摇晃身体、抿嘴吹气	7	1.52	4.61			
		003	在书包里找物品	3	0.42	7.14			
		004	翻看自己感兴趣的书	23	7.80	2.95			
		005	撕书	1	0.03	33.33			
		006	指着自己的鞋子说话	1	0.25	4			
干扰行为	离座行为	007	离开座位2秒以上	12	8.92	1.35	31	11.59	2.67
	情绪问题	008	尖叫、哭泣、扔书、拍打老师、躲避老师、拍打桌子	19	2.67	7.12			

注:N为次数总和,T为时间总和(单位为分),F为频率(单位为次/分)。

从上表可以看出,个案"翻看自己感兴趣的书""情绪问题"和"离座行为"的持续时间最多。"翻看自己感兴趣的书"是不专注行为,但不干扰课堂;而"离座行为"和"情绪问题"已经较严重地干扰了课堂秩序,其中离座行为所占用的时间高于情绪问题。为此,把"离座行为"确定为本次研究所要干预的行为问题,以期减少行为问题的发生次数,帮助个案养成课堂常规,增进个案参与课堂的专注行为。

(二) 行为问题的相关情况访谈表

本研究采用《个案离座行为的相关情况访谈表》(见表2.2)对个案在幼儿园期间的班主任、现任副班主任(任班级美工老师)和数学老师进行访谈,以了解个案发生课堂离座行为的历史和现状,以及老师们采用过的有效和无效措施,供研究后期针对个案的离座行为制订干预措施时分析、借鉴。

表 2.2　个案离座行为的相关情况访谈表

访谈问题	1. 在 30 分钟左右的课堂中，阳阳离开座位的次数和时间多吗？ 2. 课堂中的老师是如何处理阳阳的离座行为的？		
访谈对象	王老师（幼儿园期间班主任）	黄老师（美工老师）	何老师（数学老师）
访谈结果简述	行为表现：绘画、语训课等离座次数多，活动课好一些。 措施及效果：1. 让他坐在两个自我管理能力好的小朋友中间（有点效果）。2. 用食物做强化物（基本无效，还会引发情绪问题）。	行为表现：几乎不听老师讲课，也不服从指令，离座次数数都数不过来，离座时的尖叫和绕圈行为对其他学生的影响较大。 措施及效果：1. 及时用语言提醒（无效）。2. 布置任务（基本无效，还会引发情绪问题）。3. 走到他身边，把他带回座位（短时有效，回座后马上离座）。	行为表现：基本上不参与课堂，离座时间长。 措施及效果：1. 给他有实物的数学卡片，让他坐在座位上看（有效，但坐在座位上的时间不长）。2. 老师讲其他内容时，允许他离开，个别辅导时再带回（有效，偶尔会引起情绪问题）。

（三）学生课堂行为 ABC 记录表

通过视频录像拍摄语文课堂，然后用《学生课堂行为 ABC 记录表》对课堂录像进行分析，注意记录课堂行为中的三个变量：前事、行为表现和行为后果。

（四）个案其他资料收集

通过日常观察、评量及与家长交流，完成对个案的"兴趣与刺激物"、"语言沟通能力与方式"、行为功能类别、"自制能力"等资料的收集，如表 2.3。

表 2.3　个案其他资料收集

兴趣与刺激物	通过日常观察及与家长交流，了解到个案的兴趣与刺激物有：零食，情景式图画书或卡片，30 块以内维尼熊、米老鼠的拼图，出去玩。
语言沟通能力与方式	通过《学生沟通功能与沟通使用方式》评估，了解到个案的沟通方式主要是趋近或大声喊叫，其沟通的动机主要是要求和想要。

(续表)

行为问题功能评量	运用洪俪瑜教授的《行为问题功能性评量表》进行评量,了解到个案出现的行为问题的功能类别分别是"获得刺激"和"获得想要"。
自制能力	通过对个案平时的学校生活和课堂表现进行观察,发现个案在获得注意和获得想要时不能进行持续等待,等待时间不足3秒,需要及时提供个案想要获得的事物和关注。但如果在行为问题发生前先与个案达成约定的话,其自制能力就会得到提高,持续等待时间也会延长。

综合以上资料与课堂观察,确定离座行为为干预的目标行为,并对离座行为进行界定:在二年级35分钟的生活语文课堂中,个案离开座位2秒以上未参与教学活动的行为。

三、研究过程

整个干预过程分为基线期和干预期。观察者要观察记录个案的全天活动,包括课间活动、集体活动、用餐活动等,然后针对具体的行为问题选用相应的记录数据。针对个案的目标行为,本次研究从2012年9月至2012年12月,对班主任任教的语文课堂进行视频录像,于基线期观察记录5节课,干预期观察记录6节课,作为研究数据。

(一)基线期

1. 收集目标行为基线数据

通过录像观察一个月内的5节语文课,完成基线期的数据收集。由于正向行为支持强调通过培养干预对象的正向行为来替代问题行为,在研究中需要探讨干预方案对于增加个案的课堂参与(包括主动和被动参与)行为、减少离座行为的效果,因此从基线期就对两类行为的发生时间进行精确统计,如图2.1。

由图可知,在课堂中个案离座行为的发生时间已趋近其参与课堂的时间,更能确定离座行为为本次研究的目标行为。

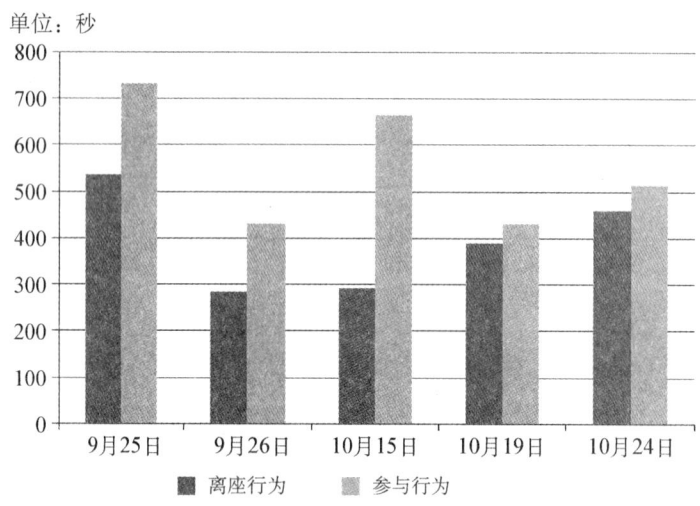

图 2.1　基线期个案语文课堂中离座行为和参与行为发生的时间统计图

2. 明确目标行为功能

观察基线期的 5 节语文课,可以发现当座位旁出现感兴趣的事物、老师与其他学生互动、出现新的学习任务时,个案会发生离座行为。研究者使用《学生课堂行为 ABC 记录表》,对离座行为的典型表现进行课堂观察记录,见表 2.4。

表 2.4　阳阳课堂离座行为 ABC 记录表

前事(A)	行为表现(B)	行为后果(C)
阳阳离座,拿自己座椅换教室后排空椅子,老师在讲课。	离座,自言自语,逐个看椅子号码,跳跃了两下。	老师继续讲课,阳阳继续换椅子。
老师和其他学生互动。	离座,拉自己的椅子往教室后面走。	老师说:"阳阳,坐在位置上。"
阳阳翻看书中自己感兴趣的图片,老师在讲课。	离开座位,向桌边跳跃一次,转着手,自言自语。	老师继续讲课,说拼音 O 的口诀:"公鸡打鸣圆圆嘴,O,O,O——"
讲台上放着阳阳的语文书,老师在讲课。	到讲台上拿走自己的语文书,嘴里说"苹果圆圆,香蕉弯弯"。	老师叫阳阳回座位坐好。

(续表)

前事(A)	行为表现(B)	行为结果(C)
老师在讲课。	离座,站在自己的座位旁转圈,东张西望了一会儿。	老师继续讲课。
老师操作电脑播放儿歌。	离座,从右边出来,继续在教室后转圈。	老师叫阳阳回座位听儿歌。

研究者从前事、行为后果、背景因素角度分析个案离座行为的功能。

(1)立即前事分析。

通过观察,将立即前事信息进行归类,分为物理环境因素和社会性环境因素。

物理环境对个案的离座行为影响明显。首先,教室空间结构模糊。阳阳对教室已经有了初步的概念,但不清楚教室内这些区域的具体范围及功能,对"什么时候可以去哪里干什么"没有建立概念,加上教室内物品的摆放位置对阳阳产生干扰,从 ABC 行为观察表可知:阳阳在座位旁发现自己感兴趣的物品时,会发生离座行为。再次,座位安排不合理。基线期内,阳阳的座位在最后一排最右侧,离各功能区很近,座位后面有储物柜、玩具区和其他干扰物,也导致离座行为发生。

社会性环境因素对个案的离座行为有一定的影响。其一,老师采用讲述法讲课,个案难以理解。对孤独症孩子来说,沟通能力差本身就是他们的障碍。如果老师发出阳阳熟悉的指令任务,他可以短暂性地进行课堂活动,但如果老师发出他不熟悉的新的指令任务,阳阳就会有离座行为的发生并伴有情绪问题。其二,教师未持续关注个案。当老师因为在黑板上写字或和其他同学互动交流等情况而中断或转移对阳阳的持续关注时,他就会发生离座行为。

(2)后果分析。

当阳阳离座时,老师有时并未关注,此时,阳阳会离座拿感兴趣的玩具或旋转身体,借此获得刺激物或关注,这是对离座行为的正强化;当阳阳离座时,老师有时会要求他回座位坐好,或终止他拿感兴趣的事物,而要求他继续完成任务,这是对离座行为的负强化。

（3）其他背景因素分析。

课堂中阳阳很喜欢看书上的图片,而且对个案的刺激物调查也显示,阳阳喜欢情景式图画书或图片,这说明阳阳对直观的视觉刺激比较感兴趣,倾向于通过视觉获得信息。阳阳进教室上课,老师会用语言提示其坐好等待,但阳阳"充耳不闻",每次直奔活动区和玩具区,或旋转身体,或玩玩具。由此可知,阳阳还未建立上课坐在座位上等待的课堂常规。

通过上述分析,我们可以提出对阳阳行为功能的假设:阳阳的离座行为主要是为获取外在刺激和内在刺激。

（二）干预期

通过以上行为功能分析,我们可以以结构化教学和视觉提示为主要方法,在前因控制和其他因素介入方面采取相应的干预措施,来改善个案的行为问题。

1. 调整教学的前事控制策略

俗话说"防患于未然",采取前事控制策略,不仅因为阳阳离座行为的发生跟前因事件的干扰关系密切,而且控制前因的方法简单,实际产生的效果明显。

（1）调整物理环境,减少干扰因素。

一是教室空间的结构化。图 2.2 为空间结构化处理后的教室平面图,课堂中个案最重要的两个区域——学习区和活动区——用不同颜色的线条划分出来,学生站立位置用数字标记,其他区域用大型置物架隔断。

二是调整干扰物品的摆放位置或呈现方式。个案上课时的视线范围内应尽可能少地出现会吸引个案注意力的事物,如墙面布置应用与课堂内容无关的图片和文字,并用颜色分明的纸张或线条分块呈现。再如,将原本在转换区上方墙上的生字卡片区转移到教室后面学习园地的活动板上;所有的拼图玩具和图书在上课时都应锁在书架里,课间才可以取出;将书架从电脑讲台旁移至教室后面,从而减少各种因素的干扰。

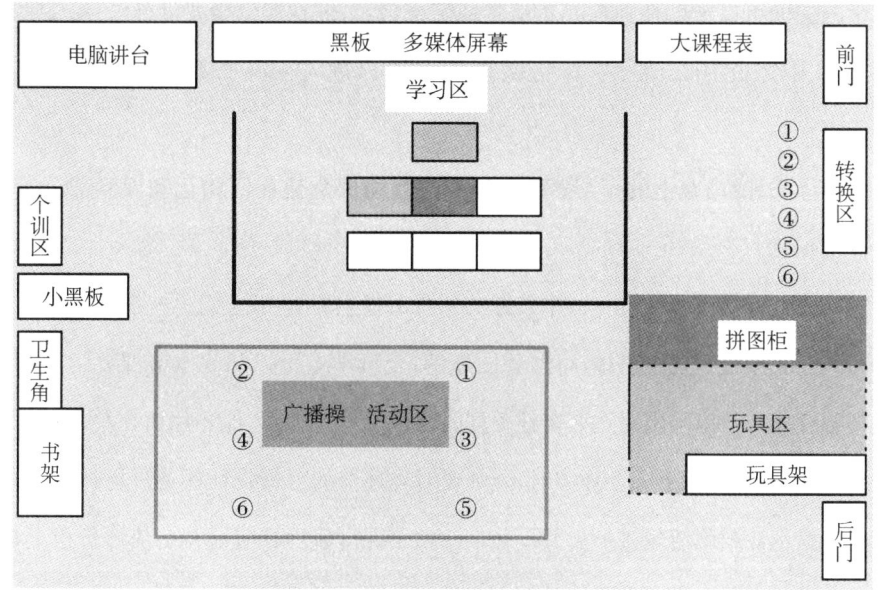

图 2.2 二年级教室空间平面图

三是合理安排座位。调整个案在课堂中的座位,可借鉴访谈表(见表2.2)中幼儿园王老师所采取的有效措施。座位按"秧田式"排列,如图2.3。在无助教的情况下,个案的座位由最后一排最左侧调到第一排中间,前靠讲台,左、右、后三边都有同学阻挡,左右两边同学的自制能力较强;后期有助教介入时,助教在个案的左边提供帮助。课堂中,助教最重要的任务是提示个案参与课堂活动。

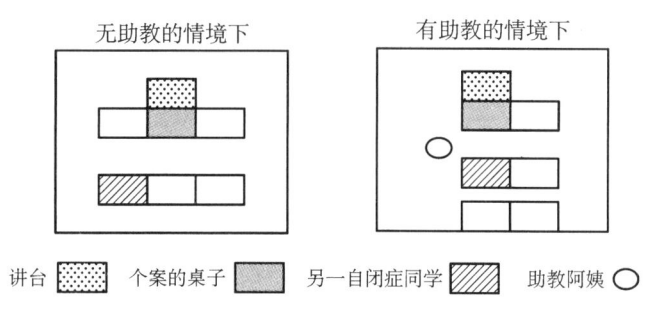

图 2.3 个案在无助教和有助教环境下的座位安排

(2)调整教学策略,减少个案的内在刺激。

结构化教学是一种针对孤独症儿童的有效教学方法。在课堂中,通过结构化教学的辅助可以帮助孤独症儿童清楚地了解到:自己在课堂中要做什么;接下来要做哪些工作;在什么情况下算完成工作,或可以进入下一步骤;工作完成后又会如何。

以语文课《马路上的车》为例,研究者选择将课堂流程结构化和课堂部分工作任务结构化。

首先是课堂流程结构化。本节课的课堂流程主要为:我会认——我会读——我会写——我会说。通过整体认读、看图理解,全班学生可以知晓本节课要学习的主要内容有什么。但阳阳对这么多任务同时出现并不能理解,他还停留在单一任务阶段,所以在即将进入下一个环节时,老师要对本环节的可操作性任务进行评价,并结合图片提示让阳阳清楚接下去要干什么。整个课堂流程都应写在一块评价板上,以便让个案对学习内容有个整体认知。其次是认读生字和书写过程中的部分工作任务结构化。阳阳有一张单独的任务板,需要他在助教的提示下从上到下依次完成任务板上的任务,再由老师用"√"表示任务完成。这些任务多由课堂作业组成,阳阳的作业内容和其他同学的并无区别,只是把作业分成一题一题让阳阳完成,而其他同学生可以听指令完成一张作业。

工作任务的结构化教学,如果能结合个训课教学,先让学生理解图标任务,再在集体课堂中融合使用,效果会更好。

(3) 及时给予关注,减少个案的等待时间。

当课堂中需要个案认读新字、独立作业、互动参与时,教师要给予特别关注,并且在关注前要发出简单、明确且为个案所熟悉的指令,如"小小手放放好,小眼睛看卡片""拿出铅笔写'车'"等语言提示,提醒个案进入学习任务阶段。

2. 其他因素的介入,提供正向行为支持策略

(1) 创设明确的课前准备环境。

本班教室内的班级大课程表和学生个人小课表均采用作息时间结构化的方法,并配以视觉提示常用的照片、图画等。由于大课程表常用的是一周课表,呈现

的课程太多,而阳阳还没有建立一周的时间概念,仍处于建立一天日程的阶段,为此,我们需要把大课程表分解,将其中的每节课单列出来并把图片放大,单独为阳阳设计一天的课程结构图。每天放学后,老师都会辅导阳阳在转换区贴好他第二天上课的课表,次日上学后,让阳阳按照由上而下的顺序,在每节课上课前,从转换区自己的课表中摘下这节课的卡片,贴到黑板上,贴好后从黑板上课表下方拿走课前准备提示卡,帮助他做好课前准备。

(2) 充分利用个案的学习优势,提供视觉资源。

视觉是阳阳获取信息的主要途径,教学时,老师要抓住阳阳这一学习特点,在课堂中提供视觉资源,给予阳阳充分的视觉刺激,从而提高其课堂参与兴趣。以《马路上的车》一课为例,可以提供的视觉资源有:用于课前准备的提示卡片、每个教学流程的配套图卡、ppt中熟悉场景的照片、各种车的生字卡片、"车"字的象形演变动画以帮助识记,田字格中"车"字的书写动画以强化写字,还有语言训练时可以提供与句型训练相对应的照片,最后可以播放有关公共汽车的视频儿歌以提供视听觉刺激等。

(3) 运用提示法,促进正向行为引导。

教师与个案沟通时,所用的语言应以正向行为引导语为主,语气要平和,语言中少用"不",多用"先……后……"。例如"先看语文书上的图片,看好了再看生字卡片""写好字先给老师批改,批改好后再离开""上课在座位上坐好,下课后去玩具区玩玩具"。这些提示语有利于帮助阳阳建立良好的课堂行为规范。

3. 提供有效强化物,减少、约束离座行为发生

根据行为问题的功能分析结果,结合强化物的调查结果,教师在课堂中需要准备与上课内容有关的图画书和卡片,在阳阳完成学习任务后及时进行奖励。当老师辅导其他学生时,也要给阳阳提供与课堂相关的动画、儿歌、图书,通过提供有效强化物,替代教师的持续关注。注意,在提供有效强化物时,要事先和个案约定,完成什么任务后才能得到强化物,以帮助个案建立概念,养成习惯。

四、结果与讨论

(一)干预结果

本研究在自然教学情境下,通过功能性行为评估找到个案上课离座行为的发生原因,了解个案行为问题的功能,在此基础上设计出前因控制的干预策略、其他因素介入的正向行为支持策略,使得个案课堂离座行为获得改善,课堂参与行为增多,见图2.4。

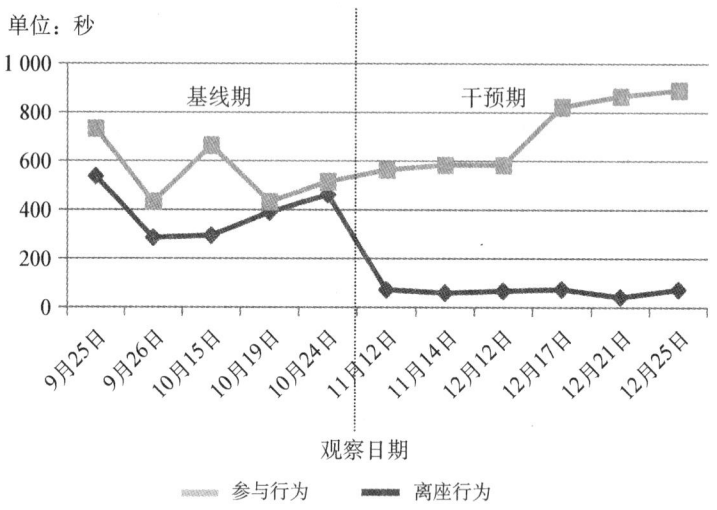

图 2.4 基线期与干预期课堂离座行为与参与行为的时间变化趋势

除了上图外,统计和对比基线期5节课与干预期6节课的《学生课堂行为ABC记录表》,也可以发现个案的离座行为获得改善,不仅如此,另一干扰行为(情绪问题)也得到改善,个案参与课堂的时间有所增加。

(二)研究启示与建议

对于学生在班级课堂上的个别行为问题,老师可以通过功能性行为评估的方式,找出问题发生原因与处理方法。可见,功能性行为评估是每个特教老师都需要具备的专业能力。

此次研究所采取的减少个案在语文课堂中离座行为的有效策略,如借助结构化的任务单和视觉提示图片等资源可以帮助孤独症儿童理解教师课堂上讲解的内容、建立课堂常规、养成正向的行为习惯等,是否可以应用、推广到其他课堂和日常管理中,供其他教师在不同学科的课堂中加以运用和借鉴,有待今后实践。

(三)研究的不足

课堂中结构化的工作流程设计和工作任务板的设计存在一定的局限性,需要在今后的教学中进行更深入的研究。

案例三 孤独症儿童进食干预的个案研究

董玮倩

一、个案基本情况及主要问题

小宸,女,2006年4月生,患有孤独症。研究进行时就读于杭州市湖墅学校一年级,其各方面的能力都较为落后,语言理解和表达能力尤其弱。在2013年刚进校的一段时间里,小宸的情绪较为稳定,行为问题较少。但从11月开始,也就是小宸进校两个月后,她的情绪开始变得不稳定,行为问题增多。其中,最让人头疼的一个行为问题就是她在学校午饭进食的问题。

小宸的午饭进食问题主要表现在以下几个方面。

第一,有挑食行为。在吃饭的时候,小宸喜欢吃油炸的东西,以及虾、笋、茭白、蛋黄等几类食物。但是学校食堂每天给学生提供的食物较为固定,常常没有小宸喜欢吃的东西。每到这个时候,小宸就不吃饭菜,要把饭菜倒掉。大概从11月起,这种挑食行为持续了约一个多星期,每天都要把饭菜倒掉。

第二,有发脾气行为。每当小宸看到午餐里有她不喜欢的食物时,她就会抱着她的陪读阿姨的后背,大叫"不吃了""倒掉"。如果倒饭的行为遭到老师制止,她发脾气的行为就会愈加激烈,表现为长时间大叫,喊着"不要、不要",躺在地上打滚,抱着陪读阿姨的背不放手,有时候会哭。她每次发脾气的时间都要持续约半个小时,往往到最后汗流浃背,没有力气。

二、行为功能评估的过程

对小宸进食行为问题的功能性评估,主要采用了访谈法、行为观察法这两种方法。

在家访时,小宸的班主任老师和小宸的父母进行了一次非结构性的访谈。通过访谈,老师了解到:小宸的进食行为问题不只出现在学校里,在家中也是这样,每次吃饭都只吃掉自己喜欢的几种食物;如果她不想吃饭的行为遭到拒绝,就会发脾气,而且行为很激烈;在吃零食的时候也有很明显的挑食行为,如在家访中老师看到小宸家的桌子上摆着一大碗没有奶油的奥利奥饼干,据小宸的爸爸说,小宸只喜欢吃奥利奥里面的奶油,不喜欢吃外面的黑色饼干,如果强迫她把剩下的也吃完,她就会大发脾气。从行为发生的后果来看,往往是家长顺从小宸的意愿,不强迫她进食,用小宸爸爸的话说"实在没办法"。

家访之后,老师对小宸的进食行为问题的前因事件、行为表现及行为后果进行了记录,并对其行为的功能进行了分析。表 3.1 为老师对某天中午小宸的进食行为问题的观察记录及功能分析。

表 3.1 小宸进食行为问题的观察记录分析

前因事件(A)	行为表现(B)	行为后果(C)	行为功能
老师端来午餐,午餐食物为大白菜煮年糕。	不停尖叫着"不要了",躲到陪读阿姨身后,抱着陪读阿姨。	陪读阿姨哄小宸:"好的,不吃,不吃。"	负强化
老师表示要吃掉。	不停尖叫着"不要了",继续抱着陪读阿姨。	老师给别人盛菜,小宸得以继续躲在陪读阿姨后面。	负强化
老师把小宸从陪读阿姨后拉开,让小宸吃饭。	尖叫,用力挣扎,想要离开老师身边,回到陪读阿姨那里。挣扎未果,躺在地上打滚,持续五分钟左右。	老师让她起来,安静下来,去把饭倒掉。	负强化

除了观察小宸午间吃饭的行为,我们也对她拒绝进食的原因进行过推测。我们想也许这是因为小宸的进食量小,或者是因为小宸在吃饭的时候不饿,所以有时候她不想吃也就不让她吃了。但是,当她从食堂回到班级后,如果看到班级里有水果、面包或者饼干,就会吃很多;如果班级里没有吃的东西,她就会到处找东西吃;到下午第一节课之后,可能是因为饿,会再次出现发脾气的行为。

综合小宸在学校和家中的进食情况来看,挑食是小宸的长期行为,其行为功能可能为感觉调整。很多研究证明,孤独症儿童可能比其他儿童更容易对一些食物过敏,所以他们愿意吃的食物种类比较少。挑食的发生是其感觉调整的表现。

通过对家长的访谈及对个案发脾气行为的观察,可知小宸发脾气行为的主要功能是负强化,意在逃避吃饭。也就是说,当她不想吃饭时,就通过发脾气来表达,由于她发脾气时的行为很激烈,持续时间很长,所以老师和家长常常就任由她不吃饭了。

弄清楚前因后果之后,虽然明白孤独症小朋友对食物的敏感性,以及小宸每次发脾气都很歇斯底里,后果严重,但是老师依然一致决定,必须要让小宸正常吃饭,慢慢改变其口味,同时纠正其乱发脾气的行为。这样做不仅是为小宸的身体健康考虑,也是为了让小宸有更好的身体状态上课和参加活动。

三、干预实施及实施结果

在对小宸的行为问题进行功能分析后,两位班主任老师制订了干预计划,具体措施如下。

1. 纠正发脾气行为,坚持吃完饭的要求

进入干预期后,每当小宸不愿意吃饭时,老师都会把她拉到旁边的角落里,对她发出"要吃完""咽下去"的指令。这么说是考虑到小宸的语言理解能力差,所以每次发出的指令只有简单的两三个字。而之所以把她拉到角落里,一方面是不让她逃跑,另一方面也是把她和她所依赖的陪读阿姨隔离起来,用行动向她表明,发脾气是没有用的,除了吃饭,她没有其他选择,以此来慢慢纠正她发脾气的行为。

第一天,当老师们开始实施这个措施时,小宸的反抗很激烈,嘴巴里大叫"不要、不要",不停地想要逃出老师们的包围圈。这种"反抗"持续了半小时以上,到最后小宸自己流了一身汗,没有力气再发脾气了,只能顺从老师,接受老师喂她吃饭。之后的两天都持续这种状况,直到第三天,小宸发脾气的时间开始减少,行为的激烈程度也开始变弱。

2. 调整食物的口味

小宸的老家在湖南,口味比较偏重于咸、辣,在家里很喜欢吃老干妈辣酱。为了帮助小宸更好地进食,老师在学校里每次给她盛饭菜时,都在她的饭菜中加入一勺拌饭酱。这种拌饭酱中不仅有小宸喜欢吃的蘑菇丁,而且相较于"老干妈"口味偏淡,却又不失酱的咸辣。老师还规定小宸,每次只能盛一勺拌饭酱,必须把饭吃完。拌饭酱的出现减少了小宸对学校饭菜的抗拒,从味觉上进行调整以干预小宸的挑食行为。

3. 调整进食的顺序

前面也提到过,小宸有一些喜欢吃的东西,比如油炸类食品、虾、笋干、鸡蛋、水果、紫薯等,每当食堂准备了这些食物时,老师会先让小宸吃一点,然后再把剩下的放在小宸的饭盒盖中,告诉小宸,只有吃了其他饭菜,才能吃一口她喜欢吃的东西。也就是说,把小宸喜欢吃的东西变成她进食的强化物。开始小宸很不情愿,一定要先吃自己喜欢的食物,发脾气行为很严重。但是时间长了之后,她意识到自己必须把饭菜吃完,只有吃完之后才能得到自己喜欢的食物,便开始听从老师的指令了。随着小宸午餐进食的情况发生好转,老师又慢慢改变了她的进食顺序,把她喜欢吃的食物放在饭盒中,让她自由吃。

4. 吃饭之后给予奖励

小宸在学校里喜欢参加两个活动,一个是玩橡皮泥,一个是用彩色笔画画。于是,老师将这两样她喜欢的活动也变成她吃饭的强化物。在准备干预之前,老师通过简单的图画,让小宸理解,每次把饭吃完就可以去玩橡皮泥,可以去画画。在干预初期,每次吃午饭之前,老师都会提醒小宸,要吃完饭才能玩橡皮泥、画画,有时候甚至把橡皮泥和水彩笔拿到饭桌上,帮助她理解吃完饭可以得到什么。如果在吃饭的时候小宸没吃完,老师就把饭带回教室,也不让她玩橡皮泥和水彩笔,直到她把饭吃完为止。

以上四个措施是同时实施的,实施一个星期后,小宸吃饭时发脾气行为的激烈程度有所减弱。大约一个月之后,在午餐期间,小宸大部分时间里都可以坐在自己的位子上或者站起来进食,虽然有时看到不喜欢吃的东西,小宸仍然会流露出不开心的表情,甚至会短暂地停止进食,吵闹着表示不想吃饭等,但是她没再出现很激烈的发脾气行为,发脾气的次数也越来越少,在吃饭时听指令的情况明显好转。

干预的结果也证实了最初对小宸挑食行为和发脾气行为的功能所做的推测是正确的。除了午餐进食,小宸在其他很多情况下也会表现出发脾气的行为。对小宸进食行为问题的成功干预,引导老师可以进一步运用功能性行为评估对小宸的其他行为问题进行分析及干预,也可以运用这种方法处理其他学生的行为问题。

案例四　孤独症儿童咬笔行为干预的个案研究

董玮倩

一、研究背景

由于生理、心理方面的缺陷,孤独症儿童常常会出现一些行为问题,这些行为问题对其家庭、学校、社区生活会产生不同程度的影响。已有研究证实,对于孤独症儿童各类行为问题的处理,较为有效的干预方式是正向行为支持,而且正向行为支持可以适用于学校及家庭环境。不过,从实验研究的角度来看,在对培智学校的现有研究中,以经验总结式的研究案例较多,而采用较为严密的实验设计的案例则较少。

本研究选取杭州市湖墅学校二年级的一名孤独症学生为被试,采用单一被试实验设计,对其写字、画画时的咬笔行为进行干预,以探讨在学校环境中如何应用正向行为支持技术对孤独症儿童的行为问题进行干预。

二、研究过程

(一)个案基本情况

小宸,女,2006年4月出生。2011年,小宸5岁时被诊断为孤独症,韦氏智力测验总智商分数小于45分,《孤独症儿童心理教育评核(第三版)》结果显示其行为问题程度为严重。学前教育阶段在杭州某康复机构进行训练,2013年进入杭州市湖墅学校学习。本研究实施时,小宸就读于二年级。

在学校里,小宸的认知程度和语言理解、表达能力都较弱,适应能力不强。进校的两年时间内,表现出发脾气行为、不服从行为等多种行为问题。好在在老师和家长的帮助下,她的学校适应能力逐渐提高,行为问题也逐渐减少。

(二)干预前的准备

1. 行为问题表现

入校以来,小宸在画画、写字时一直有咬水彩笔、咬铅笔的习惯。具体说来,在画画时,小宸常常会把水彩笔放在嘴巴里面嘬或者咬。每次画完画,她的舌头和嘴唇上都是五颜六色的。在写字时,也出现类似的情形,常常写着写着就把笔放在嘴巴里面咬,甚至把笔芯咬断,把笔芯周围的木头咬开。每次写字的时候,她的嘴巴都是黑的,而且大部分时间都花费在咬铅笔上。

从小宸一年级到研究者干预之前,在这一年时间里,老师采用过口头提醒的方式告诉她不要咬笔,但小宸咬笔的次数并没有减少,咬笔行为没有得到有效干预。

2. 行为问题的功能评估

在本研究中,对咬笔行为问题的功能评估,主要通过访谈法与观察法进行。

研究者首先利用自制访谈表对小宸的家长和老师进行访谈。从访谈中,研究者了解到:小宸从小就喜欢画画,喜欢画食物、水果及颜色丰富的东西,画画时总是将颜色弄得到处都是,且家中如果买了新的水彩笔,旧的水彩笔就不用了;咬铅笔也是小宸会写字以来就有的习惯,因为她不会使用铅笔刀,所以家长常常将铅笔削好放在铅笔盒中,小宸有时候会因为写字太过用力把铅笔芯折断,然后就开始咬铅笔。

访谈之后,研究者利用行为 ABC 观察记录表,对小宸咬水彩笔、咬铅笔的行为进行观察记录,并对其行为功能做出判断。表 4.1 中选取了两次较为典型的行为观察记录。

表 4.1 咬水彩笔行为 ABC 记录表

前因事件(A)	行为表现(B)	行为后果(C)
美术课上,老师发下画有灯笼的涂色纸,请小宸用水彩笔涂色。小宸先后拿出红黑两色水彩笔。	涂色时,小宸突然把红色水彩笔头放入嘴中,一边转动一边嘬水彩笔头,持续三四秒。	把水彩笔从嘴巴里拿出继续画灯笼,画出的红色有口水的印子。
中午休息时间,小宸拿出水彩笔在打印废纸上涂色。她把打印纸上的每行字都涂上颜色,并不断更换颜色。	小宸突然把蓝色水彩笔放在嘴巴里边转动边嘬,持续时间三秒。在纸上画了两下,然后把水彩笔尾巴拔掉,拿出水彩笔棉芯放在嘴巴里嘬。	用水彩笔棉芯在纸上画画。纸上画出的蓝色明显有口水稀释的痕迹。

从访谈和行为观察中可以看出,小宸非常喜欢用水彩笔画画。当需要大量涂色时,常常会发生咬水彩笔的情况,但不是每一支水彩笔都放到嘴巴里面咬。研究者观察了小宸咬过的水彩笔,并结合小宸平时喜欢水,喜欢丰富、明亮的颜色的特点,判断小宸咬水彩笔这一行为的主要功能是视觉刺激的正强化。也就是说,小宸咬水彩笔一般是发生在水彩笔颜色比较淡的时候,此时将水彩笔蘸口水,可以使颜色较为水润、鲜亮。

研究者使用同样的方法对小宸咬铅笔的行为进行观察,并推测出小宸咬铅笔这一行为问题的主要功能是社会性正强化。也就是说,小宸在用铅笔的时候,因为用力很大,常常把笔芯弄断,所以想通过咬铅笔芯及周围木头的方式,把断掉的铅笔芯弄尖。

由此可知,小宸的两种行为问题的功能都是正强化。

3. 干预方案的制订

小宸行为问题的干预者主要是小宸的副班主任,也就是研究者本人,干预主要在教室中进行。考虑到本次研究所要干预的两个行为发生在不同情境中,所以干预也分别进行。针对小宸咬水彩笔行为的干预,在她午休画画时进行;针对小宸咬铅笔行为的干预,主要在她做数学练习时进行。

根据功能评估的结果,干预者制订了如下干预方案:① 运用社会故事法,从认知上帮助小宸了解行为问题发生时的情景,以及自己可以采取的措施;② 准备视觉提示卡片,在小宸画画和写作业时,将关键技能卡片放在桌子上,引导其正向行为的发生;③ 区别强化措施,当小宸表现出正确的行为时,予以正强化,当小宸表现出不恰当的行为问题时,不给予强化。

(三) 实验设计

为了证明干预方案的有效性,本研究主要采用单一被试研究法,对被试的两个行为问题应用跨行为多基线实验设计,对每个行为干预都采用 A—B 的实验设计(A 为基线期,B 为干预期)。

1. 基线期

研究者在基线期内对小宸的四种行为(儿童咬水彩笔的行为、儿童表达要换水彩笔的行为、儿童咬铅笔的行为和儿童表达要削铅笔的行为)进行观察,不做任何介入。根据跨行为多基线实验设计的研究设计,为了排除无关因素的影响,当个案咬水彩笔的行为次数呈现稳定趋势时,基线期结束,进入干预期1。而此时,针对咬铅笔的行为问题的干预仍处于基线期。当干预期1的咬水彩笔和表达要换水彩笔的行为次数再次呈现稳定趋势时,针对咬铅笔的行为问题的干预进入干预期2。

2. 干预期

在干预期内,由研究者对小宸进行一对一的干预,分为针对咬水彩笔行为的干预期1和咬铅笔行为的干预期2。两个干预过程相似,首次社会故事阅读需要约20分钟的时间,其他干预分别在小宸中午休息时和做数学题时进行。在干预期内,研究者观察四种行为,并做翔实记录。

3. 自变量

本研究的自变量是正向行为支持干预策略,包括社会故事阅读、图片提示、区别强化等方法。

4. 因变量

本研究的因变量分别是儿童咬水彩笔的次数、儿童表达要换水彩笔的次数、儿童咬铅笔的次数和儿童表达要削铅笔的次数。为了减少无关因素的影响,在统计儿童咬水彩笔的次数和儿童表达要换水彩笔的次数时,只记录午休的半个小时内两种行为的发生次数;在统计儿童咬铅笔的次数和表达要削铅笔的次数时,则只记录每次做数学练习的15分钟里两种行为的发生次数。

同时,为了控制无关变量的影响,在干预期内每天小宸画画前,老师会在小宸的水彩笔中放入5支快要没水的水彩笔。同样,在干预期2内,为了减少无关因素的干扰,老师在小宸的笔袋中只放入一支钝了的铅笔和一支很尖的铅笔。

(四)干预的具体实施

1. 社会故事阅读

针对小宸的两种不同行为问题,研究者按照社会故事的编写格式为她编写了两本社会故事书。两本社会故事书都以小宸本人的照片并配合第一人称的文字叙述呈现。编写完成后将两本社会故事书打印成册,具体内容如图4.1、图4.2所示。①

---

① 为了保护相关人物的隐私,文中的社会故事未配有儿童照片。但是,儿童实际阅读的社会故事,每一句都配有照片。

我中午会画画。

有时候水彩笔没水了。

我可以说:"我要换一支笔。"

老师会给我新的水彩笔。

我会换笔了,我真棒!

图 4.1 社会故事一

我每天都会写数学作业。

有时候铅笔断了。

有时候铅笔粗了。

我可以说:"我要削铅笔。"

老师会帮我削铅笔。

我有尖的铅笔了,我好开心!

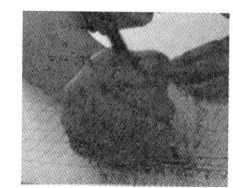

图 4.2 社会故事二

在干预期 1 内,每天中午休息时间都要对小宸咬水彩笔的行为进行干预。在画画之前,老师要陪同小宸一起阅读社会故事一,并确认小宸读懂了故事。

在针对咬铅笔行为的干预期 2 内,每天发下数学练习之前,老师要陪同小宸一起阅读社会故事二,并确认小宸读懂了故事。

2. 视觉提示卡片

在针对咬水彩笔行为问题的干预期 1 内,当观察到小宸的水彩笔快没水时,老师可出示提示卡 1,卡片内容为儿童要求换水彩笔的照片加上文字提示,并放在小宸的桌子上。到干预后期,老师应观察小宸是否有表达换水彩笔的意图,当她表达意图的行为逐渐增多时,可逐渐收起提示卡片。

同样,在针对咬铅笔行为的干预期 2 内,当观察到小宸的铅笔笔尖断掉或者较粗时,老师可出示提示卡 2,卡片内容为儿童要求削铅笔的照片加上文字提示,并放在小宸的桌子上。到干预后期,可根据小宸的表现逐渐收起提示卡。

3. 区别强化法

所谓区别强化法,指的是利用强化物对儿童的适当行为进行强化,而对其他行为反应则不给予强化。在本研究中,具体来说,就是当小宸正确地表达自己要换水彩笔时,老师便给她换新的水彩笔,而当小宸咬水彩笔或者用其他方式表达要换水彩笔时,老师便拉住小宸的手进行制止。同样,在干预期 2 内,当小宸正确地表达要削铅笔时,老师便帮她削铅笔,而当小宸把铅笔放入嘴中咬或者用其他方式表达时,老师便拉住小宸的手进行制止。

在整个干预期内,干预者利用自制的《行为记录表》,观察并记录小宸咬水彩笔、咬铅笔的次数,以及小宸表达要换水彩笔和要削铅笔的次数。

三、研究结果与分析

整个研究持续了三个星期,由于对小宸的观察记录和干预均在学校中进行,所以周末的时间不计,共计 15 天时间。

在基线期和干预期内,干预者用《行为记录表》记录了小宸咬水彩笔、咬铅笔、表达换水彩笔和表达削铅笔这四种行为的发生次数。

如图 4.3 所示,经过正向行为支持的干预,小宸咬水彩笔、咬铅笔的行为均不同程度地减少了。从具体数值来看,在干预期初期,行为问题减少的程度较小,但是随着小宸表达意图的行为逐渐增加,其行为问题大幅降低。也就是说,替代行为的形成有效地减少了行为问题的发生。

此外,在基线期,小宸并没有出现表达自己需求的行为。但是,经过正向行为支持的干预,小宸表达换水彩笔和表达削铅笔的次数均逐渐增加,说明经过干预,小宸在逐渐习得并巩固表达自己需求的行为。需要注意的是,从具体的数值来看,在干预期的第一、二天,小宸没有习得表达自己需求的行为,也许与小宸本人的语言理解和表达能力有关系。小宸在干预刚开始的时候,不理解交换的概

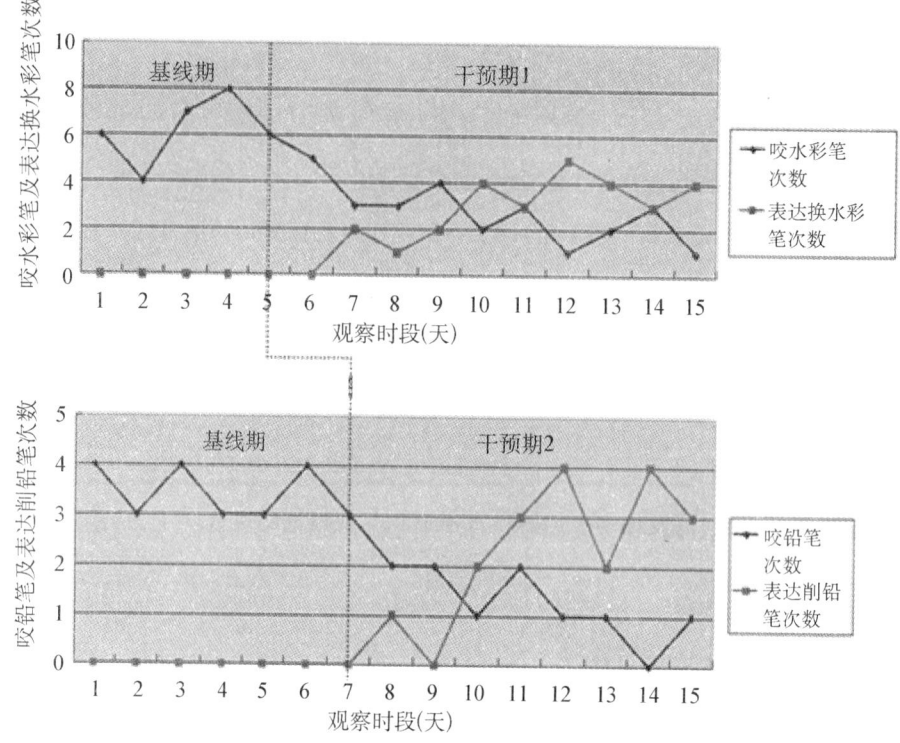

图 4.3 咬水彩笔、咬铅笔行为干预

念,所以就算经过老师提醒,也不会拿笔给老师换。于是,老师就"交换"这个概念对小宸进行了强化,小宸理解了交换的概念之后,逐渐学会运用正确的方式进行表达。

从最终的干预结果来看,小宸的两种行为问题都减少了,这说明对于小宸所表现的具有感觉刺激正强化和社会性正强化功能的行为问题,正向行为干预方案是有效的。而且单一被试实验法的运用,证明了小宸行为的改变是研究者的干预方案导致的,而非儿童自身成长的原因或者受其他老师、家长的影响等。

在干预后期,即 4 月末,学校规定从 5 月 1 日起学生需要午睡,也就是说中午画画的时间没有了,所以本研究只持续了三个星期,对小宸两种不当行为的干预将转换到其他时段进行。

四、启示与讨论

(一) 运用正向行为支持的相关思考

本研究进一步论证了正向行为支持对于孤独症儿童行为问题干预的有效性。因为在本研究中,研究者也是学校的老师,所以在行为干预的后期,研究者就如何处理小宸的行为问题与小宸家长进行了沟通和交流。当家长也采用了类似的干预方法后,小宸的两种行为问题在家中也有一定程度的减少。这说明正向行为支持并不一定要在严格的实验环境下由专业人员实施,在学校和家庭环境下由普通教师和家长实施也是可行的。

当然,此次干预也有一些未完全解决的问题。比如,小宸现在学会了向老师表达自己的需求,要老师帮忙换水彩笔和削铅笔,但从长远来看,小宸需要学会自己换水彩笔和削铅笔。那么,如何帮助小宸形成这一适应性行为,则还需要进一步的干预。再如,在实验后期,研究者发现小宸在学会换水彩笔这一技能的同时,也明白了老师可以提供新的水彩笔,而她又十分喜欢新的颜色鲜亮的水彩笔,所以她在水彩笔还可以画的时候也会要求换一支新的水彩笔。这说明换水彩笔这一方式虽然可以减少目前的行为问题,但是随着儿童社交技能的发展,也会衍生出新的问题。

(二) 单一被试实验法的相关思考

单一被试研究法适用于被试量小且异质性大的研究情景,尤其适用于特殊教育领域的干预研究。作为培智学校的老师,在对特殊儿童进行研究时,不能仅仅采用经验总结式的研究方法,也应该将目光投向单一被试实验法。

本研究采用了单一被试实验法,通过严密的实验设计证明了个案的行为变化确实是由干预方案的实施引起的。跨行为的多基线实验设计提示我们,干预方案中的一些措施,如社会故事法、提示卡策略可能也适用于个案的一些其他行为问题。

然而,不论是何种教学研究,都应该具有一定的推广性。在本研究中,跨行为的多基线实验设计所处理的只是个案的两种行为问题,且干预时间有限。在以后的干预研究中,可以更进一步地运用跨被试、跨情景的多基线实验设计,证明研究结论在不同个体、不同情景中的广泛应用性,也可以进一步说明研究结论的可推广性。

此外,本研究仅仅采用A—B的实验设计,如果能够在基线期(A)、干预期(B)后增加追踪期(C),则可以更好地观察干预结果的迁移程度和持久性。在未来的研究中,可以就这几个方面进行进一步的探讨。

案例五 增进孤独症儿童要求功能的个案研究

周 佳

一、研究背景

社会互动困难是孤独症者的主要特征之一,包括高功能孤独症者在内的几乎所有孤独症者皆无例外。研究者对这一严重缺陷的发现,可溯源于1943年Kanner对孤独症的定义,他指出社会性孤立是其中一项明显的特征。虽然此后孤独症的定义屡有修正,但是社会偏异的症状一直被视为孤独症者最明显的特征之一。

孤独症者严重的社交困难不断地出现在他们的生活当中,他们花费许多时间从事一个人的活动,对周遭的事物缺乏兴趣,对父母与陌生人的情感淡漠并无二致,而且坚持抗拒环境事物的变化。年长的孤独症者可能出现趋近陌生人的行为,但却没有能力维持基本的社交礼仪。高功能孤独症者可能希望与他人进行社会接触,但表现的行为却偏离正常的社交礼仪。简言之,孤独症者有社会互动的动机与兴趣,但缺乏社交技能。不论年龄大小、功能强弱,孤独症者的社会互动皆以自我为中心,怪异的互动行为包括:不懂建立社会互动关系,不会依循固定的社会模式如民德、民俗,无法体会对方的感觉,以及沟通形式异常。因此,社会互动困难实指社会功能异常与对情境做出不正常的反应。

关键反应训练(PRT)是一种以儿童为中心的自然干预策略,是具有实证基础的孤独症儿童干预模式之一,在孤独症社会交往训练、语言沟通训练、共同注意训练等领域的有效性已经得到了验证。PRT技术聚焦于教导孤独症儿童在环境中对多重线索进行反应,强调改善社交的动机,提升自我管理、自我主动的能力,通过这些核心障碍的干预,以帮助孤独症儿童适应自然的社会环境。研究证明,PRT技术可以在家庭、学校、社区生活环境中实施。

社会故事法由Dr. Carol Gray于1991年所倡导。1993年Gray和Garand在期刊上发表其关于社会故事的研究,1994年Gray所著的《新社会故事书》出版,其后这一方法即受到广泛的重视,被普遍应用于孤独症儿童的教学上。社会故事,顾名思义是指以故事的形态所呈现的有助于学习社会性行为的短篇文章,其主要目的在于通过故事的叙述与阅读,协助学生理解社会情境中所发生的事情并表现出适当的社会性行为。社会故事法经过多年的推广,适用的范围已由社会性行为的学习扩展至沟通、生活自理、社区适应等能力的建立,以及不当行为的改善等,应用相当广泛。

社会故事通常包含描述句、指导句、观点句和控制句,这四种句子的功能分别如下。

① 描述句:这种句子以描述故事的人、事、时间、地点、原因等为主要内容,通常不超过二十句(十二句之内最佳),解释发生了什么、为什么发生,并且指出与情境相关的特征,是故事开头常用的句子。

② 指导句:这种句子是引导孤独症学生用肯定的句式来呈现应有的反应,如以"我要""我能"开始为佳。

③ 观点句:这种句子表现的是他人的感受或反应,用以教导孤独症学生了解他人的想法和感受(一句为主)。

④ 控制句:这种句子用来增进记忆与了解。

本研究中,研究者先利用社会故事使个案掌握要求物品的基本沟通形式,体会对方及自我的感觉,建立基本正常的沟通形式;再在自然环境中由家长、学校老师、同学来执行 PRT,便于在干预中将想要个案建立的适当行为进行泛化和维持,使它们能很容易地适用于自然情景和自然环境。简言之,通过利用社会故事与 PRT 各自的优势使个案的要求功能得到最良好、最大化的发展。

二、研究设计

(一)研究对象

本研究以五年级学生杨某作为研究对象,通过家访、调查,了解个案的家庭基本情况及个人发展情况,见表 5.1。

表 5.1 杨某的家庭基本情况及个人发展情况

性 别	男	韦氏智力测试情况	总智商	52	语言沟通能力	中度缺陷
出生年月	2001-11-10		语言智商	49		
障碍类型	典型孤独症(中度)		操作智商	59		
生产情况	正常	出生状况		正常		
语言	语言理解:可以理解三元素和一部分四元素指令与问题,可以理解简单因果关系。 语言表达:可以使用简单的句子(二元素与少量三元素)回答问题或表达需求;可以仿说简单的句子或词汇;发音异常;以被动表达为主,极少主动问问题;无拒绝能力。					
社会技能	能与他人短暂地眼神接触,但常有眼神回避的情形,需他人提醒;能听从教师或家长的简单指令;具备话轮转换的能力;无拒绝能力;无法主动与他人分享游戏或物品;会不经过允许就拿取他人物品使用;不会要求他人;缺乏问题解决能力;被动参与活动。具备近距离视线追踪能力。					
认知水平	基本认识小学一到六年级汉字,能够阅读与理解简单的句子,能够计算 10 000 以内加减法,100 以内乘除法。具备初级假想、分类、排序能力。					
家庭环境	个案的父母关系和谐,家中还有一个妹妹,家庭条件尚可,父母的教育意识较强,很支持教师与学校工作,平时生活多由二姨照顾。					
刻板行为	存在青春期问题,无聊时会抠身上的伤口,直到抠出血,还会把血擦到同学身上与地面、墙上等处。					

(续表)

生活自理	有系鞋带、穿衣服、刷牙、洗碗等基本生活自理能力。睡眠情况较差,睡眠时间较少,对食物非常喜爱,无挑食问题,极少生病。
兴趣爱好	喜欢计算,喜爱食物,喜爱拼图、俄罗斯方块等刻板、封闭式结局的电脑游戏。
课堂表现	有提示时,能遵守教室规则及课堂纪律;无提示时,注意力会放在其他地方,需一定的提示才能正常融入并参与课堂。能回答教师在课堂上提出的简单问题,但缺乏主动回答的意识,也没有提问题等主动参与课堂活动的行为。
学习优势	机械记忆能力较强,视觉优势明显,能接受新知识,也能听从指令完成任务,或在结构化任务单的帮助下完成任务。

从对该孤独症儿童的基本情况的了解中,可以发现个案已掌握与他人进行基本沟通的词汇,但缺乏主动性与将来社会生活所必须具备的拒绝、要求等功能。个案在社会技能方面具备孤独症者的典型特征:鲜少与人互动,且无法根据具体情境做出适当的口语或反应,也因此无法主动参与活动。但个案具有视觉学习的优势,且在结构化任务单的提示下能够独立完成任务(个案之前曾接受过结构化任务单的相关训练)。

(二)正向目标确定

1. 选取正向目标

因个案经常会不经过允许就拿他人物品使用,并且经常为此行为引起误会而与他人发生冲突事件,所以综合考虑个案现有的能力、家长的期望、教师的建议以及干预的可行性和可操作性,本次研究决定将正确借用(要求)物品作为期待个案建立的正向行为,具体可见表5.2。

表5.2 正向行为描述

正向行为	任务内容	行为分解
正确借用(要求)物品	能以正确的方式向他人借用(要求)自己需要的物品	1. 能面向并注视对方。 2. 能知道自己缺少的物品。 3. 会向他人借用(要求)物品。 4. 能保持良好的借物礼仪。

2. 编写社会故事

老师应以习得正向行为为主要教学目标并编写社会故事,再通过"社会故事检核表"以及"社会故事内容编写修正意见表"进行检核,而后对不当之处进行改正修订。

（三）研究程序

研究程序分为准备、介入、泛化、总结四个阶段,各阶段详细情况如图5.1。

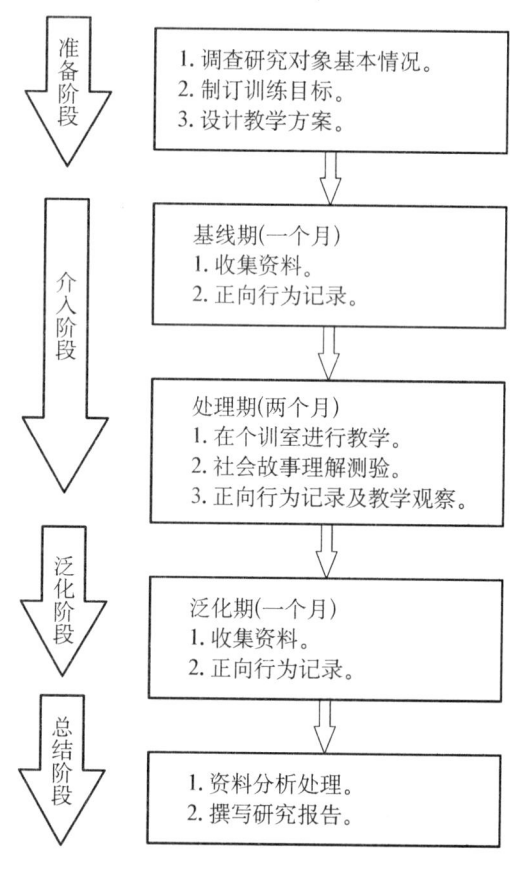

图5.1 研究程序

三、研究实施

（一）教学目标

本研究之教学目标为增进该孤独症儿童借用（要求）物品方面的社会能力。

（二）教学时间

① 第一个月（处理期），利用每周两节个训课时间，对个案进行社会故事针对性训练。

② 第二个月（处理期），减少一半个训时间，即每周一节个训课，其间利用PRT创造情境对个案的要求功能进行巩固与泛化。

③ 第三个月（泛化期），在教室、校园、家庭与社会实践等环境下利用PRT在生活和学习中对个案进行功能的巩固与泛化。

（三）教学内容

本研究采用社会故事教学法进行介入，实际运用时将社会故事打印出来装订成册，或放在一个文件夹中，由学生在结构化任务单的提示与教师的监督下完成教学任务。

1. 社会故事：我会借东西（要求物品）

A. 在学校中，我经常需要借用别人的东西。（描述句）

B. 向别人借东西时，我要说："×××，请你借给我____用一下好吗？"（指导句）

C. 如果别人没有回答，我应该再说一遍。（指导句）

D. 只有别人回答了而且同意了，我才能拿东西。（指导句）

E. 如果别人不同意，我就不能拿东西。（指导句）

F. 我拿了东西以后，要说："谢谢×××。"（指导句）

G. 东西用完以后，我可能要还东西。（描述句）

H. 还东西时，我要向借给我东西的人说："谢谢。"（指导句）

I. 我说"谢谢"以后，别人可能会回答"不客气"或者"不用谢"，我只要微笑就可以。（观点句）

J. 如果没有借到东西，我可以问其他人借东西。（指导句）

K. 这样做，人们都会觉得我有礼貌。（观点句）

2. 个训室 PRT 教学教案示例

表 5.3　个训记录表

学生姓名	杨××	训练教师	××	训练时间	2014-11	训练地点	个训室
总体目标	会借用（要求）物品						目标评量等级
教学目标	1. 能面向并注视对方。						3
	2. 能知道自己缺少的物品。						3
	3. 会向他人借（要求）物品。						2
	4. 能保持良好的借物礼仪。						1
活动说明	个案在阅读社会故事时，让辅助者在旁边玩个案最爱的拼图。						
准备活动	1. 制作沟通条与沟通图卡。 2. 老师带个案借用拼图。						

	训练项目或活动过程、步骤描述 （情境、使用的辅具）	用描述性语言评价 学生完成情况
过程记录	（一）示范 1. 老师带个案走到玩拼图的辅助者旁。 2. 老师指着辅助者对个案说："这位同学在玩拼图，你想玩吗？" 3. 老师对辅助者说："××，请借我拼图用一下好吗？" （二）教学 　　老师请个案自己再询问辅助者一次："××，请借我拼图用一下好吗？"等待5秒钟，观察个案是否有询问。 （三）增强与提示 1. 当个案询问后，辅助者应立即拿拼图给个案，老师应摸摸个案的头并给予口头表扬，说："好棒，杨××会跟小朋友借东西。" 2. 如果个案没有询问，老师可以适当提示个案询问辅助者，再依个案情况，逐步减少提示的次数，直至退出。 3. 提示方法： 　① 老师拿出一张"拼图"沟通图卡，贴于沟通条上，指着沟通图卡说："拼图。"个案仿说："拼图。" 　② 老师再拿出一张"借我"沟通图卡，贴于沟通条上，指着沟通图卡说："借我。"个案仿说："借我。" 　③ 老师再拿出一张"好吗"沟通图卡，贴于沟通条上，指着沟通图卡说："好吗？"个案仿说："好吗？" 　④ 老师一一指着沟通条上的沟通图卡说："拼图，借我，好吗？"个案仿说："拼图，借我，好吗？"（见图5.2）	1. 个案对拼图非常感兴趣，但是只会盯着看。 2. 个案需要提示，基本能够在图卡帮助下说出借用要求。

（续表）

反思与改进	个案在本节课训练后能够初步借用物品，但反应较慢，需等待几秒。

目标评量等级说明："0"表示未完成；"1"表示在协助下完成；"2"表示部分完成；"3"表示较好完成。

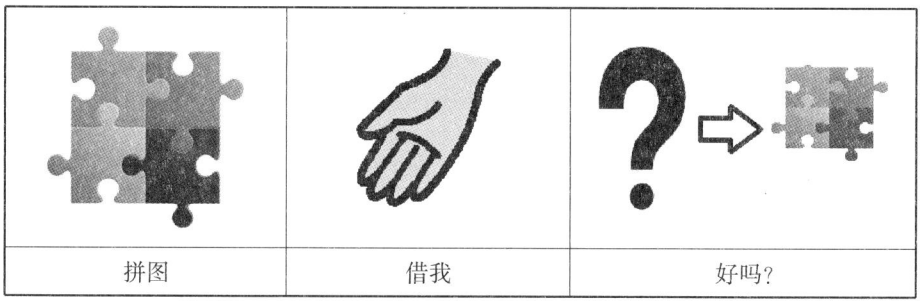

图 5.2　借物沟通条示例

3. 泛化教学个案记录示例

表 5.4　泛化教学个案记录示例

情境	个案进入教室，在玩具箱中不停翻找，拿了一件玩具又去找另外一件，只专注在寻找玩具上。
学生情境构建	1. 个案选择了一套积木，老师拿走其中大部分，留几块与个案一起搭。个案想要更多玩具，老师提示说"给我"，个案看了老师一眼，老师给个案积木。 2. 个案想要更多积木，老师提示说"给我"，辅助者说"给我"，老师给辅助者积木。 3. 个案专注在摆好的积木上，失去了继续向老师要积木的动机。老师拿走一块地上搭好的积木，促使个案产生需求。等到个案仿说"给我"，再给个案积木。 4. 辅助者说"给我"，个案说"谢谢"，反应与当前情境不符合，忽视个案的这一反应。 5. 积木搭好后，老师故意挡住部分积木，让个案仿说"请让一让"。个案尝试三次成功，老师让开。
目标实现	仿说"给我"，目标达成。
自我点评	目标由易到难，以便个案顺利完成，把积木作为奖励物品，起到了正向强化该行为的作用。在课堂中，可反复操练，轮流作转。

(四) 教学过程

1. 个训室教学

表5.5　个训室教学结构化任务单示例(第一个月第5节个训室教学)

任务	完成情况	打分★
阅读社会故事三遍		
与老师(或者其他人)练习社会故事		
抄写社会故事一遍		
休息(玩拼图)		
复习阅读社会故事一遍		
与老师(或者其他人)练习社会故事		
得到5颗星领取奖励一份		

结构化任务单说明:"完成情况"一栏为孩子完成任务以后自己打钩,"打分"一栏为教师打分,视孩子完成相应任务的情况给星,一个任务最多给一颗星。在实际教学中,每节课的教学任务可根据个案情况有所调动,也会根据个案反应给予相应调整。

2. 泛化教学

泛化教学使用的是PRT教学,目的是让孩子在脱离个训室环境以后能将习得的技能正确运用于其他环境中,从而真正掌握此技能。泛化教学的第一步是环境安排,要给儿童营造一个有机会沟通与有利于沟通的情境。在环境安排方面,家长与教师可以从以下方式入手。

(1) 引起兴趣。

① 故意在孩子面前吃他喜欢的食物,并且装作很好吃的样子,但不主动给他。

② 故意在孩子面前玩他喜欢的玩具,并且表现出很好玩的样子。

③ 自己玩自己的,故意在孩子面前让玩具发出声音。

(2) 唤起需求。

① 玩孩子喜欢的游戏时,一次只给一次机会或只玩一步,让孩子多次表达需求。

② 给孩子吃东西时,一次只给一小块,让他多次表达需求。

③ 把孩子喜欢的东西放在他看得到但拿不到的地方,刺激他的表达需求。

(3) 制造挫折。

① 在互动游戏中,明知孩子手中已经没有东西了还伸手向他要。

② 孩子不高兴时,还去刺激他(前提是他会说"不")。

(4) 予以阻挠。

① 孩子吃东西时给予少量食物,然后停止。

② 孩子正高兴地玩某游戏时,突然停止。

③ 孩子正在听音乐或看电视时,突然暗中关掉。

④ 正准备去孩子喜欢的地方时,突然不带他去那里。

(5) 制造互动。

① 出门(如参加社会实践等活动)前,要孩子去请其他人(可以是其他老师,也可以是其他家人)做准备。

② (前期)中午就餐时不主动给孩子打饭,等孩子要求后才给孩子打饭;(后期)打饭时只给少量饭,孩子要求后再添加。

③ 请孩子帮忙传话或送东西给他人。

四、研究结果与分析

对于研究过程中收集的资料,采用描述统计(次数和百分比)的方式进行分析,主要根据个案的要求行为记录表,计算各阶段要求行为的次数及百分比,并根据观察资料绘制曲线图。

由图5.3、图5.4可知,个案在基线期内,基本不会和人表达自己的要求,而是看到了就拿;经过一段时间的教学之后,个案主动要求和被动要求次数的平均数上升,并且随着教学次数的增多,个案的要求行为明显增加;完成社会故事教学之后,个案的要求行为基本维持了教学之后的效果。

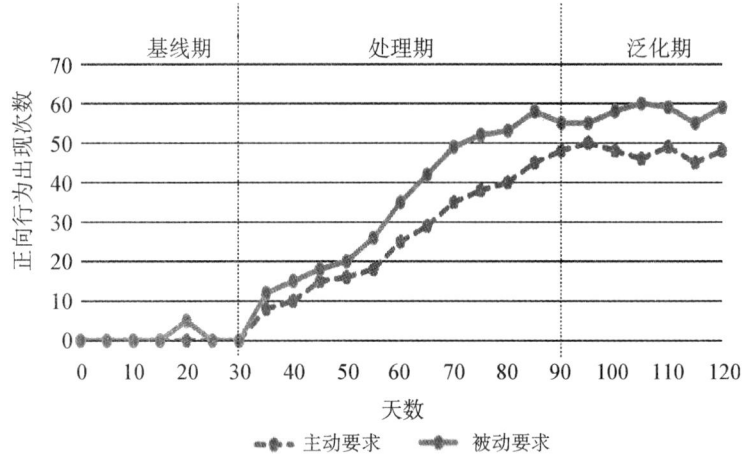

图 5.3　个案正向为分析图

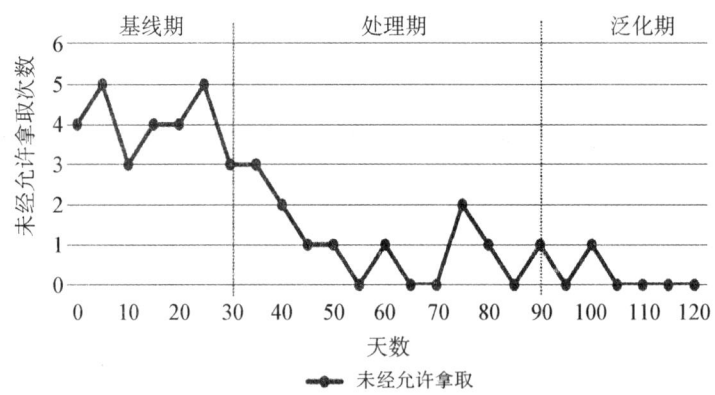

图 5.4　个案未经允许拿取统计图

由上可知,通过社会故事教学法与 PRT 教学法教学后,个案的社会交往能力得到了提高,基本掌握了主动要求的社会交往功能。

作为个案的班主任,研究者在社会故事教学结束后,感觉到该生能够主动和人说话,并且会时不时地和研究者进行目光接触。对于其他老师与同学,个案也能基本顺利地要求物品等。

五、结论和建议

（一）教学结论

研究结果中无论是数据还是家长、老师的反馈，均说明在实行社会故事教学和PRT教学后，该生的行为问题得到明显改善，在生活中还能有一定意识地主动和他人交流，用语言表达自己的需求。本研究采用单一被试研究设计，从研究结果来看，之所以能够取得良好的干预效果，可能是由于以下两个因素。

一是干预以个案的能力与需求为起点。对于个案来说，在他将来踏上社会之后，要求功能是他必须具备的日常基本交流能力之一。通过访谈家长、其他任课老师，再结合研究者自己对个案的了解，发现个案因为无法正确表达要求，常常会与他人引起冲突与误会，个案自己也经常为此而情绪波动。而通过教学，个案逐渐具备了要求功能，与他人冲突的次数明显减少，与周围人的关系改善明显，也渐渐懂得表达自己，与他人有了短暂交流。

二是社会故事教学法与PRT教学法操作简单，能够与日常生活和教学较好地结合起来。由于行为刻板与思维固化，孤独症者在习得一个技能之后，往往只能将该技能用于固定的时间与地点，因而往往不能维持良好的教学效果。而本研究所采用的PRT教学法强调在自然环境中进行教学，无论是在个训室教学中还是结束后，只要遇见个案，即可让个案复习巩固、不断实践，不受时间和地点限制，在无形中增强了教学效果。个案的泛化教学在教师和家长有意识的引导下顺利开展，他们为个案创造了良好的学习条件。

（二）教学建议

第一，由于孤独症学生存在刻板行为，因此一个新的行为习惯形成后需要不断巩固，以防止不良行为习惯再现。

第二，研究设计有部分外部客观因素未考虑，如个案的情绪、干扰事件等。

第三，由于本案研究者为单一观察者，观察结果可能受到研究者主观因素的影响。

第四，研究对象较为单一，并不能充分肯定社会故事和 PRT 教学干预与被试行为改变之间的因果关系。

案例六 对低功能孤独症儿童情绪问题调整策略的个案研究
何胜琴

一、个案基本情况

小雨，女，8 岁，就读于培智学校。入学前被医院诊断为精神发育迟滞和孤独症，韦氏智力测验小于 45 分，智力水平为中度智力障碍，属于低功能孤独症儿童。

自小雨入学以来，父母对她的期望很低，因工作繁忙并且要照顾另一个孩子，所以对小雨的关心不足。研究期间，个案已上二年级，但她依然适应不良，会不合时宜地蹦跳、走动，当老师干预时以哭叫应对。学习能力方面，会"画"少量的数字和汉字，书写有明显的孤独症儿童特征，表象能力较好；交往与适应方面，无法融入班级活动，总是独自不停地画画，自言自语，在课堂学习中会突然起立哭叫、跺脚、走动、咬手；喜好方面，对吃的欲望很强，特别是糖果，看到了就一定要吃到嘴里，如果得不到满足就躺地上大哭，喜欢抱着或用手拖着亲近的女老师或保育员，喜欢独自一人活动。

本研究正式接收个案后，运用相关评定量表对个案的障碍情况进行了评估与诊断。Conners 教师用量表的测查结果显示，个案多动问题和多动指数明显偏高；在儿童孤独症评定量表中，测试得分为 41 分，显示个案存在明显且严重的孤独症症状；在儿童孤独症家长评定量表中，测试得分为 126 分，也显示个案存在明显的孤独症症状和认知功能障碍。

二、问题概述

生活中，孤独症儿童的社交障碍、情感淡漠、语言发展障碍、刻板行为最受关注,相关研究也比较丰富。在本研究中,如何帮助个案调整情绪是研究重点。

情绪问题是心理问题的一个方面,涉及的影响因素很多。在查阅孤独症儿童情绪调整的相关研究时,笔者发现情绪问题会伴随孤独症患者终生,部分高功能孤独症患者的认知能力很棒,但因情绪障碍而无法得到周围人的认同,导致自己和家人生活得痛苦不堪。随着社会对孤独症患者研究的深入,研究者强调对患者个体的独特性给予关注,不时有新的心理教育研究方法投入实践。其中,非指导性的游戏疗法、特殊的情绪调整游戏虽然治疗周期较长,不能立杆见效,但是真正地把患者放在"中心位置",让个案能逐渐学会自我控制、自我指导,能较好地在情感上接受自己,并能自己做选择,笔者觉得这是解决孤独症儿童情绪调整问题非常有效的方法。在各种研究中,笔者也发现任何一种治疗方法都离不开"环境"的作用,解决情绪问题的根本是解决环境与儿童内在需求的关系问题,当环境能满足孤独症儿童的需求时,其情绪问题就能减轻或消失。

为了能在短期里有效改善个案的情绪状况,本次研究综合三种调整策略对个案进行干预:创设环境主动满足个案需求;通过游戏治疗帮助个案更好地表达自己的情感,并用合适的方式宣泄自己的不良情绪,从而让她能学着接纳自己,建立正向的自我概念;通过多方协作巩固,加强治疗效果。

三、研究过程

本研究采取个案研究法,先对个案情绪问题的行为表现进行观察,再实施相应的调整策略,通过前后对比,了解个案情绪调整及训练后的进步情况。训练主要采用基于个案兴趣和需求制定的游戏治疗法,辅以环境创设和家长、教师、研究者的多方协作,加强对个案的支持和主动满足。在整个研究完成后,通过后测检验其实施成效。

(一)评估过程

评估儿童情绪状态的基本方法是观察法和访谈法。在观察过程中,评估者的心态要保持平和,这样才能捕捉到真正有用的信息并联想到孩子行为的真实意图。

1. 设计、记录观察表

表 6.1　个案情绪问题记录表(前期)

情绪问题	时间	发生情境(用描述性语言写下来)	发生次数
哭闹、尖叫、自伤	周一	可供观察的情境:升国旗,上课,吃饭,午休,上下学排队,嘈杂的环境,新环境,面对新老师,当物品或食物需要得不到满足时,长时间的训练,做她不喜欢的事或者难度较大的工作,其他。	
	周二		
	周三		
	周四		
	周五		

2. 在自然状态下进行观察

通过班级实习老师的日常记录和研究者自己的介入观察,发现个案在表6.1所列举的情境中均出现过哭闹、尖叫等情绪问题,而且平均每天出现情绪问题的次数在15次以上。特别是课堂上,有时一节课至少发五六次脾气,如果老师的行动不合她的意,她就会用双手用力敲击头部,或者在地上打滚,严重影响全班同学的学习。

3. 对家长、班级老师进行访谈

通过整理观察和访谈的结果,总结出个案训练前(目前)和训练后(预期发展)在情绪问题调整方面的优劣势变化,见表6.2。

表 6.2　情绪问题评估结果(现状与预期发展)

	训练前情绪问题评估(现状)	训练后情绪问题评估(预期发展)
优势	1. 在感兴趣的活动(如绘画)中能缓解情绪问题。 2. 抱人行为能缓解其焦虑情绪。 3. 一对一训练时情绪问题较少。	1. 当烦躁不安、无聊时,能提出或指出自己想要做的活动。 2. 情绪激烈时,能分场合用适当的抱人行为缓解焦虑;条件不允许时,能慢慢接受手拉手的抚慰方式。 3. 一对一训练时能对更多的活动、事物感兴趣,学会用合适的方法宣泄不良情绪。

(续表)

	训练前情绪问题评估(现状)	训练后情绪问题评估(预期发展)
劣势	1. 参与集体活动的兴趣低下,经常会尖叫、哭闹,影响班级正常的学习活动。 2. 看到感兴趣的物品、食物后,立刻就要,无法安静等待。 3. 用哭闹、不予理睬来应对活动要求。 4. 有时候会抢夺别人手中或吃了一半的食物。 5. 焦虑不安、无聊时会咬笔头或手指头,次数频繁。 6. 不允许他人批评自己(把老师给的评价纸撕掉,并哭泣)。 7. 不喜欢吃正餐,以哭闹应对。 8. 情绪问题出现频率高(每天15次或以上)。	1. 课堂上能参与部分活动,并且听从老师的指令。 2. 能理解老师的意图,愿意等几秒钟再得到奖励物。 3. 愿意接受低难度的活动要求。 4. 看到喜欢吃的食物能跟老师或家长说。 5. 焦虑不安、无聊时能通过画画或玩橡皮泥平静下来。 6. 没有得到表扬时能克制自己不立即哭闹。 7. 正餐时间里能自己吃饭,主动吃喜欢吃的食物。 8. 减少发脾气的次数,每天控制在5次以内。

(二)策略实施

1. 校园正向行为支持体系的运行作为环境支持是本研究不可或缺的一部分

在本研究进行过程中,个案所在的学校正开展培智学校正向行为支持体系的构建和运营研究,个案所接触的教师都学习过特殊儿童行为问题的功能性评估,能够专业、客观地评估学生的行为问题,减少因教师应对不当而导致学生产生行为问题的概率。

2. 多方协作保证了个案研究的有效开展

首先,班级教师对个案实施个别化教育,相互间及时沟通以确保对个案行为问题的处理保持一致性。其次,家庭成员主动满足个案的需求,并注意调整自我情绪。最后,研究者在多方协作中作为组织者和协调者,保证家校之间沟通顺畅,及时了解家长和班级教师在研究过程中遇到的困难,积极做好教师和家长的情绪调整工作,并为他们提供相应的专业信息。

3. 在个训课中,以游戏治疗为主要内容

(1) 建立治疗机制。

每周1到2次个训活动,每次40分钟,一次固定安排在周三下午,另一次在个案情绪过激时机动安排时间。每次由研究者把个案从教室带到心理辅导室,完成个训后再送回教室。可供选择的游戏内容有沙盘游戏、涂鸦、超轻粘土和一些课间互动游戏,如抓痒游戏、刷毛游戏、不倒翁游戏。游戏形式主要是单独游戏、非指导性合作游戏以及同伴游戏。活动目的是通过游戏释放个案的不良情绪,使个案在一种被爱、被关注的气氛中感受到与人交流的乐趣。

(2)建立治疗关系与开始治疗。

在孤独症案例中,与孤独症儿童建立关系往往是比较困难的。此次研究,研究者给老师与个案制定的关系基调是:平等、信任、不依赖。

在关系建立初期,重点是让个案喜欢老师,愿意和老师交流;让个案了解沙盘游戏,愿意选择自己喜欢的玩具或材料。第一次去辅导室时,个案很安静又有些小心翼翼地去摸沙具架上的水果玩具,有金橘、苹果、香蕉、桃子(见图6.1)。她把沙具放在自己腿上,坐在沙盘前用双手抓沙,把沙子从中间向两边推,再抓起沙子高高洒下,也不说话,只是安静地重复动作。在选择玩超轻粘土还是画画时,她选择了自己喜欢的画画,在纸上用与水果颜色对应的水彩笔画出水果的形状,一边画一边说"菠萝""桃子",还用水彩笔写出水果或颜色的汉字。个案的用笔很重,画纸为普通A4复印纸,纸上有一处出现破洞。这次活动个案给人的整体感觉是:她很安静,画画动作快、下笔用力,整个身体紧绷,经常咬手指。

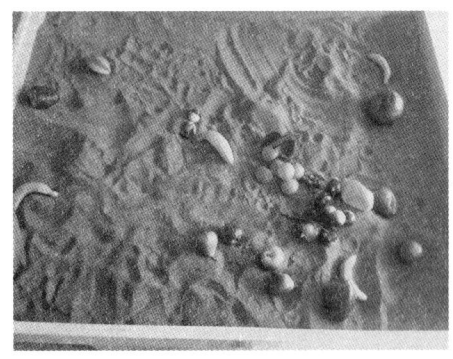

图6.1 第一次辅导沙盘

图6.2 第二次辅导沙盘

个案第二次去辅导室玩沙具的时间比较久,结束前在与老师玩"蚂蚁上树"的游戏,能试探着在对方手臂上点一点。

两次沙盘游戏个案选择的沙具都以水果为主,颜色多为红色或黄色。一般在色彩感受方面,孤独症儿童偏好蓝绿色,其次是红色,对于黄色系是比较排斥的,但小雨对黄色的水果似乎情有独钟!在沙盘中,还有一个扑倒的孩子(见图6.2)。我们看不到这个孩子的脸,她似乎是个女孩,也似乎是个男孩子,失去的左手,代表一种不平衡,行动力的部分丧失;同时以背部示人,逃避、无法面对的意味很浓。

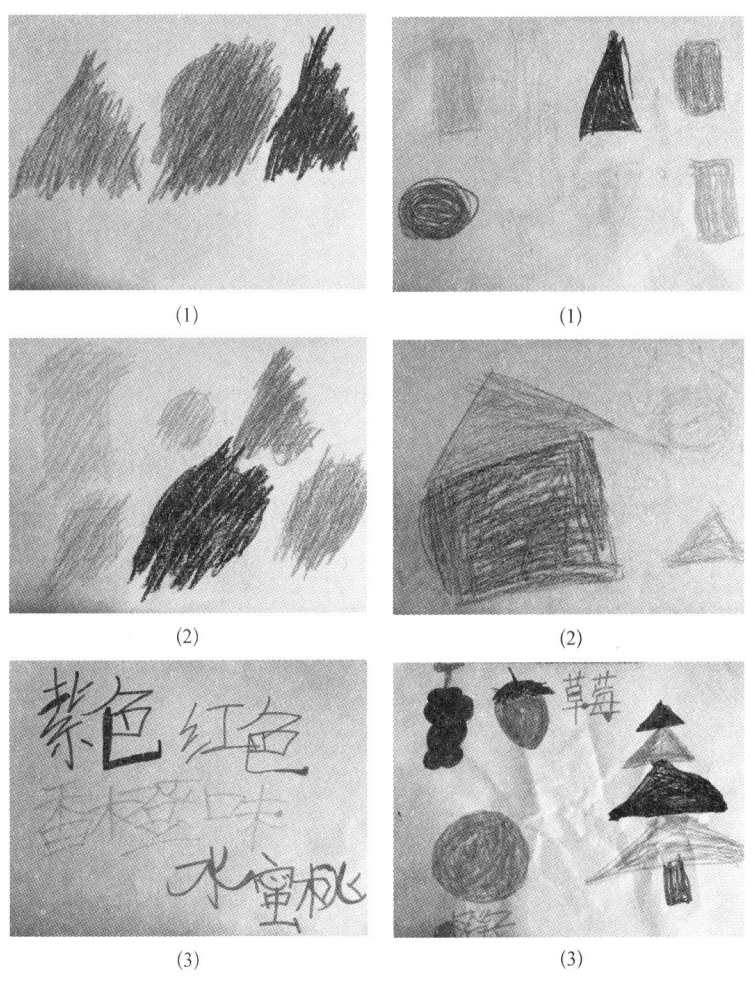

图6.3 初期涂鸦作品　　图6.4 中期涂鸦作品

在此后的9次个训中,个案对沙盘有些回避,每次一走进沙盘室,马上就走了出来,她选择用水彩笔画画,一般以自由涂鸦为主。当研究者感觉她情绪比较激动时,或者发现她有几次在课堂上坐立不安、情绪不稳时,就给她提供需要涂色的空白图形。研究者特意用了一些深色的画笔画好图形边框,她会选择相应色彩的画笔(油画棒)很用力地涂抹图形,此时研究者会在一边鼓励她:"当你生气时,你就用力地涂。"她在涂完三页纸后,面部表情才放松,开始看研究者,关注研究者的表情。有时候铃声响了,她又会表现出生气的样子,因为她不想结束。这时研究者会给她按摩手指和肩膀,跟她说:"下周三我们再一起玩。"她没有哭闹,但收拾画具的时候很用力,关橱柜门的声音很大。研究者认为她是在用这种方式表达自己的不满。当她提出"我想再玩一会"时,研究者会给她5到10分钟的机动时间,让她能试着控制自己的情绪。从图6.3到图6.4,可以看到个案所画的图案边界日益清晰,这说明个案的自我控制力有所提高。

在第12到15次个训中,小雨多数时候在玩超轻粘土。一开始她的动作以捏、挤、压为主,但捏出来的东西没有形,即使用草莓等水果模具压制出形来,她也会立刻把它捏碎。研究者在旁边陪着她做花朵,示意她把压制出来的粘土当作花叶,如图6.5(1),而她放上花叶以后,立刻把整朵花揉碎了。后面几次,她先把粘土切成一块块的,再一条条地搓,接着又用塑料刀切碎,再揉搓,不断重复,乐此不疲,如图

(1)　　　　　　　　　　(2)

图6.5　超轻粘土作品

6.5(2)。在这个阶段,她没有提起自己最喜欢的画画活动,原先活动时无意识发出的"嗯嗯"声现在也少了。

该游戏阶段持续了将近5个月,其间因为小雨请假、学校有大活动或者放假影响了少量个训课的开展。在这段时间里,研究者与个案逐渐熟悉,与其家长也交流了多次,平时及时向家长和班级老师反馈小雨在个训课上的表现,鼓励家长在家多与孩子互动,加强小雨与弟弟之间的联系,例如让他们一起画画、一起听歌,让小雨在家做点简单的家务活动,周末让家长带孩子出去爬爬山等。家长反馈:在家时,小雨与弟弟很难相处,需要弟弟迁就她;出去玩时,小雨累了会发脾气,家人常用吃的安抚她,没有零食时,她会坐立不安咬手指甲。班级老师反馈:小雨上课哭闹、尖叫的行为时有发生,但学期末发生的次数没有以前频繁,午饭时哭闹的次数也减少了。在这段时间里,无论是家长还是班级教师都能正向支持研究者的工作,大家相互协作,及时沟通。

(3) 深入治疗与阶段性结束。

新学期开学以来,班级老师反映小雨闹情绪的次数明显减少,感觉她懂事多了,碰到不如意的事,在老师安慰下能够等待一会,不再直接哭闹。

第17次个训,小雨选择的是彩泥和绘画(图6.6)。当时,研究者在旁边做了一条小盘蛇给她看,她笑笑,并没有像以前那样把它揉碎。玩了20分钟彩泥后,她拿起水彩笔和白纸,先画了绿色的叶子,然后把纸反个面递给研究者,又把橙色的笔递过来说"橙子"(示意研究者画橙子,再写上文字)。当研究者完成后,她拿过去涂上颜色,然后再递给研究者,让研究者继续画草莓、葡萄。研究者按她的要求画好,她分别涂上色彩。

在这次个训中,小雨有三个变化:一是玩彩泥时关注的范围扩大了,她能阅读说明书,并且能用不同的方法玩彩泥;二是跟老师互动的主动性增强了;三是延迟满足的时间延长了。此外,这段时间的互动也让研究者感觉到,虽然小雨对沙盘表现出一定的兴趣,但比起绘画这种熟悉的活动,沙盘游戏对她来说还是陌

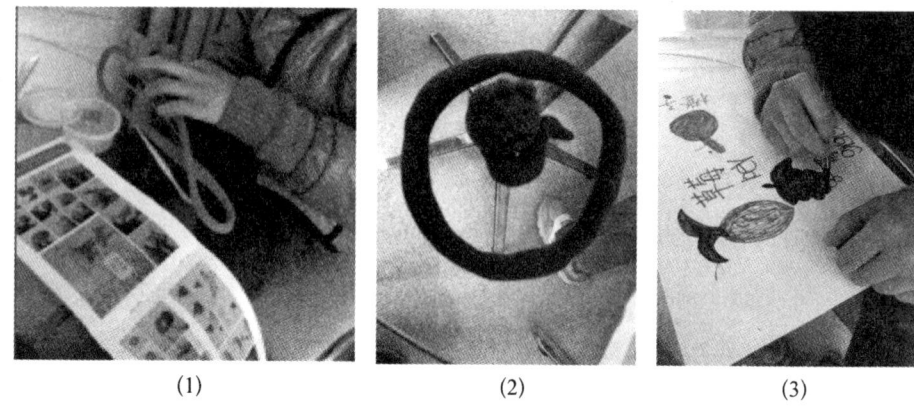

(1)   (2)   (3)

图 6.6 第 17 次个训

生的。玩粘土和绘画能够很好地平缓小雨紧张的情绪,但是她的绘画很刻板,关注面仍然停留在各种颜色的水果上,如此频繁的重复预示着小雨要走出自己的世界还需要漫长的过程,也提示研究者小雨的水果情结需要外力的帮助才能顺利过渡。

在后面几次个训中,小雨能发表自己的意见了,她"发现"了自己,看到了自己的能量,尽管在投入活动过程中她有时会退缩,不愿意呈现自己稳定的一面(不愿意留下沙盘照片),但小雨能说出自己的想法,这很令人欣慰。在沙盘中小雨增添了海螺和贝壳的沙具,海螺和贝壳都有"遗失的美好"的寓意,研究者深切地期待小雨能发现自己的美好!

在第 21 次个训中,她指挥研究者做事,让研究者把红色的彩泥搓圆,研究者便做了一只红色的镯子,她主动把手递给研究者,让研究者帮她带上,过了 2 分钟左右她才扯开。后来研究者做了一个人,她一边说"人",一边把人捏扁;研究者又做了一条鱼,她看了会,拿过去在嘴巴处捏了捏,然后将红色的彩泥放到破了的鱼嘴上,跟研究者说"到嘴巴里去",见图 6.7(1)。很明显小雨和研究者的互动越来越多啦!玩沙盘游戏时,她将水果倒到沙子里,再一个个捡起来,见图 6.7(2)。最后她拿起了小海螺,在嘴上吹吹后放在沙子中,又把沙盘中的桃子捡起来,拿到水龙头下清洗。

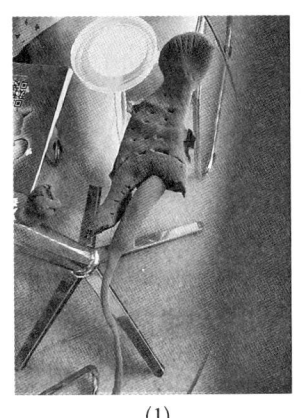

(1)　　　　　　　　　(2)

图 6.7　第 21 次个训

这次个训后,研究者的感受是:在粘土游戏中,小雨的能力有了明显进步,比如游戏开始有情节性,再如虽然她的话不多,但却是有效的互动。鱼嘴里红色的彩泥既是断掉的镯子,又让研究者联想到蛇,可惜她的表达能力有限,无法说出她的想法。小雨玩沙盘游戏时,动作很快,往往沙具刚摆出来,又很快收掉了,她对物件本身的兴趣大于游戏本身。在个训课外,研究者建议家长和孩子在一起时,要允许她发脾气,鼓励她把自己的情绪表达出来,过后再慢慢试着帮她控制发脾气的次数,减短调控的时间;在家里,家人应尽量无条件地满足孩子,家长要改变自己比较含蓄的表达习惯,能更多地用语言、行为向孩子表达爱意。

因为研究时间的限定,在第 23 次个训后,研究者跟小雨做了简单的告别,一起用幻灯片回顾了一年来她的绘画作品以及玩沙盘游戏和彩泥时的照片,她以认读的方式进行回应。研究者告诉她这些画都是小雨以前画的,她看上去很高兴。鉴于孤独症孩子很难开展言语性治疗,联系生活中她的表现,研究者欣慰地看到她点点滴滴的进步:她已经不再依赖保育员,能用拉手表达亲近之意,而不是不管不顾地抱别人;课堂上尖叫、站立的行为明显减少,一天不超过 4 次;对学科学习不再排斥,有时候能完成学科教师的指令,不喜欢、不参与时能拿出水彩笔画画;在外校老师的个训课上,不再因为陌生而焦虑不安(咬手指头),而是能一步步地听老师的指令完成相应的工作。更重要的是,经过一年的个训课,小雨与研究者的关系虽然很紧密,但并不依赖研究者;原来她最依赖班级老师了,发脾气时需要班级老师干预,但现在她不仅很少发脾气,而且也不再认准某个老师。研究者觉得这对于孤独症儿童的成长而言是非常可喜的变化。

四、研究结果

在本研究结束后,研究者整理了小雨在个训课上的表现,并对小雨现在的情绪问题进行了评估。对比训练前的评估结果,可以发现经过一年的训练,小雨不仅在情绪表现、正向行为建立方面取得了预期的进步,而且在互联注意、同伴交往方面也都有明显的进步(见表6.3)。

表6.3 训练成效评估表

序号	训练后情绪行为评估	达成情况
1	当烦躁不安、无聊时,能提出或指出自己想要做的活动。	完成
2	情绪激烈时,能分场合用适当的抱人行为缓解焦虑;条件不允许时,能慢慢接受手拉手的抚慰方式。	完成
3	一对一训练时能对更多的活动、事物感兴趣,学会用合适的方法宣泄不良情绪。	完成
4	课堂上能参与部分活动,并且听从老师的指令。	部分完成
5	能理解老师的意图,愿意等几秒钟再得到奖励物。	完成
6	愿意接受低难度的活动要求。	部分完成
7	看到喜欢吃的食物能跟老师或家长说。	部分完成
8	焦虑不安、无聊时能通过画画或玩橡皮泥平静下来。	完成
9	没有得到表扬时能克制自己不立即哭闹。	完成
10	正餐时间里能自己吃饭,主动吃喜欢吃的食物。	部分完成
11	减少发脾气的次数,每天控制在5次以内。	完成
12	能关注周围人,能跟老师和同学互动。	完成

五、研究感受和思考

（一）研究感受：要争取个案身边的人的支持

在整个研究过程中，正向行为校园支持体系为个案情绪调整对大的客观环境的要求提供了保证，使个案能够在宽松、较多支持的环境下生活、学习；老师彼此间的教育合作、对研究者的支持使得游戏治疗的辅助措施能够有效开展，加强了个训效果。

在研究过程中，与家长的互动非常重要。研究者认为，小雨的家人对孩子的认同度还需要提升，他们可能需要参加一些针对孤独症儿童家长所做的心理咨询，我们在训练和改变孩子的同时，不能忘记家长的问题也要研究，只有让家长和孩子一起成长、一起改变，才能让孤独症孩子的成长得到最大的支持和快乐！

（二）研究思考：要注意后期跟进

目前个案的情绪问题已明显改善，短期内已取得明显的疗效，但孤独症患者的情绪问题容易反复，需要继续跟进、稳固。后期，游戏治疗个训课可以继续开展 1 到 2 年，在加强个案自控能力的基础上，发挥个案想象力，拓展个案的兴趣范围和自主交往的兴趣。

附录二　杭州市湖墅学校告志愿者书

亲爱的志愿者：

欢迎各位来到杭州市湖墅学校开展志愿者活动，让世界因你、因我而更温暖！为了能让你和孩子们有一段愉快且难忘的时光，首先请熟读一下注意事项。

1. 到校后，需在大厅集合并完成签到和穿志愿者服装的工作，完成后由带队负责人组织活动。

2. 请严格遵循预先策划方案开展活动，如需改变或增加活动，须与联系人沟通更改，不得擅自更改活动方案。

3. 在校期间能做到尊敬老师，爱护特殊孩子，认真参与活动，不敷衍了事，不抱团聊天打闹，不影响其他教育教学活动的正常开展。

4. 如需到功能室进行活动或启用设备，应在得到负责老师同意后方可入内或使用。

5. 活动结束后，如有对教室物品进行变动或借用学校其他物品的情况，应及时整理和归还。回校后应做好总结工作，将照片与新闻稿一起发送给学校德育处，底稿自留。

6. 贵重物品请随身携带，以防遗失。

7. 鉴于我校为特殊教育学校，所有孩子除了智力障碍，同时还可能伴随有脑瘫、癫痫、孤独症、情绪障碍等问题，在接触学生时请注意：

（1）请不要当面询问或谈论孩子的家庭情况、身世等，如有需要可以与班主任沟通。

（2）请勿擅自携带食物给特殊孩子，如需与孩子们分享食物应先咨询班主任老师，以免造成危险。

（3）如有孩子非常规地来触碰你，和你说一些无厘头的话，请不要惊讶，他们只是想跟你打招呼，你只要镇静地、平和地引导他们跟你问好即可。

（4）服务期间请不要擅自带领孩子离开老师的视线范围，如需要请提前与班主任沟通。

（5）不与孩子们随意追逐打闹，尽量安排适宜的游戏活动。

（6）保护特殊孩子的隐私，不把孩子的正面照片或合照擅自发到朋友圈、微博等。

（7）如有突发状况，不要惊慌，请及时告知班主任或距离最近的老师。

承诺声明

我已明白以上注意事项，愿意遵从以上说明，并愿意承担自身行为所带来的影响。

签名　　　　　　　　　　　日期

参考文献

一、中文文献部分

[1] 蔡青. 代币制在中度智障儿童学校教育中的应用研究——以广东顺德启智学校为例[D]. 武汉:华中师范大学,2013.

[2] 杜玉虎,刘春玲. 运用积极行为支持改善随班就读儿童行为问题[J]. 中国特殊教育,2007(1).

[3] 谷长芬,陈耀红,曹雁. 北京市0—6岁残疾儿童家长教育需求研究[J]. 中国特殊教育,2012(4).

[4] 何霞. 智障班级管理的思考[J]. 教师,2015(34).

[5] 何立航,张丽敏. 干预反应模式:美国早期融合教育新模式[J]. 苏州大学学报(教育科学版),2014(4).

[6] 贺晓旭. 自闭症儿童重复刻板行为研究综述[J]. 绥化学院学报,2017(4).

[7] 胡晓毅,范文静. 自闭症儿童结构化教学研究实验[J]. 现代特殊教育,2016(13).

[8] 黄伟合,贺荟中. 功能性行为评估与干预:如何应对特殊需要学生的行为问题[M]. 北京:华夏出版社,2013.

[9] 凯格尔(Koegel, R. L.),凯格尔(Koegel, L. K.). 孤独症谱系障碍儿童关键反应训练掌中宝[M]. 胡晓毅,王勉,译. 北京:华夏出版社,2015.

[10] 李聪莉,黄志成. 全纳学校中的辅助教师[J]. 中国特殊教育,2004(5).

[11] 李先军. 美国中小学生"积极行为支持项目"实施综述[J]. 外国中小学教育,2015(2).

[12] 李小红,刘嫄嫄.学校家长会:问题与改进策略[J].中国教育学刊,2011(12).

[13] 李晓娟,孙颖,贾坤荣.关于培智学校包班制实践的思考[J].中国特殊教育,2010(9).

[14] 刘红羽.培智学校学生行为问题特点与影响因素研究[D].大连:辽宁师范大学,2009.

[15] 刘美仪.代币制在班级日常行为管理中的运用[J]现代特殊教育,2017(5).

[16] 刘艳,蒋索.学校环境中的积极行为支持——一种可借鉴的心理健康教育模式[J].北京师范大学学报(社会科学版),2016(4).

[17] 刘叶红.培智学校学生行为问题的课堂管理浅探[J].现代特殊教育,2017(2).

[18] 刘宇洁,韦小满.干预—反应(RtI)模型:美国教育政策理念架构的新趋势[J].比较教育研究,2012(11).

[19] 刘宇洁,韦小满.心理健康教育的新趋势:学校范围积极行为支持[J].湖州师范学院学报,2014(6).

[20] 刘宇洁,韦小满,梁松梅.积极行为支持模式的发展及特点[J].中国特殊教育,2012(5).

[21] 刘宣文.人本主义学习理论述评[J].浙江师范大学学报,2002(1).

[22] 梅鲜.中国大学生志愿者组织运作研究——以复旦大学志愿者组织为例[D].上海:复旦大学,2008.

[23] 孟瑛如.看见特殊,看见潜能[M].济南:山东人民出版社,2012.

[24] 米括,房永霞.培智学校包班制教学的利弊分析与对策研究[J].长春大学学报,2017(1).

[25] 尼尔森.正面管教:如何不惩罚、不骄纵地有效管教孩子[M].王冰,译.北京:京华出版社,2009.

[26] 钮文英.身心障碍者的正向行为支持[M].台北:心理出版社,2009.

[27] 钮文英.身心障碍者的正向行为支持[M].2版.台北:心理出版社,2016.

[28] 朴永馨.特殊教育词典[M].北京:华夏出版社,1996.

[29] 覃春兰.智残学生学科教学中的德育渗透与融合刍议[J].平安校园,2016(4).

[30] 孙炳海,柏琴,申继亮,等.美国积极行为支持的涵义、实施与启示[J].基础教育参考,2015(19).

[31] 孙军玲,李成叶,李玉玲,等.培智学校学生行为问题和家庭环境因素分析[J].中国儿童保健杂志,2007(2).

[32] 万蓓.积极行为支持用于智障儿童问题行为干预的研究[D].上海:华东师范大学,2007.

[33] 万莉莉.培智学校协同教学的实施[J].中国特殊教育,2012(3).

[34] 王少非.协同教学:模式与策略[J].外国中小学教育,2005(3).

[35] 王颖.自闭症儿童社交技能干预综述[J].绥化学院学报,2015(4).

[36] 吴择效.自闭谱系障碍家长活动本位干预团体培训对于亲子互动的效果研究[D].上海:华东师范大学,2016.

[37] 肖尔,等.教学与行为干预(RTI)[M].王小庆,译.上海:华东师范大学出版社,2016.

[38] 肖艳林.辅助在中重度自闭症儿童集体课教学中的应用[J].绥化学院学报,2016(10).

[39] 徐小亲.结构化教学在单元主题教学中的合理使用——孤独症学生的教学实例[J].中国特殊教育,2005(3).

[40] 杨凤金.协同教学在美国融合教育中应用的研究[D].上海:华东师范大学,2013.

[41] 杨福义,李方璐.美国学校层面积极行为支持的评介及启示[J].全球教

育展望,2016(7).

[42] 于丹.结构化教学在自闭症儿童小组教学中的应用[J].黑河教育,2016(9).

[43] 袁箐.积极行为支持理论的施行、评价维度及其实践(1990—2015年)述评[J].濮阳职业技术学院学报,2016(3).

[44] 昝飞.从积极行为支持的角度——谈孤残儿童行为问题的干预策略[J].社会福利,2009(5).

[45] 昝飞.行为矫正技术[M].北京:中国轻工业出版社,2009.

[46] 昝飞.行为矫正技术[M].2版.北京:中国轻工业出版社,2012.

[47] 昝飞.积极行为支持:基于功能评估的行为问题干预[M].北京:中国轻工业出版社,2013.

[48] 曾刚,于松梅.自闭症文化特质与结构化教学[J].中州大学学报,2014(6).

[49] 张丹.培智学校学生的行为问题研究——以大连×××培智学校为例[D].大连:辽宁师范大学,2015.

[50] 张二妮.代币制在特殊学校智障班级管理中的应用[J].学园,2017(4).

[51] 张珊明.儿童发展阶段论的历史发展内在一致性[J].社会心理科学,2004(5).

[52] 张文京.特殊儿童早期干预理论与实践[M].重庆:重庆出版社,2010.

[53] 张文京.特殊教育班级管理与建设[M].重庆:重庆大学出版社,2017.

[54] 张云杰.班级文化建设的实践策略研究[D].长春:东北师范大学,2008.

[55] 中华人民共和国教育部.培智学校义务教育课程标准[Z].2016.

[56] 周雪峰.积极行为支持在中重度智障班级管理中的实践探索[J].文教资料,2017(12).

[57] 周玉衡.美国全校范围积极行为支持模式及其启示[J].职业技术教育,2013(26).

二、外文文献部分

[1] Albin, R. W., Lucyshyn J. M., Horner R. H., & Flannery, K. B. (1996). Contextual fit for behavioral support plans: A model for "Goodness of Fit." In L. K. Koegel, R. L. Koegel, & G. Dunlap (Eds.), *Positive behavior support: Including people with difficult behaviors in the community* (pp. 81 - 98). Baltimore, MD: Paul H. Brookes.

[2] Bambara, L. M., Nonnemacher, S., & Kern, L. (2012). Sustaining school-based individualized positive behavior support: Perceived barriers and enablers. *Journal of Positive Behavior Interventions*, 11(3), 161 - 176.

[3] Bambara, L. M., & Knoster, T. P. (2009). *Designing positive behavior support plans*. 2nd ed. American Association on Intellectual and Developmental Disabilities.

[4] Bergan, J. R. (1977). *Behavioral consultation*. Columbus, Ohio: Charles E. Merrill.

[5] Byrd, E. S. (2011). Educating and involving parents in the response to intervention process: The school's important role. *Teaching Exceptional Children*, 43(3), 32 - 39.

[6] Cheney, D., Flower, A., & Templeton, T. (2008). Applying response to intervention metrics in the social domain for students at risk of developing emotional or behavioral disorders. *The Journal of Special Education*, 42(2), 108 - 126.

[7] Cheesman, P. L., & Watts, P. E. (1985). *Positive behavior management: A manual for teachers*. New York: Nichols Pub. Co.

[8] Cook, L., & Friend, M. (1995). Co-teaching: Guidelines for creating effective practices. *Focus on Exceptional Children*, 28(3), 1 - 16.

[9] Evans, I. M. , & Meyer, L. H. (1986). An educative approach to behavior problems: a practical decision model for interventions with severely handicapped learners. Journal of Behavior Therapy & Experimental Psychiatry, 17(2), 135–135.

[10] Gray, C. (1994). *The new social story book*. Arlington, TX: Future Horizons.

[11] Gray, C. A. , & Garand, J. D. (1993). Social stories: Improving responses of students with autism with accurate social information. *Focus on Autistic Behavior*, 8(1), 1–10.

[12] Halle, J. , Bambara, L. M. , & Reichle, J. (2005). Teaching alternative skills. In L. M. Bambara & L. Kern (Eds.), *Individualized supports for students with problem behaviors: Designing positive behavior plans* (pp. 237–274). New York: Guilford.

[13] Hieneman, M. , Dunlap, G. , & Kincaid, D. (2005). Positive support strategies for students with behavioral disorders in general education settings. *Psychology in the Schools*, 42(8), 779–794.

[14] Horner, R. H. , Dunlap, G. , Koegel, R. L. , et al. (1990). Toward a technology of "non-aversive" behavior support. *Journal of the Association for Persons with Severe Handicaps*, 15(3), 125–132.

[15] Horner, R. H. , & Sugai, G. (2000a). School-wide behavior support: An emerging initiative. *Journal of Positive Behavioral Interventions*, 2(4), 231–232.

[16] Horner, R. H. , Sugai, G. , & Horner, H. F. (2000b). A school-wide approach to student discipline. *The School Administrator*, 2(57), 20–23.

[17] Janney, R. , & Snell, M. E. (2008). *Behavioral support: Teachers' guides to inclusive practices*. 2nd ed. Baltimore, MD: Paul H. Brookes.

[18] Koutsoftas, A. D., Harmon, M. T., & Gray, S. (2009). The effect of Tier 2 intervention for phonemic awareness in a response-to-intervention model in low-income preschool classrooms. *Language, Speech, and Hearing Services in Schools*, 40(2), 116–130.

[19] Lo, Y.-y., Correa, V. I., & Anderson, A. L. (2014). Culturally responsive social skill instruction for Latino male students. *Journal of Positive Behavior Interventions*, 17(1), 1–13.

[20] Martin, G., & Pear, J. (1996). *Behavior modification: What it is and how to do it*. 5th ed. New Jersey: Prentice Hall.

[21] Marston, D., Muyskens, P., Lau, M., & Canter, A. (2003). Problem-solving model for decision making with high-incidence disabilities: The Minneapolis experience. *Learning Disabilities Research & Practice*, 18(3), 187–200.

[22] Mayer, G. R. (2002). Behavioral strategies to reduce school violence. In J. K. Luiselli & C. Diament (Eds.), *Behavior psychology in the schools: Innovations in evaluation, support, and consultation* (pp. 83–100). New York: The Haworth Press.

[23] McCook, J. E. (2006). *The RTI guide: Developing and implementing a model in your schools*. Horsham, PA: LRP Publications.

[24] Meyer, L. H., & Evans, I. M. (1989). *Nonaversive intervention for behavior problems: A manual for home and community*. Baltimore, MD: Paul H. Brookes.

[25] O'Dell, S. M., Vilardo, B. A., Kern, L., Kokina, A., Ash, A. N., et al. (2011). JPBI 10 years later: Trends in research studies. *Journal of Positive Behavior Interventions*, 13(2), 78–86.

[26] Scott, T. M. (2004). Making behavior intervention planning decisions in

a school-wide system of positive behavior support. *Focus on Exceptional Children*, 36(1),1-18.

[27] Sprague, J. R. , & Golly, A. (2004). *Best behavior: Building positive behavior support in schools*. Boston, MA: Sopris West.

[28] Sugai, G. , & Horner, R. H. (2002). The evolution of discipline practices: School-wide positive behavior supports. *Child and Family Behavior Therapy*, 24(1-2),23-50.

[29] Sugai, G. , Horner, R. H. , Dunlap, G. , Hieneman, M. , Lewis, T. J. , et al. (2000). Applying positive behavior support and functional behavioral assessment in schools. *Journal of Positive Behavior Interventions*, 2(3),131-143.

[30] Sugai, G. , O'Keeffe, B. V. , & Fallon, L. M. (2011). A contextual consideration of culture and school-wide positive behavior support. *Journal of Positive Behavior Interventions*, 14(4),197-208.

[31] Tilley, N. (2003). Community policing, problem-oriented policing and intelligence-led policing. In T. Newburn (Ed.), *Handbook of Policing* (pp. 311-339). Cullompton, Devon: Willian Publishing.

[32] Walker, H. M. , Horner, R. H. , Sugai, G. , Bullis, M. , Sprague, J. R. , Bricker, D. , & Kaufman, M. J. (1996). Integrated approaches to preventing antisocial behavior patterns among school-age children and youth. *Journal of Emotional and Behavioral Disorders*, 4(4),194-209.

[33] Warren, J. S. , Bohanon-Edmonson, H. M. , Turnbull, A. P. , et al. (2006). School-wide positive behavior support: Addressing behavior problems that impede student learning. *Educational Psychology Review*, 18(2),187-198.

[34] Zarkowska, E. , & Clements, J. (1994). *Problem behaviour and people with severe learning disabilities: The S. T. A. R. approach*. Boston, MA: Springer.